Dominique Janicaud

La phénoménologie dans tous ses états

Le tournant théologique
de la phénoménologie française
suivi de
La phénoménologie éclatée

Présentation de Jean-Pierre Cometti

Gallimard

Dominique Janicaud (14 novembre 1937-18 août 2002). Ancien élève de l'École normale supérieure, où il était entré en 1958, il fut assistant, puis maître assistant et professeur à Nice à partir de 1966, après trois ans passés à la Fondation Thiers. Ses premiers travaux le conduisirent à une thèse de troisième cycle consacrée à *Ravaisson et Bergson*, en 1966, puis à une thèse d'État sur *Hegel et le destin de la Grèce* en 1975. Les livres qui suivirent se situent au croisement de son débat avec la pensée de Heidegger, de l'influence autant que de la distance qui ont marqué son rapport à celle-ci, et de son engagement pour une phénoménologie soucieuse de ses limites et de sa spécificité.

AVERTISSEMENT DE L'ÉDITEUR

Le titre du présent ouvrage, *La phénoménologie dans tous ses états*, est de l'éditeur. Ce volume reprend deux ouvrages de Dominique Janicaud, précédemment parus aux Éditions de l'Éclat, en 1990 et 1998 : *Le tournant théologique de la phénoménologie française* et *La phénoménologie éclatée*.

Présentation

Le *Tournant*, avant et après

par Jean-Pierre Cometti

La publication, en 1990, du *Tournant théologique de la phénoménologie française*, suivie, à huit ans d'intervalle, de *La phénoménologie éclatée*, aura permis de mettre en lumière une évolution que rien ne laissait apparemment présager dans le contexte qui avait marqué le développement de la phénoménologie française. Ce développement, quant aux formes qu'il avait prises, de Sartre à Merleau-Ponty ou au premier Derrida, se situait dans la ligne d'une philosophie soucieuse des seuls *phénomènes*, dans la ligne du programme qui avait été celui des fondateurs de la phénoménologie. C'est en analysant l'orientation et l'influence des courants qui ont animé la philosophie française entre 1979 et 1989, que Dominique Janicaud a perçu, au cœur du courant phénoménologique, une singulière ouverture au transcendant, à l'absolu et à l'originaire qui, pour ne pas être entièrement étrangère à certaines orientations antérieures, n'en scellait pas moins une alliance avec des préoccupations de type théologique ou religieux.

Le diagnostic qui s'exprime dans le *Tournant*, terme emblématique que Heidegger avait utilisé (*die Kehre*) pour désigner l'abandon des perspectives initialement ouvertes par *Être et temps*, ne relève cependant pas du simple constat, bien qu'il s'emploie à en produire et en examiner toutes les pièces. Il a aussi le sens d'un engagement philosophique dont l'œuvre de Dominique Janicaud, brutalement interrompue par la mort en 2002, apporte un éminent témoignage. L'aspect polémique qui en a été parfois retenu y trouve toute sa justification.

Les choix de Dominique Janicaud l'ont d'abord orienté vers le spiritualisme français et la philosophie de Hegel. En même temps, dès les années passées à l'École normale supérieure, ses intérêts se sont portés vers la phénoménologie et la pensée de Heidegger, pensée dont il a su scruter toute la richesse, sans toutefois succomber à une fascination qui aurait pu le conduire, comme tant d'autres, à s'enfermer dans un commentaire ébloui et diligent. Son intérêt pour les problèmes que posent les sciences et les techniques dans le contexte contemporain permet de comprendre ce qui l'en a rapproché et ce qui l'en a séparé. Son livre le plus important, à cet égard, *La puissance du rationnel*, publié en 1985, est étroitement solidaire des réserves que lui inspirait, face à des problèmes qu'il tenait pour majeurs, la tendance à marquer ces problèmes du sceau de l'ontologie, ou encore, pour dire les choses autrement à «ontologiser» les figures de la rationalité ou de la politique. Le livre qu'il publia, à propos de ce qu'on a appelé «L'affaire Heidegger», montre bien en quoi l'«ontologisation du politique», dont Heidegger fut l'artisan, est à la source d'un malentendu autour duquel se déchirent les parties d'un procès récurrent. C'est pourquoi, s'agissant des problèmes et des malaises de la rationalité, Dominique Janicaud entendait concentrer son attention sur les effets réels de son développement. La préface écrite pour l'édition américaine de *La puissance du rationnel* apporte de ce point de vue un éclairage qui permet de mesurer le sens de son engagement philosophique et, par voie de conséquence, les griefs qu'il retiendra, dans le *Tournant*, à l'encontre d'une certaine phénoménologie. Janicaud y plaidait ouvertement pour «une neutralisation du regard accueillant les effets de puissance rationnels tels qu'ils adviennent, sans jugement de valeur». «Une phénoménologie minimale, suggérait-il, permet de constater et de décrire l'effectuation la plus massive, celle de la Puissance contemporaine, puis d'en préparer un décryptement plus différencié (c'est alors que la phénoménologie est relayée par une généalogie diacritique des phases de la potentialisation).»

On trouverait dans le même texte, outre la première émergence d'une «phénoménologie minimale», reprise et réinvestie dans *La phénoménologie éclatée*, la défense d'une approche pour laquelle «diagnostic et méditation doivent d'abord s'appuyer sur une observation (aussi "neutre" que possible) des phénomènes : attention phénoménologique plus que jamais nécessaire en ce temps d'innovations technologiques accélérées». Comme le lecteur du *Tournant* devrait aisément s'en convaincre, les tendances qui s'y trouvent diagnostiquées sont tout à l'opposé. Dominique Janicaud y voyait une déviation et une impasse, mais aussi un défi à relever. C'est à ce défi qu'il s'était déjà attaqué avec *La puissance du rationnel*, et auquel il s'attaquera encore, après le *Tournant*, avec *Chronos*, publié en 1997, cinq ans seulement avant sa disparition.

Entre-temps, six années s'étaient passées qui furent

celles de la «réception» du *Tournant*. Réception
paradoxale, comme en témoigne le silence qui l'ac-
cueillit dans les premiers temps, et qui conduisit
Dominique Janicaud à écrire *La phénoménologie
éclatée*. Aujourd'hui, à dix ans de distance, les questions que posait ce livre de circonstance se posent
avec la même acuité, tant il est vrai que la phénoménologie demeure partagée entre les «échappées» qui
la portent tantôt vers une philosophie première,
tantôt vers une transcendance de statut ambigu, et
des perspectives plus modestes, plus limitées, mieux
adaptées toutefois à l'état de la discussion philosophique, autant qu'à la place que l'inspiration phénoménologique revendiquait primitivement au titre
d'une «méthode» centrée sur la seule phénoménalité. C'est pourquoi le débat déclenché par le *Tournant* ne représente pas seulement l'un de ces épisodes
propres à répondre à un besoin généralisé d'*événement* qui caractérise notre présent. Les problèmes
posés par Dominique Janicaud dans *Le tournant
théologique* sont d'un autre ordre; ils ne répondent
à aucune dramatisation et concernent, au-delà du
contexte et des auteurs sur lesquels porte leur analyse, la redistribution des rôles qui tend à s'opérer
entre la philosophie et les sciences ou les disciplines
empiriques, et, au sein de la philosophie elle-même,
entre les différentes issues sur lesquelles s'ouvre le
«dépassement de la métaphysique», y compris celles
qui, sous des formes diverses, en accomplissent le
retour.

Je ne saurais clore ces quelques remarques sans
une brève note plus personnelle. J'ai eu la chance de
faire la connaissance de Dominique Janicaud à Nice,

en 1987, à l'occasion de son séminaire sur *Être et temps*, publié en 1989 sous le titre : *Être et temps de Martin Heidegger. Questions de méthode et voies de recherche*. Dominique Janicaud incarnait éminemment, par l'attention qu'il prêtait aux êtres autant qu'aux idées, sa générosité et son intégrité, les vertus de dialogue qu'on a coutume d'associer à la philosophie. *Le tournant théologique de la phénoménologie française* et *La phénoménologie éclatée*, initialement publiés dans la collection «Tiré à part», en sont un témoignage.

INTRODUCTION*

Le tournant théologique de la phénoménologie française a été publié en 1990. Je ne vais évidemment pas le répéter. Si je crois utile d'y revenir, c'est en fonction d'un débat sur la philosophie contemporaine française auquel ce petit livre a contribué, débat qui n'est pas clos et qui, je le souhaite, peut et doit s'enrichir.

D'autre part, je suis bien conscient qu'avec la phénoménologie on risque de s'engager sur un terrain très technique, réservé aux philosophes professionnels. Husserl et Heidegger ne sont pas réputés penseurs extrêmement faciles ; et cela n'est pas seulement dû à la plus ou moins bonne qualité des traductions. La phénoménologie française est en situation d'héritière par rapport à ses sources allemandes et, ce faisant, elle n'évite pas toujours le jargon ! La phénoménologie a beau prétendre revenir aux « choses mêmes », elle peut donner l'impression au profane de se complaire dans une conceptualité abstraite,

---

* Cette introduction reprend largement le texte de la conférence « Pour le nouveau tournant », prononcée à la bibliothèque Méjanes, à Aix-en-Provence, à l'invitation de Jean-Pierre Cometti, en 1997.

sinon abstruse. Je ferai donc un effort pour délimiter les enjeux de notre débat, dans les termes les plus accessibles. S'il subsiste des zones d'ombre, n'hésitez pas à m'interroger lors de la discussion, afin que l'effort de clarification ne reste pas une bonne intention sans suite !

Tout d'abord, je rappellerai les circonstances de la composition de ce petit livre et ses intentions. « Nul n'est obligé de publier un livre », a dit Bergson. Pourquoi ai-je publié celui-ci ? Ce sera également l'occasion de préciser quelques termes et de délimiter le champ d'étude. Ensuite, je parlerai de la réception et du débat autour du livre. Parmi les questions, les objections, je m'en tiendrai à l'essentiel et essaierai d'éviter toute complaisance anecdotique pour me concentrer sur la difficulté philosophique. Enfin, j'envisagerai les « rebonds », la suite de l'histoire et surtout la suite que je voudrais donner — le recul aidant — à ces recherches sur la phénoménologie française.

CIRCONSTANCES ET INTENTIONS

Comme je l'ai signalé tout au début du *Tournant théologique*, à l'origine de cet essai il y a une commande de l'Institut international de philosophie (en collaboration avec l'UNESCO) : il s'agissait de rédiger un rapport sur la philosophie française des années 1980 dans le cadre d'un bilan global de la philosophie en Europe, et cela sous la responsabilité de deux universitaires de rang international, les professeurs Klibansky et Pears.

C'est à l'occasion de ce rapport que j'ai été conduit à lire ou à relire beaucoup de textes et à réfléchir sur l'évolution de la phénoménologie française contemporaine : c'est donc en tant qu'historien des idées contemporaines que s'est imposée à moi l'idée d'un tournant, amorcé en 1961, année de la mort de Merleau-Ponty et de la parution de *Totalité et infini*, la thèse de Lévinas.

Bien entendu, on ne m'avait pas commandé le *Tournant* lui-même. C'est lors d'une conversation amicale avec Jean-Pierre Cometti que l'idée en a pris forme. Jean-Pierre Cometti en a été le parrain !

Quand le *Tournant* a paru en octobre-novembre 1990, le premier texte, le rapport sur la philosophie française, n'avait toujours pas paru, de sorte que vous en trouvez l'annonce, mais pas la référence précise. Ce texte a finalement paru en 1993, sous le titre *La philosophie en Europe*[1]. Mon texte s'intitule « Rendre à nouveau raison ? » (p. 156-193) et j'y traite des « nouveaux phénoménologues » aux pages 175-181, avec déjà pour sous-titre : « Une phénoménologie théologique ? ».

Voilà pour les circonstances. Venons-en maintenant à la question de fond, non pour répéter ce que j'ai écrit dans le *Tournant*, mais pour essayer de caractériser ce que j'ai *voulu dire*.

Pour le résumer en quelques mots, il m'a paru très surprenant que puisse encore s'intituler « phénoménologiques » des pensées soucieuses de l'Autre en tant que tel, de l'Archi-Révélation de la Vie, de la donation pure, des pensées qui justement transgressent les limites de la phénoménalité et qui, d'ailleurs, du moins chez Lévinas, avouent qu'elles entendent renouer avec la grande tradition métaphysique (le Bien chez Platon, l'infini chez Descartes).

Mais tout de suite, à peine cette perplexité est-elle formulée, on doit discerner d'une part qu'il y a deux questions en une (une question de *fait* et une question de *droit*) et que les réponses sont étroitement dépendantes des définitions qu'on donne aux deux mots clés : *phénoménologie* et *métaphysique* (mais surtout, bien entendu, au mot phénoménologie).

Commençons par la mise au point terminologique. Une rapide rétrospective enseigne qu'il peut y avoir une *phénoménologie métaphysique* (c'est le cas chez Hegel avec la phénoménologie *de l'esprit*) : mais justement, que précise Hegel ? À la fois, que le sujet de son entreprise est l'esprit, l'absolu ; mais que la spécificité de la phénoménologie, c'est d'être une « science de l'expérience de la conscience », c'est-à-dire de montrer comment le vrai apparaît à cette conscience d'abord comme conscience de ceci, puis conscience du lieu et du temps, de soi, etc. (comme « savoir apparaissant »).

Ce qui me paraît commun à tout projet philosophique, de Lambert à Husserl et au-delà (et à la différence d'un projet scientifique positif qui va directement au vrai par le raisonnement et/ou par l'expérience), c'est d'être une *doctrine de l'apparence* et de l'apparaître, c'est-à-dire d'être une étude rétrospective des conditions dans lesquelles tel phénomène s'est donné à nous. Chez Lambert, cela se présente, par exemple, sous la forme d'un inventaire des illusions des sens, etc. Chez Husserl, on repart de la sphère classique, l'expérience commune, avant d'opérer — et pour opérer — la « réduction ».

Quant à la métaphysique, il y aurait beaucoup à dire. Mais, en première analyse, ne peut-on pas s'en tenir à la clarification kantienne ? Est métaphysique le domaine qui, outrepassant l'expérience, concerne les idées de la Raison (le moi, le monde, Dieu) ou encore la chose en soi. En revanche, quand la philosophie en reste aux limites de l'expérience, elle étudie la manière dont les phénomènes sont connus selon les catégories.

Dans ce cadre, les choses paraissent assez claires. Le sont-elles chez Husserl ? Oui, dans la mesure où il laisse tomber toute métaphysique dans le sens classique, prétendant connaître les choses en soi à partir des idées de la Raison. Pas totalement, dans la mesure où son projet — si rigoureux se veuille-t-il — reprend celui d'une philosophie première et retrouve à sa manière (du moins dans les *Ideen I*) des ambitions idéalistes. Je reviendrai à ce problème complexe. Pour l'heure, tenons-nous-en aux questions posées : compte tenu des définitions qui viennent d'être données, peut-on parler d'un tournant théologique de la phénoménologie française depuis 1960 ? Examinons d'abord la question de *fait* (sans se demander encore si c'est bien ou mal).

À ce niveau, il me paraît impossible de nier qu'il y ait eu une mutation. Car Sartre et Merleau-Ponty, l'un dans son «Essai d'ontologie phénoménologique» (sous-titre de *L'être et le néant*), le second dans la *Phénoménologie de la perception*, s'en tenaient strictement à la sphère de l'expérience immanente à l'Existant (certes, Sartre et Merleau-Ponty employaient le mot Transcendance, mais pour désigner la liberté *humaine*). Toute métaphysique au sens traditionnel était soigneusement évitée. Sartre se proclamait même athée; Merleau-Ponty, sans le faire, entendait s'en tenir à la description de la perception, depuis la problématique de la sensation jusqu'au temps, Autrui, la Liberté. Pour Sartre, l'intentionnalité permet justement de ressaisir les visées-des-choses, de ne jamais isoler la conscience par rapport aux choses et de remiser au magasin des accessoires la notion de «vie intérieure». Dès le début de *L'être et le néant*, il écrit que l'existant est réduit «à la série des apparitions qui le manifestent[2]», et il va décrire le Pour-soi tel qu'il néantise et se saisit jeté dans le monde (on le lui a assez reproché — d'être au ras des choses, de trop marquer l'angoisse, etc.!).

Contraste saisissant avec *Totalité et infini* de Lévinas. Dès les pages 21 et suivantes, sous le titre général de «Métaphysique et transcendance», s'avoue le «désir de l'invisible» (p. 21), «la rupture de la totalité» (p. 21); on y affirme que «la métaphysique précède l'ontologie» (p. 32) et la prééminence de la «transcendance comme idée de l'infini». Le désir métaphysique, écrit Lévinas, vient «d'un pays où nous ne naquîmes point»... Il ajoute (p. 22): «D'un pays étranger à toute nature...»; et encore: «Le désir est désir de l'absolument Autre» (p. 23), «Il désire d'au-delà» (p. 22), ou même: «Mourir pour l'invisible — voilà la Métaphysique» (p. 23).

C'est clair, du moins chez Lévinas; l'inspiration métaphysique sera peut-être moins franchement assumée chez d'autres auteurs. Et ce qui est moins clair, chez Lévinas lui-même, c'est d'établir ce qui reste phénoménologique dans cette tentative: «Ce livre qui se veut et se sent d'*inspiration*[3] phénoménologique...», écrit Lévinas dans sa préface à l'édition allemande de *Totalité et infini*[4]. Comment interpréter cette précision ?

Pour l'instant, tenons-nous-en à l'incontestable : *Totalité et infini* marque un tournant ou une mutation théologique. Cette césure est incontestable et elle correspond — hasard malicieux ? — à la date de la mort de Merleau-Ponty.

Voilà pour l'historique. Il faut l'interpréter. C'est évidemment ce que j'ai essayé de faire dans le *Tournant*, en élargissant l'horizon vers d'autres œuvres, celles de Michel Henry et Jean-Luc Marion en particulier.

De nouveau, je voudrais éviter de répéter ce que j'ai écrit mais juste résumer mon intention concernant la deuxième question, la question de *droit*.

Je n'ai nullement contesté qu'on eût le droit de poser des questions métaphysiques ou théologiques, pourvu qu'elles se différencient explicitement de questions ou de descriptions proprement *phénoménologiques*. Ce que j'ai voulu mettre en question, c'est la *captatio benevolentiae* de la phénoménologie[5]. Qu'est-ce qu'une telle captation ? Faire admettre comme phénoménologique ce qui ne l'est pas tout à fait, puis ce qui ne l'est plus du tout. Donner à la « phénoménologie » un champ et des conditions si larges qu'elle recouvrirait toute la philosophie (jusqu'aux frontières de la philosophie analytique). Dans ce cas, que devient le phénomène ? Archi-Révélation de la Vie (Henry), donation pure (Marion).

Un exemple (que j'ai déjà cité dans *La philosophie en Europe*) : dans son livre *Généalogie de la psychanalyse*[6], envisageant la potentialité du premier apparaître, Michel Henry parle du « *Rassemblement intérieur originel* » en lequel réside l'essence de *toute* puissance et la mémoire elle-même, l'*Archi*-Révélation de l'*Archi*-Corps, l'*éternelle* étreinte avec soi de l'être et de son pathos et, avant sa dispersion illusoire dans l'extériorité irréelle de l'*ek-stase*, l'*essence même* de notre être[7]». Que d'épithètes et de connotations emphatiques renvoyant toutes à une dimension absolue, théologique! Dieu n'est pas nommé, mais ses attributs réapparaissent: intériorité originelle, auto-affection, éternité, archi-révélation, essence de la vie.

Peut-on considérer que cela va de soi? Et surtout *phénoménologiquement*?

La question que j'ai voulu poser est donc une question simple, de *méthode* — à la fois pour la philosophie et pour la théologie. La pensée philosophique pourra-t-elle construire quelque chose de viable et nouer un dialogue fécond avec d'autres pensées, si elle entretient la confusion — sous le couvert d'une phénoménologie devenue impérialiste? Est-ce heureux même pour la théologie qui risque de voir sa spécificité brouillée?

Il m'est impossible de développer plus avant le contenu du livre, du moins quant à ses intentions essentielles. Il faudrait tout reprendre dans le détail et cela ferait plusieurs conférences! Tournons-nous maintenant vers ce que j'avais annoncé comme la deuxième phase de cette conférence.

LA «RÉCEPTION», LE DÉBAT

Il est rare qu'un auteur soit totalement satisfait par la «réception» de son livre. S'il n'a pas assez de succès, il se juge méconnu. S'il en a beaucoup, il risque de ne retenir que le tapage et de se juger incompris d'une autre façon.

Par définition, un ouvrage philosophique a demandé de la réflexion et en exige du lecteur. On ne doit donc pas s'attendre à des réactions immédiates, sauf de la part de personnes qui ne consultent les livres que pour vérifier dans l'index si — et en quels termes — on parle d'elles. Il n'y a pas d'index dans le *Tournant* et cette réaction n'était donc guère possible !

Plus sérieusement, dans le cas présent, la «réception» n'a été marquée par aucun des deux écueils que je viens de signaler : ce petit livre n'est pas passé inaperçu ; il n'a pas non plus eu un succès colossal et médiatique. Ce qui a corsé un peu les choses, c'est l'aspect un peu polémique de certains passages : non qu'il y eût quoi que ce soit de désobligeant pour des auteurs estimés, respectés, dont certains sont mes amis.

Peut-être ai-je été trop ironique à l'égard de la «Phénoménologie de l'Éros» de Lévinas, en écrivant : «Cette "phénoménologie" se réduit à l'évocation édifiante et diaphane d'une caresse désincarnée et d'un érotisme de vitrail. "La caresse consiste à ne se saisir de rien..."[8].» Et, à propos de Marion, j'ai critiqué «Le schématisme des trois réductions» : «La première réduction serait transcendantale, la seconde existentiale, la troisième pure...» D'où les «Trois signatures : Husserl, Heidegger, Marion. Simplement[9]».

Il était inévitable de susciter quelques réactions d'humeur. On m'a dit que Lévinas avait été un peu agacé ou choqué. Bien entendu, mon intention n'était pas de lui faire de la peine, mais de susciter un débat.

Je crois qu'il y a un bon usage de la polémique en philosophie. Elle réveille, étonne, provoque, oblige à sortir des échanges trop scolaires ou conventionnels. Après tout, depuis Socrate et Platon, presque tous les grands philosophes ont polémiqué : depuis les *disputationes* médiévales jusqu'aux objections et réponses cartésiennes, depuis les échanges Leibniz-Clarke jusqu'à la réponse de Kant à Benjamin Constant. Et que dire de Schopenhauer ou Kierkegaard contre Hegel, de Marx, de Nietzsche ? Bien d'autres exemples pourraient être cités...

Le problème n'est pas de savoir s'il faut polémiquer parfois en philosophie, mais quand, comment, jusqu'où ? Dans le feu de l'action, il est inévitable que se produisent quelques excès : peut-il y avoir polémique sans excès ? Dans le cas présent, je ne pense quand même pas qu'ils aient été trop grands, ni scandaleux ! Malgré tout, quand on prend le risque de polémiquer tant soit peu, on s'expose à recevoir coup pour coup ; mais les réponses n'obéissent pas toujours à la théorie de la «riposte graduée» (trop prévisible !). Un silence étudié, des allusions soigneusement pesées sont parfois des réponses qui se veulent habiles, faute d'être philosophiquement argumentées.

Ainsi a paru en 1992 un petit volume intitulé *Phénoménologie et théologie* présenté par Jean-François Courtine et rassemblant des conférences de Jean-Louis Chrétien, Michel Henry, Jean-Luc Marion, Paul Ricœur. Pas un mot n'y était dit du *Tournant* ; mais plus d'un observateur y a vu une réponse indirecte, destinée sans doute à montrer que phénoménologie et théologie peuvent faire bon ménage et que Paul Ricœur (que j'avais dissocié des autres, en raison de ses scrupules méthodologiques) était solidaire des «attaqués».

Je cite à ce propos un observateur impartial, Jocelyn Benoist : «En 1992, un colloque organisé rue d'Ulm ("Phénoménologie et théologie") répond symboliquement au pamphlet de Janicaud en réunissant de façon hautement significative Michel Henry, Paul Ricœur, Jean-Luc Marion et Jean-Louis Chrétien. Collusion qui d'une certaine façon vérifie la thèse de Janicaud sur le "tournant"[10]… »

Effectivement, je ne pouvais rêver une confirmation plus éclatante de ma thèse ; en particulier Jean-Luc Marion qui, dans «Le phénomène saturé», persiste et signe en déclarant que son concept de révélation «strictement phénoménologique» conduit à «la théophanie où le surcroît d'intuition aboutit au paradoxe qu'un regard invisible visiblement m'envisage et m'aime[11]»; et Michel Henry qui, dans son texte «Parole et religion», où la Parole de Dieu, séparant la parole du monde de la Parole de la Vie et présentant cette dernière comme la Parole de Dieu, l'auto-affection éternelle de la vie, nous dit : «Vous êtes les Fils[12]!»

Cette confirmation joue également à l'inverse pour Paul Ricœur dont le texte, «Expérience et langage dans le discours religieux», envisage, lui, beaucoup plus clairement les difficultés d'une phénoménologie de la religion. Si l'on précise bien que le discours religieux une fois constitué comme tel peut être l'objet d'une phénoménologie, ce type d'enquête ne tombe pas du tout sous les critiques que j'ai formulées.

Ainsi Ricœur me paraît-il toujours méthodologiquement exemplaire, tandis que les deux autres auteurs cités ne me semblent pas avoir vraiment répondu à mon objection. Michel Henry est même allé encore plus loin dans le sens théologique en son dernier livre, *C'est moi la vérité*, où il présente directement comme une phénoménologie de la Vie l'enseignement de Jésus. Ainsi, sans précaution herméneutique ni exégétique, la phénoménologie se fait religieuse et évangélique.

La discussion la plus sérieuse eut lieu le 4 avril 1992 à Paris, au Collège international de philosophie, avec la participation de Michel Haar, Françoise Dastur, Élisabeth Rigal, Jean Greisch, Jacques Colleony et Michel Henry. Je voudrais m'y référer maintenant pour situer brièvement les points forts sur lesquels il y a eu et il y a toujours matière à discussion.

1. Était-il juste de parler de « tournant théologique » plutôt que de tournant religieux ou métaphysique ?

Bien entendu, je n'ai pas voulu dire que ce « tournant » était *strictement* théologique au sens où les auteurs en question seraient devenus explicitement théologiques (Michel Henry, en répondant « Je ne connais rien à la théologie », feignait de ne pas comprendre ce que j'avais voulu dire et détournait ainsi le ballon en touche !). Religieux ? Plutôt d'*inspiration* religieuse, mais le langage reste philosophique et le vocabulaire phénoménologique reste utilisé. Métaphysique ? Certes ; chez Lévinas, c'est explicite ; mais outre que certains, comme Jean-Luc Marion, prétendent dépasser la métaphysique, il me semble que le terme de « métaphysique » était trop large en l'occurrence, pouvant désigner aussi bien la métaphysique *generalis* que la métaphysique *specialis*. Or il s'agit bien, pour l'essentiel, d'un tournant où les attributs divins deviennent capitaux et détiennent en quelque sorte la clé de la phénoménalité.

Quant à l'expression «tournant», j'avais évidemment pensé au *Linguistic Turn* de Rorty (paru en 1967) et aussi à la *Kehre* heideggérienne. Elle m'a paru opportune dans la mesure où les nouvelles orientations de la phénoménologie française entendent bien se situer dans la mouvance husserlienne, mais pour l'infléchir, l'exploiter. Il n'y a donc ni brisure, ni déchirure, ni même révolution — mais inflexion, tournant. L'idéal eût été de mettre «théologique» entre guillemets.

2. Le «tournant» n'est-il pas inscrit dans Husserl lui-même?

Cette objection est suggérée dans une note de Jean-Luc Marion : «Husserl devra attendre les développements ultimes de sa téléologie de l'esprit pour identifier l'idéal du remplissement à Dieu[13]», renvoie à des inédits réunis par Jocelyn Benoist, «Husserl au-delà de l'ontothéologie»[14].

À quoi l'on peut répondre, en premier, qu'il est significatif qu'on soit obligé d'aller dénicher quelques inédits où, très discrètement, apparaît le mot Dieu comme signe de l'idéal téléologique absolu.

Cela confirme que dans le parcours thématique, explicite, publié par Husserl lui-même, la philosophie restait neutre quant à ce problème : c'était la nouvelle méthode d'une philosophie qui se voulait science rigoureuse.

Que Husserl, personnellement protestant, ait eu, surtout à la fin de sa vie, des préoccupations religieuses, ou plus religieuses que précédemment, il faut le respecter, sans le confondre avec une inflexion de sa méthode

Enfin, et peut-être surtout, je n'ai envisagé que la phénoménologie *française* et j'ai bien précisé qu'il ne s'agissait d'utiliser ni Husserl ni Heidegger comme autorités. Ce qui est en cause, c'est un questionnement sur les orientations et les limites du projet phénoménologique. D'où la question formulée par Jocelyn Benoist (mais également par d'autres : Vincent Descombes, par exemple, et peut-être aussi Jean-Pierre Cometti) : « D'où vient que la phénoménologie semble porter en elle comme une fatalité la nécessaire retombée dans toute forme d'idéalisme ou de spiritualisme qui s'ignorent plus ou moins (avec plus ou moins de bonne foi)[15] ? »

Voyons très rapidement deux autres questions formulées par Jean Greisch.

3. *Comment entendre l'exigence que la phénoménologie doit renoncer à être toute la philosophie ?*

C'est effectivement une de mes affirmations dans le *Tournant*, dans le but de clarifier la situation. Elle ne doit certainement pas être comprise comme l'imposition d'un lit de Procuste qui entendrait définir *a priori* l'objet et la méthode d'une sorte de propédeutique formelle à la philosophie proprement dite. Mais c'est bien plutôt une autolimitation sans cesse reprise des styles phénoménologiques possibles. Si l'on accepte que la phénoménologie soit (et se pense) comme le « seuil » de la philosophie[16], du côté de l'investigation des apparences ou apparitions, du côté de ce « dont il y aurait apparence ou apparition », alors cela implique également cette « double insécurité » dont parle aussi Ricœur[17]. Ce second côté ouvre sur des questions qui ne peuvent plus être posées en *mode* phénoménologique.

4. *Phénoménologie et métaphysique font-elles deux ?*

Tout dépend de ce que l'on entend alors par « métaphysique ». Et c'est pourquoi il paraît nécessaire de traverser l'interrogation heideggérienne sur *le* métaphysique comme tel. L'intelligibilité des phénomènes ne saurait être complètement disjointe de la question de la condition de possibilité de la phénoménalité. Peut-on parvenir à une « phénoménologie de l'inapparent » qui soit aussi peu métaphysique (et même théologique) que possible ? Heidegger a fait un essai qui donne à penser dans *Être et temps*.

Il s'agit d'une question difficile et qui excède le champ que j'avais cru pouvoir baliser dans le *Tournant*.

Ce débat — on le voit — a été amorcé. Et il doit rebondir encore non seulement ici, dans notre discussion, mais aussi à Québec cet été lors d'une table ronde du Congrès des sociétés de philosophie de langue française.

Il est donc temps que j'indique quels prolongements je voudrais donner à ce débat et dans quelles directions je pense pouvoir prolonger mes orientations de manière plus positive.

REBONDS ET PROLONGEMENTS POSSIBLES

Je voudrais défendre une conception plurielle ou pluraliste de la phénoménologie. Il y a *des* styles phénoménologiques et c'est heureux, compte tenu des multiples facettes de la phénoménalité. Et, d'autre part, même en sciences, il y a eu un moment phénoménologique (ainsi quand je décris les trois états de l'eau : solide, liquide et gazeux — sans m'élever encore à la formule de sa composition, H_2O). À ce titre, la démarche de René Thom est également exemplaire : «Toute science est avant tout l'étude d'une phénoménologie[18].»

Bien sûr, la phénoménologie au sens husserlien n'en reste pas à des descriptions empiriques : elle est transcendantale ; elle se préoccupe même du statut des idéalités. Et, de plus, ce qui est commun à la phénoménologie d'inspiration husserlienne des *Méditations cartésiennes*, c'est sa refondation à partir du *cogito* et de la subjectivité transcendantale.

Il n'en reste pas moins que bien des degrés sont possibles entre le souci fondamental et les visées eidétiques, entre les styles descriptifs aussi. La preuve, c'est qu'une phénoménologie renaît des cendres des critiques — et que ces styles foisonnent.

Il est nécessaire d'encourager ces diversifications. Voici quelques exemples de ces phénoménologies *possibles* :

Parmi les ouvrages sur la *phénoménologie en ses marges logiques ou «cognitives»*, permettez-moi de mentionner notre édition de l'ouvrage collectif *L'intentionnalité en question entre phénoménologie et sciences cognitives*[19] ; mais aussi l'ouvrage de Denis Fisette, *Lecture frégéenne de la phénoménologie*[20], qui s'intéresse à la «phénoménologie analytique» anglo-saxonne.

La *phénoménologie en ses marges descriptives et esthétiques* est admirablement représentée par Henri Maldiney, dont nous ne pouvons citer tous les ouvrages ; il faut y adjoindre Édouard Pontremoli avec son *Excès du visible*[21].

Le versant théologique de la phénoménologie a déjà été amplement évoqué ici, en compagnie de tous mes amis du *Tournant* : Emmanuel Lévinas, Jean-Luc Marion, Jean-Louis Chrétien, Michel Henry, etc. !

On doit également penser aux *marges ontologiques*, plus ou moins naturalistes, de la phénoménologie avec d'un côté les merleau-pontiens tels Renaud Barbaras, Marc Richir, Jacques Garelli — pour ne citer qu'eux ; de l'autre les gadamériens...

Enfin, terminons par le plus important des représentants des marges herméneutiques de la phénoménologie : Paul Ricœur.

Comme on peut le constater, la diversité des styles et surtout des approches de l'apparaître est impressionnante.

1. La neutralité du regard phénoménologique doit-elle être poussée plus loin ?

Pour simplifier : un athéisme de méthode est-il nécessaire ? Doit-on prôner une phénoménologie athée ? Mikel Dufrenne avait déjà noté à ce sujet l'ambivalence de Heidegger : «L'énigme sacralise. Le sacré se laisse toujours pressentir à son ambivalence», écrit-il dans «Pour une philosophie non-théologique»[22]. C'est là une invitation salutaire à reposer le lien entre théologie et phénoménologie. Celle-ci, dès lors, est-elle condamnée à jouer le rôle de substitut plus ou moins avoué, plus ou moins honteux, de la métaphysique la plus métaphysique si je puis dire (la métaphysique *specialis*)? Ou bien l'élan phénoménologique recèle-t-il une vigueur instauratrice et une radicalité permettant d'instaurer une relation vraiment neuve à l'apparaître?

2. Le refus de refermer la phénoménologie sur elle-même

La volonté de penser ses limites devrait-elle aller de pair avec une articulation du moment phénoménologique à l'herméneutique?

Cette question est d'autant plus pertinente qu'il y a déjà chez Husserl une tension patente entre la refondation de la philosophie première et la méthode de description rigoureuse des phénomènes en leur phénoménalité immanente.

Alors que Heidegger, dans *Sein und Zeit*, ébauche une phénoménologie herméneutique dont il n'explicite pas tous les présupposés, Ricœur, dans *Temps et récit*, marque très justement «les limites de la phénoménologie, qui sont celles de son style éidétique[23]».

Le problème central posé ici est de savoir si l'on peut concevoir une phénoménologie sans herméneutique. Et corrélativement: une déconstruction bien comprise ne devrait-elle pas s'accepter comme herméneutique?

Plus subtile que la contestation deleuzienne («Signifiance et interprétose sont les deux maladies de la terre, le couple du despote et du prêtre[24] »), est la position de Jacques Bouveresse. Le *Verstehen* est lui-même soumis à des équivoques et doit passer sous les fourches caudines du travail grammatical : l'histoire de l'efficience et la construction linguistique dépendent d'une herméneutique des jeux de langage[25]. Et Bouveresse cite, pour illustrer ce propos, Wittgenstein : « Lorsque j'interprète, je progresse de degré en degré sur le chemin de la pensée[26]. »

3. *Une orientation phénoménologique minimaliste*

Pour ma part, j'ai essayé de mettre en pratique — notamment dans *Chronos* — un style « minimaliste » en phénoménologie. Que faut-il entendre par là ?

D'abord, une phénoménologie qui renonce à se poser comme philosophie première ou comme pensée originaire, fût-ce sous la passivité absolue ; c'est donc une phénoménologie consciente des risques méthodologiques que représente le sacrifice de la proie (l'apparaître immanent à l'expérience intentionnelle) pour l'ombre (une donation pure, une archi-origine, etc.).

D'autre part, sera minimaliste, cette fois-ci en un sens positif — et en ce qui concerne le temps —, une phénoménologie adaptée aux modes de présence/absence de la phénoménologie temporelle, mettant à l'épreuve la présomption du temps pur ou « ek-statique », recueillant la temporalisation au ras de ses surgissements (traces, gestes, etc.), dégageant en ceux-ci la chrono-fiction transcendantale qui leur est constitutive (le rôle de l'imagination) ; enfin,

laissant le regard phénoménologique ouvert sur les
limites de l'apparaître temporel, en vue des questions où se noue l'énigme d'être.

Que signifie : isoler les moments de surgissement
de *l'apparaître* temporel ? Temporaliser suppose une
corrélation entre subjectivité et objectivité, une prise
de mesure. Montrer le temporel, c'est lui donner
forme (rythme). On ne visera donc plus une essence
du Temps (ou l'essence du temps comme donation),
mais bien plutôt la saisie plurielle des gestes de temporalisation.

Je terminerai par cette boutade de Valéry : « Je ne
suis pas toujours de mon avis[27]. » Par cette déclara-
tion antidogmatique, je voudrais conclure sur un
rappel que j'espère faire partager : pas de philosophie sans interrogation, sans recherche ; or la phénoménologie n'a pas d'intérêt si elle devient un
corps de doctrine rigide et mort, ou un « camp »
idéologique.

Aux phénoménologues, herméneutes, analytiques,
déconstructeurs, il faut redemander : êtes-vous vraiment philosophes ?

Valéry, qui n'était pas officiellement philosophe,
rejoint pourtant Wittgenstein lorsque ce dernier
affirme : « Ce qui obscurcit presque tout, c'est le langage — parce qu'il oblige à fixer et qu'il généralise
sans qu'on le veuille[28]. »

Il ne faut pas se payer de mots — en sacrifiant les
phénomènes à la phénoménologie. Le retour phénoménologique aux « choses mêmes » avait ébranlé une
certaine rhétorique néo-idéaliste : ce dont témoigne
Jean-Paul Sartre, et son texte sur l'intentionnalité[29].

Mais aujourd'hui faire bouger à nouveau la phénoménologie, la critiquer, l'ouvrir à ses possibles, c'est
l'obliger à ne pas se payer de mots — et à entrer en
dialogue avec les autres styles de pensées philosophiques.

I

LE TOURNANT THÉOLOGIQUE
DE LA PHÉNOMÉNOLOGIE
FRANÇAISE

1

CONTOURS DU TOURNANT

Toute conception, même modeste, suppose quelque idée séminale. L'origine du présent essai est un constat établi à l'occasion d'une commande de l'Institut international de philosophie[1] : ayant accepté de rédiger une sorte de rapport sur la philosophie française depuis une quinzaine d'années et d'écrire ainsi un *post scriptum* à la talentueuse rétrospective de Vincent Descombes (*Le même et l'autre*)[2], je me suis évidemment trouvé devant un paysage de pensée fort complexe et bien plus subtil que le défilé de clichés imposés trop souvent par des journalistes pressés. L'histoire de la pensée philosophique n'a jamais été constituée d'une suite de représentations glissant sur un unique vecteur ; l'histoire de la pensée philosophique contemporaine, en particulier française, est encore moins aisément schématisable qu'aux époques précédentes. Le combat des idéologies, le conflit des interprétations, le jeu des « influences » sont venus s'intensifier dans ce carrefour du monde des idées qu'est resté Paris.

J'ai parlé de constat. Sans revenir sur des analyses qu'un lecteur curieux pourra lire par ailleurs[3], il m'est apparu que les études phénoménologiques françaises,

poursuivies avec sérieux et ténacité (en particulier,
par Paul Ricœur et Michel Henry), illustrées avec
une singulière originalité (par Emmanuel Lévinas),
en retrait des modes et des slogans des années 60-70,
recelaient une fécondité dont les fruits et la cohérence se révélaient à la lumière de développements
plus récents. Cette fécondité n'est évidemment pas
entièrement résumable sous la qualification de
« tournant » théologique, pas plus qu'il ne serait justifié de s'en tenir à l'idée d'un passage d'une phénoménologie athée (avec Sartre, Merleau-Ponty, ou
même Dufrenne) à une phénoménologie « spiritualiste » (avec les maîtres nommés précédemment et
quelques héritiers dont les noms vont émerger peu à
peu dans cette étude). Au départ, il ne s'est agi de
ma part que d'une mise en perspective historique.
On m'objectera que tout « constat », même à ce niveau
est déjà interprétatif. Je n'en disconviens pas ; mais
cette mise en perspective peut être faite à un premier niveau, en quelque sorte minimal, n'impliquant
encore aucun jugement de valeur, ni laudatif ni
péjoratif, aucune critique méthodologique. À ce premier niveau, il s'agit seulement de mettre à l'épreuve
la cohérence d'une intuition interprétative concernant la phénoménologie française depuis une tren-
taine d'années : y a-t-il un trait qui la distingue
décisivement de la première réception de Husserl
et de Heidegger ? Ce trait est-il la rupture avec la
phénoménalité immanente ? L'ouverture à l'invisible, à l'Autre, à une donation pure ou à une « archi-
révélation » ? La réponse à ces deux questions liées
est totalement affirmative. La tâche de ce premier
chapitre sera d'en donner les preuves et les attendus,
qui seront presque trop nombreux et, il faut l'espérer,

assez convaincants. Ensuite, avec des analyses plus détaillées, interviendront la critique et même peut-être la polémique, visant un seul but : une clarification méthodologique.

Pour comprendre les conditions de possibilité théoriques du tournant théologique, il faut opérer un bref retour en arrière. Ce dernier ne doit pas être seulement une précaution historique, mais mettre en lumière la spécificité et les limites de la première « percée » phénoménologique française.

LE CHOC HUSSERLIEN

Avec un demi-siècle de recul, la première réception de Husserl en France nous paraît aujourd'hui bien simplificatrice. Pouvait-il en être autrement ? Ce qui n'était pas fatal, c'était la conjonction de talents exceptionnels avec une attention intense pour une méthodologie neuve.

Le texte le plus significatif à cet égard est bref, mais éblouissant. Il est signé Sartre et s'intitule : « Une idée fondamentale de la phénoménologie de Husserl : l'intentionnalité ». Que faut-il retenir de ces quelques pages datant de janvier 1939 et qui jouèrent le rôle de manifeste de la nouvelle « ontologie phénoménologique » dans les années 40-50[4] ? Ce qui saute tout d'abord aux yeux est la polémique anti-idéaliste : contre Lalande, Brunschvicg et Meyerson, qui analysaient et célébraient la puissance d'assimilation et d'unification de l'esprit, Sartre revendique « quelque chose de solide », sans vouloir cependant revenir ni à un sensualisme grossier, ni à un objectivisme, ni à un réalisme de type plus subtil, à la Bergson (distinguant entre l'actualité de notre perception et l'ensemble virtuel des images)[5]. L'intentionnalité est donc cette solution nouvelle et presque miraculeuse : l'alternative idéalisme/réalisme est dépassée (et tout aussi bien la dualité subjectif/objectif) par une corrélation préalable, ce «fait irréductible qu'aucune image physique ne peut rendre» : l'éclatement de la conscience dans le monde, d'emblée conscience «d'autre chose que soi». Il n'y a pas de conscience pure ; la célèbre formule : «Toute conscience est conscience de quelque chose» proclame que la pseudo-pureté du *cogito* est toujours prélevée sur une corrélation intentionnelle préalable.

Ce qui frappe aujourd'hui, à la relecture de ce texte, est le contraste entre l'importance de l'enjeu méthodologique et la désinvolture sartrienne. Le manifeste est brossé aux couleurs les plus éclatantes et sensationnelles : «Husserl a réinstallé l'horreur et le charme dans les choses.» Nous voici délivrés de la «vie intérieure» et même... de Proust ! Mais d'explications, point, de perplexité encore moins. Cette rapidité tranchante n'est pas innocente ; Sartre masque ainsi de réelles difficultés, dont la plus grave est la suivante : comment la méthode de la description eidétique va-t-elle permettre de rencontrer et de restituer le concret, en particulier dans le domaine affectif, sans tomber dans l'essentialisme ? La vie affective est animée d'un dynamisme qui se prête mal aux prises de l'*eidos* ; mais ce dynamisme lui-même n'est pas tout d'un bloc : qu'en sera-t-il des intensités singulières et en quelque sorte secondes ? devra-t-on sacrifier comme trop intérieures les «intermittences du cœur» si finement évoquées par ce

Proust soudain honni? Il faudrait au moins signaler comment le problème de la constitution vient inévitablement croiser celui du monde de la vie. Certes Sartre est un peu moins expéditif dans l'introduction de *L'être et le néant* : il ne peut masquer que si l'existant est réduit «à la série des apparitions qui le manifestent[6]», l'être du phénomène intentionnel n'est pas «chosique»; il faut donc préserver sa transcendance spécifique, sans retomber dans l'idéalisme. Mais l'entreprise husserlienne de constitution ne restaure-t-elle pas une sorte d'idéalisme transcendantal? Sartre devra alors le concéder, renvoyant Husserl au kantisme qu'il n'aurait pas su dépasser[7]. Le recours au concept heideggérien de compréhension préontologique permet à Sartre de suspendre les apories husserliennes pour dégager ce qui l'intéresse alors au premier chef : la description des structures immédiates du Pour-soi qui sont autant de modalités *sui generis*, non thétiques, de la conscience (de) soi.

Déjà dans *La transcendance de l'ego*, datant de 1936, Sartre avait voulu à la fois détacher le *cogito* husserlien («toute légèreté, toute translucidité[8]») du *cogito* cartésien et critiquer ce qu'il présentait comme un retour de Husserl à la thèse classique du Je transcendantal. En remontant à une intentionnalité éclatée, corrélation préalable entre notre transcendance et le monde, il ne craignait pas de lancer des formules audacieuses, sinon contradictoires, comme celle qui faisait de l'*ego* un «être du monde[9]» et, de même, il n'hésitait pas à réintroduire le moi, après l'avoir systématiquement critiqué. Il était surtout obligé, tout en se réclamant de l'*épokhè* husserlienne, de supposer une «mauvaise» évolution du

Maître, revenant de la radicalité intuitive des *Recher-ches logiques* au néo-idéalisme des *Idées* (évolution qui serait même déjà perceptible à l'intérieur des *Recherches logiques*).

Déployant la conscience transcendante (non égo-tique) comme «spontanéité impersonnelle», Sartre se faisait le champion d'une phénoménologie radi-cale déjà complice du matérialisme historique, mais non sans multiplier les ambiguïtés à l'égard de Hus-serl (qu'il utilisait librement comme une imposante référence, en laissant de côté les raisons de son «évolution»). Décidément l'«évolution» de Husserl est un alibi commode dont on aura usé et abusé.

Sartre n'est évidemment pas seul en cause. Les difficultés qu'il suspend ou minimise sont retrouvées par Merleau-Ponty, examinées avec plus de patience et de scrupules, sans pour autant être totalement levées. Merleau-Ponty tient à marquer que le retour phénoménologique aux choses mêmes est «absolu-ment distinct du retour idéaliste à la conscience[10]» et il s'efforce, non sans mal, d'ancrer les recherches de la *Phénoménologie de la Perception* aux derniers travaux de Husserl sur une «phénoménologie géné-tique[11]»: sous prétexte que l'eidétique phénoméno-logique doit replacer «les essences dans l'existence» et s'ouvrir à la complexité de l'être-au-monde comme à celle de l'intersubjectivité, la fin justifie en quelque sorte les moyens. La phénoménologie est happée par son projet existentiel; l'épaisseur des descrip-tions vient faire pardonner la minceur des justifi-cations méthodologiques; l'analyse intentionnelle se met au service du «génie perceptif» et du *cogito* pré-réflexif.

Bien entendu, pas plus que Sartre, Merleau-Ponty

ne peut totalement masquer que le legs husserlien est plus sollicité que restitué. Ainsi la concession suivante est-elle de taille : « Pendant longtemps, et jusque dans des textes récents, la réduction est présentée comme le retour à une conscience transcendantale devant laquelle le monde se déploie dans une transparence absolue, animé de part en part par une série d'aperceptions que le philosophe serait chargé de reconstituer à partir de leur résultat[12]. »

C'est admettre, en fait, que Husserl ne s'est jamais libéré d'une métaphysique idéaliste et que le recours à l'intentionnalité ne garantit nullement, sous prétexte qu'on vise l'existentiel, une sortie hors de l'horizon et des présuppositions d'une philosophie où la *cogitatio* continue à jouer un rôle central. Il fallait, pour faire sauter ce verrou, une explication plus sérieuse et plus fondamentale avec Heidegger (et non l'utiliser comme leurre pour valoriser le dernier Husserl). Il fallait, par conséquent, cesser ce jeu étrange qui consiste à sacraliser la référence à Husserl : ce dernier joue, en effet, chez le jeune Sartre et chez le premier Merleau-Ponty, le rôle de caution d'absolue nouveauté fondatrice pour la méthode phénoménologique ; cette opération ne réussit que parce que, dans le même temps, les critiques envers Husserl sont minimisées, soit à titre de concessions rhétoriques, soit en raison de l'évolution réelle ou supposée du Maître. Il n'est pas sûr, d'ailleurs, que cette tactique soit entièrement voulue et maîtrisée. Comme dans toute opération de transfert, l'autorité est à la fois adorée et repoussée (Nietzsche, Freud, Marx et Heidegger ont aussi bénéficié de ce statut ambigu).

On aurait, malgré tout, mauvaise grâce à nier

deux traits éminemment positifs de cette première
réception de Husserl. Fidèles ou infidèles à l'inspiration première, des travaux intelligents et provocants
ont été produits : *L'imaginaire*, la *Phénoménologie de
la perception* ont stimulé la recherche phénoménologique et refécondé la philosophie française. De plus,
la rupture avec la philosophie classique de la représentation et avec le néokantisme reflétait bien un
séisme provoqué par Husserl lui-même et que Heidegger avait à la fois exploité et déplacé.

L'ENTRELACS ET L'APLOMB

Pendant la décennie qui suit la Libération, le chan-
tier des recherches phénoménologiques françaises
reste ouvert, mais incertain. Sartre l'abandonne
pour se tourner résolument vers la politique et la
morale engagée. De toute évidence, dans son débat
avec les marxistes, il concède que son ontologie phénoménologique restait abstraite par rapport à la réalité sociale et dialectique ; le passif de l'idéalisme
transcendantal husserlien lui paraît finalement trop
lourd ; ni les *Cahiers pour une morale* ni le *Saint
Genet* ne révèlent plus le moindre intérêt pour les
questions proprement phénoménologiques, trop
« pures », trop détachées des situations concrètes et
des luttes socio-politiques.

La phénoménologie est alors attaquée par les
marxistes, en des termes et selon des présupposés
qui nous paraissent aujourd'hui partisans et dogma-
tiques, mais qui ont produit leurs effets sur le moment.
Tran Duc Thao dénonce la neutralité ambiguë de la

matière telle que la traite la phénoménologie : *hylè*
brute ou objet culturel, la matière n'est plus ni dialectique, ni travaillée par l'homme. Certes la réduction conduit à une donation de sens qui est une
vérité humaine et dynamique, mais qui n'évite pas,
chez Husserl, de retomber dans une sorte de « scep-
ticisme total[13] ». Seul le marxisme sauverait la phénoménologie de l'abstraction.

Ces arguments tendaient plus à constituer un
« cordon sanitaire » autour de la phénoménologie
qu'à l'intégrer véritablement à des recherches
marxistes. Elles n'ont nullement dissuadé Merleau-
Ponty, Lévinas, Ricœur et quelques autres de poursuivre la lecture exploratrice du continent husserlien.

Une contribution très notable à la recherche et
à la réflexion est constituée par la publication, en
1950, de la traduction des *Ideen I* par Paul Ricœur[14].
Dans son introduction, le traducteur ne masque pas
sa perplexité et il est significatif que celle-ci se
concentre sur le sens de l'idéalisme transcendantal
de Husserl : ne s'agit-il que d'un idéalisme subjectif ?
Pourtant, par sa philosophie de l'intuition comme
par sa réduction de tout *a priori* encore « mondain »,
Husserl paraît se libérer à la fois du relativisme et
du kantisme. Fink ouvre une perspective interprétative que Ricœur signale avec sympathie, sans
l'adopter catégoriquement : au-delà de l'intentionnalité psychologique et de la corrélation noético-
noématique, Husserl dégagerait un troisième sens
de l'intentionnalité : la révélation « productive » et
« créatrice » de l'origine du monde[15].

Ricœur formule déjà la question qu'il retrouve et
éclaire dans son livre récent, *Soi-même comme un
autre* : à quel niveau de la réduction la subjectivité

s'identifie-t-elle comme intersubjectivité? Et il laisse tomber cette petite phrase pleine de sous-entendus et qui ne saurait laisser ici indifférent: «Le sujet le plus radical est-il Dieu[16]?»

Le tournant théologique est évidemment contenu *in ovo* dans ce genre d'interrogation; mais Ricœur s'est bien gardé de franchir le pas. Ses scrupules méthodologiques l'ont conduit à multiplier les précautions herméneutiques préalables à tout passage de la phénoménologie à la théologie.

Saluer cette rigueur ne dispense pas de reprendre et d'approfondir l'analyse des difficultés léguées par Husserl. Elles sont considérables: nous allons les retrouver tout au long de cet essai, mais en fonction d'une question directrice, métaphysique par excellence, celle de la Transcendance se révélant paradoxalement dans un originaire logé au cœur de la phénoménalité.

Il faut comprendre à la fois pourquoi ces difficultés (où viennent se nouer le sens de la réduction, l'approche de l'intersubjectivité, le statut à donner au monde de la vie et surtout la relation entre phénoménologie et métaphysique) ont pu être recueillies et «résolues» selon deux directions en grande partie divergentes, que nous désignerons elliptiquement par deux mots-clés dont l'explicitation suivra: l'entrelacs et l'aplomb.

Au cœur de la recherche de Merleau-Ponty, arrêtée en ces manuscrits réunis sous le titre *Le visible et l'invisible*, l'entrelacs intervient pour tenter de nommer ce que ni la philosophie classique de la représentation ni même la phénoménologie de Husserl n'arrivent à appréhender. Certes la notion husserlienne d'horizon préfigure une telle approche, mais — précise Merleau-Ponty — « il faut prendre le mot à la rigueur[17] ». L'horizon ne se réduit pas à un espace translucide de visibilité ou de généralité, comme un tableau, un plan ou même la spatialité : « Son corps et les lointains participent à une même corporéité ou visibilité en général, qui règne entre eux et lui, et même par-delà l'horizon, en deçà de sa peau, jusqu'au fond de l'être[18]. » L'horizon entendu comme entrelacs déborde toute délimitation opérée par ma vision dans le visible, enrobe même tout visible dans une latence qui est la *chair* des choses[19]. C'est que le visible n'est jamais pur, mais toujours palpitant d'invisibilité ; et de même la vision que j'en ai n'est pas une ponctualité qui pourrait se circonscrire définitivement, mais elle s'inscrit dans une corporéité. L'entrelacs fait donc signe vers un double débordement : du visible par la chair du monde et de ma vision par la corporéité. Ces quatre termes font chiasme, mais sans que jamais leur point d'intersection soit isolable de l'émergence mystérieuse de la visibilité « tantôt errante, tantôt rassemblée[20] ».

Renaud Barbaras a fort bien montré comment cette ontologie esquissée dans *Le visible et l'invisible* dépasse le dualisme au sein duquel la *Phénoménologie de la Perception* restait enfermée : entre une conception encore classique de la réflexivité et son « complément » préréflexif ou naturel[21]. La bipartition entre culture et nature traversait, inquestionnée, la première grande œuvre de Merleau-Ponty. En revanche, en se mettant en quête de la chair comme « élément » de l'être (lui-même réentendu comme entrelacs, et non comme pure donation), la phénoménologie entend surprendre une dimension préalable au partage entre réflexif et préréflexif, en deçà également du plan où l'*ego* se pose face à l'*alter ego*[22]. Ma corporéité est d'emblée intersubjective. C'est pourquoi la membrure de l'intersubjectivité n'est pas séparable de la texture du monde. Toute pensée de surplomb rate cette émergence complexe et vivante. L'aplomb de l'Autre brise, de même, les fibrilles de l'intersubjectivité.

L'aplomb désigne sous notre plume, on l'aura deviné, une attitude philosophique toute différente et même antithétique, celle qui s'affirme avec hauteur dans *Totalité et infini*. L'aplomb peut n'être qu'une désinvolte audace ; elle n'a pas ici principalement ce sens psychologique. L'aplomb, au sens philosophique, c'est, de la part de Lévinas, l'affirmation catégorique du primat de l'idée d'infini, dépossédant d'emblée la *mêmeté* du moi ou de l'être. *Totalité et infini* n'est pas seulement contemporain des ultimes recherches de Merleau-Ponty : il s'agit de résoudre le même problème et de répondre à la même carence de la phénoménologie husserlienne. L'intentionnalité ne réussit pas à «réduire» la réflexivité ; ni l'émergence au monde ni l'accès d'autrui n'obtiennent une attention suffisante dans une entreprise de constitution universelle dont l'idéalisme, pour se vouloir transcendantal, n'en reste pas moins radical. La revendication par Lévinas d'un dépassement du sens purement intentionnel de la notion d'horizon se fait dans des termes fort voisins de ceux de Merleau-Ponty : «L'analyse intentionnelle est la recherche du concret. La notion, prise sous le regard direct de la pensée qui la définit, se révèle cependant implantée, à l'insu de cette pensée ; ces horizons lui prêtent un sens — voilà l'enseignement essentiel de Husserl. Qu'importe si dans la phénoménologie husserlienne, prise à la lettre, ces horizons insoupçonnés s'interprètent, à leur tour, comme pensées visant des objets[23] !» À la différence de Merleau-Ponty, Lévinas a-t-il le mérite de sa franchise dans les libertés qu'il prend avec Husserl? Le but, soulignons-le, est le même, du moins dans un premier temps : le débordement de l'horizon intentionnel, Et, en fait, les tactiques sont fort voisines, puisqu'elles consistent — où qu'on place la littéralité — à être plus fidèles à l'esprit de la phénoménologie que Husserl lui-même. Ce tour a été lancé par Heidegger ; il trouve son expression dans le thème de la «phénoménologie de l'inapparent» et se retrouve mimé, réinventé jusque chez Derrida et Henry.

Pour l'instant, s'est imposée à nous l'énigme d'une divergence radicale entre Lévinas et Merleau-Ponty, à partir cependant d'un dépassement comparable de l'intentionnalité et d'une ouverture de la phénoménologie à l'invisible. Suffit-il de constater que le premier récuse l'ontologie au profit de la métaphysique, alors que le second fait l'inverse? Il ne faut pas que cette classification fasse oublier l'enjeu direct et concret pour une pensée qui se réoriente : entre l'affirmation inconditionnelle de la Transcendance et la patiente interrogation du visible, l'incompatibilité éclate ; il faut choisir. Mais va-t-on le faire sur un coup de tête ou de cœur, dans l'arbitraire? La tâche, en tant qu'elle reste philosophique et phénoménologique, est de suivre le seul fil conducteur qui évite de se payer de mots : l'interrogation sur la méthode.

Il apparaît alors clairement que la voie de Merleau-Ponty a une fragilité tout heuristique : c'est une recherche émouvante, en ce qu'elle quête même les mots pour approcher la richesse d'une expérience

que tout un chacun peut éprouver. Méthode minimaliste qui exclut les réductions hâtives et la tentation idéaliste, mais nullement l'attention à l'autre.
L'intelligence est à vif, mais comme chez Proust elle
vient doubler et approfondir le sensible[24]. Elle ne
présuppose rien d'autre qu'un désir inlassable d'élucidation de ce qui se dérobe le plus dans l'expérience.
Phénoménologique, elle le reste passionnément, en
ceci qu'il s'agit de penser au plus près de la phénoménalité pour mieux l'habiter. L'entrelacs n'exclut
rien, il ouvre le regard sur la profondeur du monde.

Au contraire, l'aplomb de l'altérité qui me dépos-
sède d'emblée suppose un désir métaphysique, non
phénoménologique; il vient «d'un pays où nous ne
naquîmes point[25]». Il suppose un montage méta-
physico-théologique préalable à l'écriture philosophique. Les dés sont pipés, les choix sont faits, la foi
se dresse majestueuse à l'arrière-plan. Le lecteur,
confronté au tranchant de l'absolu, se retrouve dans
la position d'un catéchumène qui n'a plus d'autre
choix que de se pénétrer des paroles saintes et des
dogmes altiers: «Le Désir est désir de l'absolument
Autre... Pour le Désir, cette altérité, inadéquate à
l'idée, a un sens. Elle est entendue comme altérité
d'Autrui et comme celle du Très-haut[26].» Tout est
acquis et imposé d'emblée; ce tout est de taille: rien
de moins que le Dieu de la tradition biblique. Stricte
trahison de la réduction qui livrait le Je transcendantal à sa nudité, voici la théologie de retour avec
son cortège de majuscules. Mais cette théologie, se
dispensant de livrer le moindre titre, s'installe au
plus intime de la conscience, comme si cela allait de
soi. La philosophie doit-elle ainsi se laisser inti-
mider? N'est-elle qu'incantation, initiation?

On est en droit à la fois de reconnaître le talent et la singulière originalité de Lévinas, sans pour autant accepter de lui céder un pouce de terrain quand la cohérence méthodologique et phénoménologique est en jeu. Ainsi, pour ne citer momentanément que cet exemple, le Désir est d'emblée majusculisé, emphatique jusqu'à l'extrême. En vertu de quelle expérience? Évidemment métaphysique. Cette circularité est peut-être herméneutique, certainement pas phénoménologique. Certes Lévinas avoue déborder le «jeu de lumières» de la phénoménologie[27], mais son utilisation biaisée de ladite phénoménologie (à des fins pédagogiques? apologétiques?) et son inscription de l'aplomb de l'Autre au cœur de l'expérience rendent la situation infiniment plus complexe que ne le serait un passage explicite (ou une conversion) de la «phénoménologie» à la «métaphysique». Et de même, vis-à-vis de ce qu'il nomme «logique formelle», Lévinas est en délicatesse: s'efforçant de la déborder, tout en se proclamant fidèle à l'esprit du rationalisme intellectualiste. Avec ses gros sabots critiques, tout philosophe est en droit d'intervenir et de pointer du doigt le Désir: majusculisé, ne devient-il pas générique? Tout comme l'Autre? Et après tout, même si l'on admet que soit considérée la dimension de la hauteur, doit-elle livrer d'emblée le Très-Haut? Ainsi pourrait-on multiplier à l'envi des questions inégalement insolentes, auxquelles on devine trop que la seule réponse serait un renvoi aux présuppositions initiales: «C'est à prendre ou à laisser.»

Le présent essai développera les bonnes raisons qu'on a de ne pas suivre cette embardée théologique, du moins telle qu'elle entend s'imposer, par une *captatio benevolentiae* de la phénoménologie. Mais cette reconnaissance que nous menons sur les terres récemment défrichées de la phénoménologie française doit permettre aussi de comprendre comment les arrière-pensées théologiques exploitent, en même temps que les franches percées de Lévinas, les subtiles éclaircies du second Heidegger. Le tournant théologique se réduit-il alors à des traces à peine perceptibles? Il ne faut pas oublier que la théologie peut se faire négative et que vient s'y nouer l'inquiétude ontologique.

LA «PHÉNOMÉNOLOGIE DE L'INAPPARENT» ET LA QUESTION DE LA DONATION

L'expression «phénoménologie de l'inapparent» n'apparaît que très tard chez Heidegger, en 1973, et dans un contexte précis, celui du séminaire de Zähringen, publié d'abord en français dans *Questions IV*[28]. Paradoxalement cette énigmatique formule fait difficulté moins du côté de «l'inapparent» qu'en son maintien de la référence à la phénoménologie. Certes l'inapparent est ambigu: il peut être ce qui se dérobe, ce qui n'apparaît pas clairement aux yeux, mais aussi ce qui ne se réduit pas à une simple apparence (opposée à l'être réel). Il est évident que Heidegger exclut ce second sens qui le rabattrait sur la conception platement platonicienne dont il veut précisément se démarquer. L'entretien de Zähringen entend parvenir à répondre à la première question de Jean Beaufret: «Dans quelle mesure peut-on dire qu'il n'y a pas chez Husserl de question de l'être[29]?»

La réponse est claire: Husserl entend encore —
malgré la percée de la sixième *Recherche logique* —
l'être comme un donné objectif, alors que Heidegger
tente de penser sa «vérité» comme désabritement
de la présence. Dès lors, tout n'est plus rapporté à
l'intentionnalité, mais la conscience est plus originairement située «dans l'ek-statique du *Da-sein*[30]».
Inapparent à la métaphysique, comme au sens
commun, est ce recueil de l'émergence de la présence: Heidegger en confie le soin à une pensée plus
initiale qu'il nomme ici «pensée tautologique».

Ces indications ne font que confirmer l'orientation
du «tournant» de Heidegger, cherchant — tantôt
audacieusement, tantôt plus patiemment — les conditions d'un dégagement (hors) de la pensée exclusivement métaphysique. Les apories sont déjà suffisantes
en cette tentative pour ne pas être encore grevées de
ce lourd additif: la reconduction de la phénoménologie, il est vrai métamorphosée.

Heidegger a-t-il vraiment besoin de cette référence?
Présente-t-il toujours sa «dernière» pensée comme
phénoménologique? La réponse à ces deux questions ne peut être que négative, bien qu'il soit légitime de s'interroger sur le «besoin» qu'aurait encore
Heidegger de maintenir un lien, fût-il ténu, avec l'inspiration phénoménologique. Le fait est que, dans le
séminaire de Zähringen comme dans «Mon chemin
de pensée et la phénoménologie», la relation au legs
husserlien se situe au centre du débat, et de telle
sorte que Heidegger se trouve tout naturellement
(encore que très lucidement) conduit à marquer
l'unité de son itinéraire de pensée, depuis sa rencontre avec Husserl jusqu'aux dissentiments et aux
divergences bien connus. Il faut admettre que l'unité

de ce cheminement n'est tracée qu'au prix de la reconnaissance des malentendus qui ont constamment sous-tendu la collaboration entre Husserl et Heidegger: leur Brentano n'est pas le même[31], le jeune Heidegger est fasciné par la sixième *Recherche logique* à laquelle Husserl n'accorde plus guère d'importance; mais cela n'est encore rien par rapport aux bouleversements qu'*Être et temps* va faire subir à la méthode, et surtout aux présupposés, de la phénoménologie husserlienne.

Ces réflexions conduisent à un double constat: Heidegger est parfaitement en droit de s'approprier la phénoménologie qui, ni en sa lettre ni en son inspiration, n'appartient à personne, pas même à Husserl; mais la «pensée tautologique» qu'il prône finalement n'a plus rien à voir avec l'entreprise husserlienne de constitution, laquelle entendait bel et bien offrir une connaissance plus fondamentale, plus vraie et plus complète, des différentes facettes de l'étant, y compris du côté des corrélats subjectifs de la réalité ontique. Jean-François Courtine a bien montré que la «phénoménologie de l'inapparent» pouvait recevoir rétrospectivement, au niveau d'*Être et temps*, un premier sens de désocculation des phénomènes: en tant que grammaire de la prédication, elle pouvait encore se présenter comme un approfondissement herméneutique de la phénoménologie. En revanche, la radicalisation «tautologique» du projet heideggérien l'expose, selon Courtine, non seulement à l'équivoque, mais peut-être à l'*Unglück* au désastre ou à la catastrophe d'un abandon des phénomènes[32].

Ce rappel du cheminement énigmatique de Heidegger peut sembler nous éloigner de la question du tournant théologique. Il nous place, au contraire, au croisement où tout se décide : au point de rupture entre un projet phénoménologique positif et le déplacement de son «possible» vers l'originaire. Ce qui embarrasse les uns peut combler les autres. Si la «phénoménologie de l'inapparent» fait finalement vaciller toute présentation réglée des phénomènes au profit de l'écoute d'une parole ourlée de silence, voici — à rebours — un fil tendu vers l'originaire, le non visible, le réservé. Prêts à renoncer à une phénoménologie thématique, les candidats à l'héritage théologique se contenteront d'une phénoménologie en pointillé. Comment resteraient-ils insensibles à l'intrépide régression vers l'originaire, dont les ambiguïtés vont fasciner, non décourager, les herméneutes d'une nouvelle version de l'*intimior intimo meo* (ou, du moins, ce qu'ils croient tel) ? Si la «phénoménologie de l'inapparent» n'est pas à interpréter en un sens régressif, mais prometteur, alors les coups de sonde les plus audacieux sont permis : ils vont exploiter la remontée à la «donation» comme à la dimension la plus originaire de la temporalité, atteindre et relier les traces d'une nouvelle approche du Sacré et du «Dieu plus divin». De fait, est-il niable que le «tournant» de Heidegger ait été conditionné par sa quête du Sacré, à travers sa réinterprétation de Hölderlin ? Sans la *Kehre* de Heidegger, point de tournant théologique. Assurément. Mais cette constatation n'est pas légitimation. L'écoute fidèle redevient facilement orthodoxie. Une pensée inquiète, aiguisant des questions neuves, paraîtra peut-être insolente à se montrer si sourcilleuse sur les glissements sémantiques et les déplacements méthodologiques ; mais si le questionnement n'est pas un rite, il fera preuve d'une acuité à la mesure de la «piété» qui doit couronner, selon Heidegger, la pensée digne de ce nom.

La logique de notre propos nous conduira donc, dès le troisième chapitre, à une étude critique des brillantes suites françaises de la «phénoménologie de l'inapparent». Ainsi aborderons-nous d'abord, et de près, la recherche audacieuse, par Jean-Luc Marion, d'une «forme pure de l'appel[33]» qui serait l'enjeu d'une troisième réduction, ni transcendantale ni existentiale. En quoi cette réduction, censée déployer une donation d'autant plus originaire qu'elle est radicale, reste-t-elle phénoménologique? Que signifie un appel si pur qu'il ne vient revendiquer qu'un «interloqué» sans chair ni os? L'auteur lui-même reconnaît la légitimité de l'objection de principe, qu'il formule en ces termes: «Pareille transgression... aboutit-elle encore à une situation authentiquement phénoménologique ou ne renonce-t-elle pas plutôt aux élémentaires exigences méthodologiques d'une "science rigoureuse"[34]?» La reprise de cette question méthodologique ne fera pas fi de la réponse donnée, qui doit être sérieusement examinée en ses attendus et en ses présupposés. Sera ainsi formulée la question de savoir si la voie étroite où s'annoncent — au-delà de *Réduction et donation* — des «paradoxes rigoureux et nouveaux» peut toujours se réclamer de la «phénoménologie comme telle[35]».

Différente et cependant exposée à des questions voisines, la «phénoménologie de la promesse» proposée par Jean-Louis Chrétien mérite également une lecture attentive, à la fois accueillante et critique. Digne de sympathie, peut-être même d'émerveil-

lement, l'écriture de *La voix nue*[36] reste certes phénoménologique par la finesse de ses évocations et
descriptions. Mais il faut immédiatement ajouter
«au sens large» et ne pas manquer de s'interroger
sur les percées, permises par cette latitude, vers le
don en soi, l'amour en excès infini, le corps glorieux,
«la promesse qui toujours déjà nous entoure[37]».

Méthodologiques furent nos étonnements initiaux ;
telles doivent demeurer nos enquêtes ultérieures,
pour nous conduire à tirer les enseignements d'autres
parcours phénoménologiques, plus anciens et toujours fructueux, dont la relation explicite ou implicite
au possible théologique s'avère digne de question.
Ainsi le quatrième chapitre suivra-t-il les lignes du
partage méthodologique suivant lequel Michel Henry
revendique explicitement et hautement l'adéquation
entre la phénoménalité (élucidée comme l'essence
de toute manifestation) et l'absolu (compris comme
révélation de la vie même comme affectivité). En
opposition au concept de phénomène régnant non
seulement chez Husserl mais dans l'ensemble de la
philosophie occidentale depuis les Grecs — la visibilité de l'objet ou de l'*eidos* —, la structure de la phénoménalité se voit rapportée à son intériorité secrète,
son invisibilité constitutive, la nuit de son auto-
affection. Sommes-nous en droit d'y déceler un
tournant théologique ? Alors que cette pensée entend
remonter au fondement même de l'immanence, se
veut «matérielle»[38] et fait de la réflexion sur la
méthode une tâche prioritaire[39], il serait absurde de
lui reprocher un glissement subreptice ou une
quelconque inconséquence. Mais la question, en ce
qu'elle implique, n'est pas invalidée pour autant. En
fait, cette orientation était déjà parfaitement expli-

cite dans *L'essence de la manifestation*[40] où la critique du rationalisme intuitionniste de Husserl, mais
aussi du monisme ontologique de Heidegger, faisait
subordonner la description du phénomène à l'approche de l'essence de la phénoménalité[41] ; or cette
essence était comprise comme affectivité révélant
absolument l'absolu[42]. Étions-nous alors subtilement
reconduits vers Dieu ? Assurément ; mais moins vers
le Dieu d'une théologie positive que vers la Déité au
sens d'Eckhart[43], mystérieuse unité entre la manifestation phénoménale et le fonds même de la vie.

Notre contestation ne portera pas sur l'intention
spirituelle, fort respectable et souvent d'une admirable tenue, mais sur l'étrange obstination à vouloir installer cette recherche (essentiellement fragile,
secrète, sinon ésotérique) au centre d'un dispositif
disciplinaire dont précisément tous les principes sont
formulés en termes rationnels, unificateurs, occi-
dentaux qu'on entend récuser. Alors que Heidegger
réserve prudemment le terme de « pensée » pour une
quête qui exige une mutation de la langue, Michel
Henry procède à une sorte d'expropriation de la
maison phénoménologique et de ses instruments
méthodologiques. Il en vient même à proclamer que
l'avenir appartient à la « phénoménologie » ainsi réo-
rientée. Mais quel avenir et pour qui, si la fusion
(sinon la confusion) entre l'approche affective de
l'absolu et la constitution d'un *corpus* méthodologique unifié est imposée comme allant de soi, au
sein d'une talentueuse — mais dogmatique — autoréférence ? Comment à la fois conduire vers le non-
savoir de la Nuit mystique et utiliser pour cela les
instruments conceptuels ou terminologiques de la
bonne vieille philosophie académique ? C'est cette

incompatibilité qui fait difficulté et qui nous obligera
— une fois traversée l'inévitable phase de la critique
— à proposer ou à reconnaître d'autres voies pour la
phénoménologie. Le fait que Paul Ricœur doive être,
fût-ce discrètement, un de nos guides dans cette
exploration positive est le signe, parmi d'autres, que
la part polémique de ce petit livre n'est nullement
dirigée contre le souci théologique comme tel. Au
contraire, le maintien de la phénoménologie dans
des limites méthodologiques clairement définies et
assumées, sans perdre de vue l'idéal et les contraintes
de la scientificité, doit faciliter la prise de relais par
l'herméneutique (ou une « pensée » encore plus fine)
des questions fondamentales qui, débordant le champ
phénoménal, n'en relèvent pas moins de la pensée
philosophique.

La phénoménologie n'est pas toute la philosophie.
Elle n'a rien à gagner à une parade de ses mérites ni
à une surévaluation de ses possibilités, sinon un
impérialisme temporaire dans le canton académique
francophone ou le statut douteux d'une apologétique
déguisée, d'une position de repli du spiritualisme.
N'est-ce pas, pour elle, une tâche assez noble et
vaste que de se mettre en quête de la dimension d'invisibilité qu'impliquent toutes les idéalités descrip-
tibles ? Merleau-Ponty, qui posait une question de ce
genre, restait incontestablement phénoménologue,
en précisant l'avertissement suivant (qui sera le
schibboleth de cette recherche) : « ... non pas un invisible absolu, mais l'invisible *de* ce monde[44]. »

2
L'EMBARDÉE

Husserl, on le sait, ne s'est pas reconnu dans le projet d'*Être et temps*. Le succès de ce livre lui a montré, durant les douloureuses dernières années de sa vie, que la fortune de la phénoménologie pouvait reposer sur ce qui était, à ses yeux, un malentendu fondamental : un essai radical pour refonder la scientificité de la philosophie se transformait en une «destruction» de la rationalité métaphysique et en une analytique descriptive des structures élémentaires de l'existence. Il ne pouvait prévoir qu'un nouveau tournant du mouvement phénoménologique déboucherait sur des perspectives théologiques, tout à fait étrangères également à l'esprit de la phénoménologie «comme science rigoureuse». Sartre et Merleau-Ponty, quelles que fussent les libertés qu'ils avaient prises par rapport aux prescriptions méthodologiques husserliennes, étaient au moins restés fidèles à cette inspiration fondamentale de Husserl : l'essence de l'intentionnalité est à rechercher, par la réduction phénoménologique, dans l'immanence phénoménale ; s'il y a une transcendance intentionnelle, elle est à saisir telle qu'elle se donne dans le monde ; la suspension de l'attitude naturelle ne saurait conduire à une fuite vers un autre monde ou à une restauration de l'idéalisme absolu, mais à un approfondissement du recul transcendantal vis-à-vis de l'expérience (et pour elle).

Il ne s'agit nullement de reprocher à quiconque le non-respect d'une orthodoxie. C'est un fait que l'histoire de la pensée est tissée sur ces trames nouvelles qui l'enrichissent en la déplaçant. Notre propos est différent et se veut philosophiquement plus intéressant que la constatation (laudative ou dépréciative) qu'il existe une inspiration phénoménologique couvrant un champ beaucoup plus vaste que les travaux de «stricte observance» (il faut avouer, en fait, que celle-ci n'a conduit qu'à des redites, au mieux, à de pertinentes élucidations du projet husserlien): il s'agit d'analyser les présupposés méthodologiques qui permettent (ou par lesquels on croit pouvoir se permettre) d'ouvrir les recherches phénoménologiques sur la Transcendance absolue en mettant de côté le souci husserlien de rigueur et de scientificité.

Totalité et infini d'Emmanuel Lévinas est la première œuvre majeure de la philosophie française où ce tournant théologique, à l'intérieur d'une inspiration phénoménologique, soit non seulement discernable, mais explicitement assumé. Pour donner au présent propos, qui se veut essentiellement méthodologique, la précision maximale, repartons de *Totalité et infini* et tâchons d'établir dans quelle mesure ce livre reste phénoménologique. Si notre réponse n'avalise pas le type d'ambiguïté voulue par Lévinas, mais entame au contraire une critique méthodologique, il faudra aller jusqu'au bout de l'entreprise: s'interroger sur la «captation» réalisée par une telle opération philosophique. Il faut donc tout d'abord rappeler quel statut Lévinas lui-même donne explicitement au phénoménologique dans *Totalité et infini*.

LA PHÉNOMÉNOLOGIE : INSPIRATION OU MÉTHODE ?

Prudemment Lévinas ne parle que d'une «inspiration phénoménologique» au début de sa Préface à l'édition allemande de *Totalité et infini*, datant de janvier 1987. À côté de Husserl et de Heidegger, Buber, Marcel, Rosenzweig et surtout Bergson sont salués comme maîtres et inspirateurs. Il n'y a donc aucune volonté de situer *Totalité et infini* dans la stricte mouvance de la méthode husserlienne. Si Lévinas ne le fait pas, c'est évidemment que cette prétention serait insoutenable et qu'elle irait à l'encontre du texte même — auquel il faut revenir.

«La phénoménologie est une méthode philosophique, mais la phénoménologie — compréhension de par la mise en lumière — ne constitue pas l'événement ultime de l'être lui-même[1].» Cet avertissement mérite attention à plusieurs titres. Pour l'instant, bornons-nous à noter qu'il vient converger avec d'autres mises en garde: envers l'ontologie, le concept de totalité, les philosophies de la représentation et même l'intentionnalité: «Tout savoir, en tant qu'intentionnalité, suppose déjà l'idée de l'infini, *l'inadéquation* par excellence[2].» Dans le dispositif extrêmement dichotomique qui se met en place (et qui voit l'extériorité déchirer la totalité), la phénoménologie vient se loger du côté de l'ontologie

et des philosophies de la représentation : elle fait
s'égaler le noème à la noèse et s'avère donc incapable de s'ouvrir à l'événement par excellence, l'avènement d'Autrui. La phénoménologie est «jeu de
lumières» et semble n'être que cela[3].

Malgré sa clarté, cette mise en place n'est pas sans
soulever difficultés et questions. Ce qui est clair, c'est
la récusation de la phénoménologie comme méthode.
Et ce qui va de pair avec cette méthode est sa finalité : l'élucidation eidétique, la visée des essences.

Les difficultés qui surgissent concernent d'une part
la cohérence même du projet de Lévinas, d'autre part
la légitimité des assimilations opérées par lui entre
phénoménologie, intentionnalité, représentation.

Ce dernier point est sans doute le plus évident :
Lévinas ne procède pas sans désinvolture quand il
réduit la phénoménologie à l'eidétique. C'est faire fi
de ce qu'André de Muralt a appelé les «deux dimen-
sions de l'intentionnalité» : le point de vue phéno-
ménologique-descriptif n'épuise nullement le projet
phénoménologique qui est aussi, plus fondamentalement, transcendantal[4] ; et, dans le même esprit, on
est en droit de rappeler, avec Patočka, la nécessaire
distinction entre réduction et *épokhè* : celle-ci fait
apparaître l'apparaître lui-même et non pas seulement telle ou telle apparition essentielle[5]. La découverte de l'*a priori* transcendantal est principielle en
ce qu'elle ne se limite nullement à isoler un *eidos*,
mais en ce qu'elle révèle la corrélation avec le monde
dans la transcendance intentionnelle. Réduire celle-
ci à une combinaison de représentations, ne serait-
ce pas revenir à un point de vue associationniste ou
réflexif, dignes de Condillac ou de Hamelin, mais
certainement pas de Husserl ?

Deuxième objection : il est également contestable d'assimiler la phénoménologie à l'ontologie, dans la mesure même où la phénoménologie est définie comme méthode. Certes Sartre a pratiqué une « ontologie phénoménologique », mais la conception husserlienne était différente : la suspension de l'attitude naturelle implique l'évacuation de tout réalisme ontologique et l'entreprise de constitution d'une science phénoménologique obéit au *telos* d'une rationalité infinie et donc à un idéal. L'ontologie est elle-même mise entre parenthèses, que ce soit au niveau de l'étant ou du « il y a » de l'être (auquel Husserl n'entend nullement se tenir).

Il y aurait encore beaucoup à redire à l'assimilation supplémentaire que Lévinas impose en prétendant que toute philosophie est « un objectivisme de la connaissance[6] ». Est-ce vrai du Bien de Platon, de l'Un plotinien, de l'infini chez Descartes ? Non seulement il faut répondre négativement ; mais Lévinas lui-même se réclame, par ailleurs, de ces expériences de la transcendance.

Mais il y a plus grave : la conception de l'intentionnalité, que Lévinas présente, nous conduit à nous interroger sur la cohérence même de sa pensée. À tout le moins les formulations en sont-elles contestables et déconcertantes. En effet, nous venons déjà de voir que l'intentionnalité chez Husserl ne se réduit nullement à une adéquation de la pensée à l'objet. Mais que devient-elle chez Lévinas ? Ce qui éclate comme violence essentielle, ou extériorité, c'est l'acte ou le surplus de l'idée d'infini. Or, précise Lévinas, « l'infini n'est pas d'abord pour se révéler *ensuite*. Son infinition se produit comme révélation, comme mise en *moi* de son idée[7] ». Mais, si cette révélation est la subjectivité (là-dessus il n'y a pas désaccord), comment prétendre qu'il ne s'agit précisément pas de l'intentionnalité? On se fabrique alors une intentionnalité de parade, purement représentative, pour mieux faire place à l'avènement de l'idée d'infini. Voilà une opération bien artificieuse dont Descartes aussi bien que Husserl ont fait l'économie : en découvrant en moi l'idée d'infini, je découvre aussi que ma subjectivité excède la représentation que j'en ai. Nul besoin de faire intervenir l'Autre face au Même, ni de prétendre que l'idée de l'infini est «l'inadéquation par excellence[8]». L'intentionnalité où se découvre le Jeu entre le fini et l'infini n'est ni adéquate ni inadéquate : elle est l'ouverture même de ces possibles que la phénoménologie porte au jour.

Lévinas ne parvient donc à imposer son schématisme qu'au prix de considérables distorsions de ses référents méthodologiques. Pour rétablir la cohérence de son projet, il faut admettre «son» intentionnalité, «sa» conception de la phénoménologie. Mais à quel prix? Certainement, explicitement, l'abandon de la *méthode* phénoménologique, la mise à l'écart de l'ambition husserlienne de rigueur. Il faut, d'ailleurs, signaler qu'à maintes reprises Lévinas récuse ce qu'il appelle la «logique formelle» : serait-ce la logique tout court dans le maniement de concepts-clés comme l'autre et le même, ainsi que dans la mise en œuvre d'une méthode qui se dilue en «inspiration»?

Un trait assez piquant doit être ajouté au tableau : cette «violence herméneutique» de Lévinas reproduit, en la déplaçant, la violence heideggérienne à l'égard des mêmes «objectifs» : la phénoménologie comme eidétique, la subjectivité représentative, la philosophie objectivante. Simplement l'Être a été remplacé par l'Autre du «bon» côté et la métaphysique est valorisée au lieu d'être déconstruite. Il est de bonne guerre de retourner contre l'ontologie heideggérienne ses propres armes (et Lévinas ne sera pas le seul à tenter cette opération qui n'est pas sans rappeler, toutes proportions gardées, les combats autour de l'héritage hégélien). Mais l'opération menée par Lévinas n'est pas pour autant légitimée : confrontée à la tradition qu'elle met en cause ou dont elle se réclame, elle doit aussi répondre de sa propre cohérence. Car il est trop facile de congédier, avec la phénoménologie, la plupart de ses contraintes méthodologiques.

UNE PHÉNOMÉNOLOGIE QUAND MÊME ?

De même que Lévinas évoque l'événement de l'être tout en récusant l'ontologie, il réintroduit une phénoménologie après avoir récusé la méthode phénoménologique. Comme il ne fait pas lui-même la théorie de ce double jeu, mais préfère la remplacer par un sorte de constant *fait accompli* par lequel l'antériorité absolue de l'Autre est affirmée hautement, il ne reste plus au lecteur perplexe, s'il ne veut ni se soumettre ni se démettre, qu'à faire le compte des passages à la limite — ou des contradictions — que ce discours se permet. Ainsi pour le retour de la phénoménologie en un propos qui la récuse, lors même qu'on se situe «au-delà du visage». Nous voulons parler de cette «phénoménologie de l'Éros[9]» qui se présente comme un accueil de l'extériorité dans la sensibilité, mais dont on se demande com-

ment elle peut encore se dire ou s'écrire, puisqu'elle
est au-delà du visage, lequel déjà dépasse «l'idée de
l'Autre en moi[10]». Double dépassement assez ver-
tigineux qui n'empêche pourtant pas Lévinas de
pimenter un ouvrage trop austère de quelques
évocations, au fond assez naïves, sur la caresse, la
pudeur, la tendresse. Que reste-t-il de phénoménologique dans ces quelques pages, sinon la description
ou l'illustration d'une thèse déjà toute acquise? Mais
la description ne joue plus aucun rôle heuristique:
elle vient sagement loger ses images dans un espace
édifiant et dont la conceptualité a été bloquée, une
fois pour toutes, sur l'Autre. Mais quel Autre? À quel
degré de transcendance ou de convivialité? Comment, de la hauteur exigeante de la pure extériorité
redescend-on aux évocations plus ou moins suggestives d'une phénoménologie au rabais?

Cette «phénoménologie» se réduit à l'évocation
édifiante et diaphane d'une caresse désincarnée et
d'érotisme de vitrail. «La caresse consiste à ne se
saisir de rien[11]...»: n'ironisons pas trop facilement;
il est bien précisé que ce «rien» n'est pas statique,
mais recherche une forme qui échappe. Sans doute;
mais n'est-ce pas le cas de tout geste temporalisé?
qu'y a-t-il ici de spécifique à la caresse? Que reste-
t-il de celle-ci privée de toute empirie? Serons-nous
plus heureux en nous tournant vers la relation éro-
tique comme telle? «L'Aimée, à la fois saisissable,
mais intacte dans sa nudité, au-delà de l'objet et
du visage, et ainsi au-delà de l'étant, se tient dans
la virginité[12].» Lignes de nouveau «impossibles»!
Passe encore qu'on veuille prendre le contre-pied du
sexualisme ambiant en spiritualisant la relation éro-
tique. Mais ici d'emblée la majuscule (l'Aimée) nous

transporte au pays de l'idéal : on précisera, quelques lignes plus bas, qu'il s'agit de l'« éternel féminin ». Admettons alors la majuscule et la virginité. Mais l'appauvrissement de l'expérience atteint des proportions sidérantes, lorsqu'il faut admettre que cette virginité se tient « au-delà de l'objet et du visage, et ainsi au-delà de l'étant[13] ». Ou bien ces mots ont un sens, ou ils n'en ont aucun. Dans le premier cas, la virginité dont il s'agit est *absolument* insaisissable (et non pas « simultanément » découverte et cachée) : comment même parler de cet *a priori* où toute corporéité se dérobe ? Comment, d'ailleurs, avoir une approche quelconque de l'Aimée, si le visage lui-même est congédié, ce visage dont nous avions appris cependant qu'il était « expression », déjà au-delà de toute image[14] ? Force est alors de nous rabattre sur la seconde hypothèse : ces mots ne signifient rien, tout comme la caresse « ne se saisit de rien », une caresse qui ne vise même pas une personne. Mais ce propos vise-t-il encore un auteur ? Évanescence généralisée.

Si nous passons maintenant de la description « phénoménologique » au niveau fondamental qu'elle entend révéler, à quoi avons-nous affaire ? L'auteur a prévenu qu'il ne faut pas attendre un *eidos*, une représentation, une image. Soit. Que d'hypostase en hypostase, on nous conduise au « Principe » ! Mais Lévinas entend maintenir la fiction (ou le double jeu) de la phénoménologie d'un Éros qui offrirait une jouissance dans l'expérience, tout comme la transcendance de l'extériorité est censée s'imposer dans l'immanence. D'où ce cercle carré : une expérience pure ! À propos du visage féminin dans son équivoque, nous lisons : « Dans ce sens, la volupté est une expérience pure, expérience qui ne se coule en aucun concept, qui demeure aveuglément expérience ». Le concept a bon dos. Qu'on nous démontre d'abord que la notion d'expérience pure ou absolue est soutenable et qu'elle ne renvoie pas à une logomachie autoréférée. De toute évidence, Lévinas joue encore ici sur le caractère partiellement indicible (ou inconceptualisable) de l'expérience du désir et de la jouissance. Mais, outre qu'il en parle lui-même (ou qu'il en écrit), peut-il se donner toutes les facilités en confondant le libidinal avec l'idéal ? Ou encore en prétendant que l'équivoque peut donner lieu à une « expérience pure » ? Rien de moins pur que l'équivoque. Plus radicalement que jamais, il faut poser la question : la notion d'« expérience absolue » est-elle admissible ? « L'expérience absolue n'est pas dévoilement mais révélation[15] » : tout le discours de Lévinas est suspendu à cette présupposition. Une fois qu'il l'a fait admettre par le lecteur, il lui est loisible de mettre en circulation ses variantes. Par exemple, après avoir imposé une extériorité pure, écrire, à propos de la signification, une phrase comme celle-ci : « Elle est, par excellence, la présence de l'extériorité[16]. » Or comment l'extériorité peut-elle être pure, si elle est présente ?

On nous répondra que la réduction phénoménologique a été remplacée par la « révélation ». Bref, on reprendra le refrain de l'au-delà. Mais c'est toujours déplacer la même question : pourquoi jouer le jeu de la phénoménologie, quand il est à ce point pipé ? Pourquoi prétendre dépasser l'intentionnalité pour réintroduire une « intention » de sens[17] ou une intentionnalité de transcendance ?

Nous retrouvons là le fil de notre question, qui est

méthodologique. Le double jeu de Lévinas peut être
critiqué comme purement et simplement contradictoire et aboutissant à l'impasse d'une logomachie.
Formellement tel est le cas. Mais il nous paraît philosophiquement plus fécond de démasquer, dans le
fonctionnement de ces «contradictions», une stratégie plus habile, à défaut d'être absolument maîtrisée. En déplaçant systématiquement les concepts
husserliens et les analyses heideggériennes (le même
vers l'autre, l'*eidos* vers l'extériorité, l'intentionnalité
vers l'expression, le dévoilement de l'être vers l'épi-
phanie de l'étant comme tel), Lévinas ne produit pas
seulement un effet (provisoire) de brouillage dans
l'esprit du phénoménologue bon teint qui essaie de
«s'y retrouver», il réussit une véritable *captatio benevolentiae* de la méthode phénoménologique pour
mieux lui tordre le cou. En fait, la phénoménologie
a été prise en otage par une théologie qui ne veut
pas dire son nom. Précisons cette ultime critique.

LA PRISE EN OTAGE THÉOLOGIQUE

Dans un essai aussi précis que subtil, «Violence et
métaphysique», Jacques Derrida est allé au cœur de
ces difficultés: «En faisant du rapport à l'infiniment
autre l'origine du langage, du sens et de la différence,
sans rapport au même, Lévinas se résout donc à trahir
son intention dans son discours philosophique[18].»
Trahir son intention: l'expression suit à la trace cet
excès de l'intention sur l'intentionnalité et même sur
tout discours. Mais il y a quand même un discours
philosophique de Lévinas, et combien abondant,

éloquent! La gent philosophique ne s'en embarrasse pas trop actuellement: à partir du moment où une œuvre est reconnue, elle forme une sorte de totalité close (ô ironie, dans le cas de Lévinas) qu'on va comparer aux autres «grandes» pensées. C'est une solution de facilité qu'on veut mettre en cause ici. À cet égard, la philosophie dite analytique a des leçons à nous donner: aucune signature prestigieuse ne met à l'abri d'une réfutation. Et Descombes, sur ce point, a raison d'ironiser, dans sa *Grammaire d'objets en tous genres,* sur les facilités que s'accorde trop souvent le discours phénoménologique.

Mais précisément, nous avons voulu montrer que, chez Lévinas, la phénoménologie est à la fois récusée et utilisée, d'une manière qui n'est pas tout à fait innocente et qui renvoie, quant au fond, au questionnement pointé par Derrida et où se trouve mis en jeu — rien de moins — le statut de la métaphysique comme discours. Contradiction, incohérence: ces mots ont déjà été écrits par Derrida à propos de Lévinas, quoique avec beaucoup de respect et de précautions: «Comme la violence pure, la non-violence pure est un concept contradictoire. Contradictoire au-delà de ce que Lévinas appelle "logique formelle"[19].» Ironie de la situation: en rejetant l'ontologie du côté de la guerre, en lui opposant dichotomiquement la moralité comme paix, Lévinas fait violence à la phénoménalité ontologique, laquelle ne se livre ni comme pur dévoilement, ni comme brutal déchaînement conflictuel, ni comme simple apaisement du laisser-être.

L'enjeu est d'importance: il s'agit de savoir si l'on peut manipuler l'expérience ou s'il faut, au contraire, la décrire patiemment pour la connaître. Sans nul doute, Husserl avait choisi la seconde voie avec une volonté de cohérence totale. Son souci de la «chose même» imposait, devant le réel, la constante reviviscence de l'esprit de recherche. Avec Lévinas, c'est tout différent : la relation à l'expérience est subordonnée à la restauration de la dimension métaphysique (et théologique). À cet égard, il ne s'agit plus du tout d'un empirisme, contrairement aux suggestions de Derrida à la fin de «Violence et métaphysique». Certes Derrida vise l'essence de l'empirisme quand il qualifie ainsi la quête radicale de l'extériorité chez Lévinas. Mais il ne faut pas alors être victime du mot et méconnaître à quel point le projet métaphysicothéologique conduit à schématiser l'expérience.

Revenons un instant à la phénoménologie de l'Éros. Le lecteur a pu constater qu'elle n'a pas réussi à nous séduire. Mais, au-delà des préférences personnelles, une question de méthode a été posée. On est parfaitement en droit de récuser, par exemple, la vision sartrienne de la relation à autrui comme conflit, rejeter l'importance donnée dans *L'être et le néant* au masochisme et au sadisme, ainsi qu'à d'autres situations conflictuelles (on sent bien à quel point Lévinas a réagi là-contre). Mais il n'est pas niable que Sartre a voulu mettre en évidence *l'essence* de l'amour et qu'il a tenté de le faire phénoménologiquement à partir des contradictions de la conscience de l'amant : «Dans l'amour..., l'amant veut être "tout au monde" pour l'aimé[20]...» Même s'il n'est pas si facile d'isoler «les relations concrètes avec autrui», on ne peut nier que le projet sartrien reste phénoménologique, en ce qu'il s'ouvre aux variations et contradictions des attitudes étudiées ; en particulier, l'altruisme et l'essence de l'«être-

avec» ne sont pas ignorés, mais au contraire discutés. Il en est de même, toutes proportions gardées,
chez Merleau-Ponty où le «corps comme être sexué»
est étudié en situation et à partir de cas patholo-
giques[21]. Chez Lévinas, rien de tel: la thèse adverse
(pour autant qu'on puisse en réaliser l'amalgame)
est globalement rejetée du côté de la «guerre»; l'obsession de l'Autre permet de mettre ses réalités à
l'abri de sa majuscule; et, comme l'a noté Michel
Haar, l'éthique devenue «réquisition irrésistible, une
abolition instantanée et anticipée de tout égoïsme[22]»
s'impose comme traumatisme, tout en s'exigeant
comme transcendance. Impossible *requisit*, intenable
au niveau phénoménologique, et dont la vérité ne
peut se sécuriser que dans une allégeance d'un autre
ordre. Un tel dogmatisme ne pouvait être que religieux. Il a sa grandeur, mais aussi ses limites.

Encore un mot sur la phénoménologie et sa
méthode. Quel est le résultat de la captation opérée
par Lévinas? Une œuvre originale et inspiratrice?
Peut-être. Mais on peut aussi se demander si le
«double jeu» impliquant la phénoménologie ne com-
promet pas l'intention profonde de Lévinas en l'en-
fermant dans un schéma abstrait. Il voulait éviter les
pièges d'une eidétique. Les a-t-il vraiment évités?
N'a-t-il pas produit une eidétique à rebours dont
l'extériorité de l'Autre est le terme extrême, empi-
riste plus qu'empirique (c'est ce que Derrida voulait
sans doute signifier)? Outre l'anémie des évocations
existentielles, on aboutit (là encore Derrida l'a vu)
à des sentences profondément hégéliennes, mais
vidées de toute force dialectique: «Le Désir est désir
de l'absolument Autre[23].» L'altérité basculant dans

l'extériorité rejoint un absolu indéterminé où les chats sont noirs, les vaches grises, comme on voudra.

Ces critiques obligent-elles à restaurer un discours de type hégélien et n'opposent-elles aux provocations inspirées de Lévinas que les règles de la logique conceptuelle ou spéculative? Nullement. Notre ironie entend réintroduire et maintenir une inquiétude méthodologique et critique face au «tout ou rien» que Lévinas veut imposer. La force incantatoire qu'il sait insuffler à l'altruisme n'est pas niable, mais elle a pour revers une sorte de viol de la conscience critique, opéré au nom d'une conception dogmatique de la transcendance. Il paraît inutile ou naïf de lui «reprocher» cette violence: il revendique hautement ce «traumatisme de la transcendance[24]», ma prise en otage par le visage de l'Autre. Du moins voudrait-on conclure provisoirement ces remarques critiques, en montrant que tout se tient: une phénoménologie attentive à l'expérience est en droit de contester la «défection de la phénoménalité[25]» qu'on entend lui imposer.

DESCRIPTION PHÉNOMÉNOLOGIQUE OU INCANTATION MÉTAPHYSIQUE?

L'expérience étant vaste, ouverte à l'infini, on sera en droit de nous objecter que l'œuvre de Lévinas révèle au moins les limites, ou les bords de la phénoménalité. Ainsi Marc Richir, suivant cette «infinitisation» dans la récurrence, la persécution, la substitution et surtout dans le prophétisme, suggère-t-il que l'infini lévinasien serait «l'autre» bord, hors

phénoménalité[26], d'une phénoménologie de l'insti-
tuant symbolique qui affleurerait en quelque sorte
par défaut (mais un défaut voulu et travaillé) sous
le regard de Lévinas. Phénoménologie donc surtout
négative, mais précieuse surtout par son sens d'une
passivité irréductible à tout discours apophantique,
à toute représentation.

Nous ne contestons pas que l'on puisse dégager cet
intérêt, ou cette portée, de l'œuvre de Lévinas. Ce
que nous soutenons, c'est que le mouvement le plus
intime de cette pensée déporte celle-ci de la phénoménologie vers la métaphysique, à la mesure même
de la radicalité de l'«ex-propriation» du sujet par
l'Autre. À vrai dire, le diktat métaphysique est si
patent qu'il n'est pas contestable, mais il faut souligner que sa formulation abrupte, et directement
morale, est schématisante (ce qui n'est pas le cas
de toute métaphysique : en témoignent de riches
séquences de la *Phénoménologie de l'esprit*). Nous
lisons, par exemple, dans *Totalité et infini* : «Être
pour autrui — c'est être bon... La transcendance
comme telle est "conscience morale". La conscience
morale accomplit la métaphysique, si la métaphysique consiste à transcender... Le phénomène premier de la signification coïncide avec l'extériorité.
L'extériorité est la signifiance même. Et seul le visage
est extérieur dans sa moralité[27]. » Ces lignes ont-elles
un sens phénoménologique qui ne soit entièrement
hypothéqué par des définitions (et des choix) métaphysiques ? Si l'assimilation entre métaphysique et
morale est déjà contestable, que dire (phénoménologiquement) d'une extériorité si pure qu'elle res-
plendit comme «la nudité du principe[28] » ? Et quel
apparaître accueillir, découvrir et décrire, si rien n'est

incertainement à déchiffrer dans le visage, mais seulement un «phénomène premier» dont, d'emblée, la signifiance est garantie, coïncidante, avant toute donation de sens[29]?

La phénoménologie est ainsi doublement court-circuitée, du côté de la saisie transcendantale de l'intentionnalité comme dans la neutralité des descriptions. Du premier point de vue, le préalable de l'Autre (épure aussi abstraite que transcendante) ôte tout sens à la redécouverte husserlienne de l'intentionnalité : toute corrélation noético-noématique est d'emblée transgressée par une ek-stase dont *Autrement qu'être* renforce encore le caractère hyperbolique, sinon obsessionnel, puisque le sujet y est posé (ou ex-posé) comme l'«otage» de l'Autre[30]. Paul Ricœur a bien montré le caractère paroxystique de ces analyses déjà d'emblée hyperboliques[31]. Et il va jusqu'à trouver «scandaleuse» l'hypothèse extrême d'une ouverture emphatique à l'Autre comme offenseur, conception extrême de l'expiation qui aboutit, selon lui, à une impasse et méconnaît profondément le mouvement dialectiquement complémentaire entre le Même et l'Autre (ainsi que le croisement dissymétrique entre la dimension gnoséologique du sens et la dimension éthique de l'injonction)[32].

Ces remarques doivent être complétées, à un niveau plus modestement méthodologique (nous retrouvons le second «court-circuit» annoncé) : l'exigence de neutralité dans l'enquête phénoménologique ne se réduisait pas, chez Husserl, à une précaution oratoire ou rhétorique ; elle relevait d'une règle méthodologique, d'esprit scientifique, allant bien au-delà de simples scrupules de conscience. Que ce soit dans l'*épokhè* elle-même, dans les variations imaginaires ou dans tout le travail intellectuel de description et de spécification, le phénoménologue ne présuppose rien d'autre que les règles méthodologiques minimales qu'il a fixées ; il est neutre, en ce sens qu'il est ouvert à la chose même, sans autre préjugé téléologique que celui de l'idéal de vérité rationnel et scientifique. On répliquera que Lévinas veut précisément rompre avec la neutralité de ce regard objectivant qu'il assimile (abusivement à nos yeux) à l'ontologie. C'est exact. Il faudrait alors renoncer à cette captation dont nous avons déjà fait état et qui se trouve reformulée, de manière très contestable, à la fin d'*Autrement qu'être* : « Nos analyses revendiquent l'esprit de la philosophie husserlienne dont la lettre a été le rappel à notre époque de la phénoménologie permanente rendue à son rang de méthode de toute philosophie[33]. »

Il faut évidemment prendre acte de cette revendication ; mais cela ne signifie pas qu'on doive passer sous silence ni sous-estimer les difficultés méthodologiques qu'elle soulève. Lévinas était plus clair et convaincant lorsqu'il prétendait franchement « déborder » la phénoménologie[34]. Quant à l'esprit de la « philosophie » husserlienne, nul n'en est le gardien ; la discussion risque donc de se perdre dans l'impondérable. Ce qui est cependant formellement contestable, c'est d'une part de faire appel à la bizarre et peu rigoureuse notion de « phénoménologie permanente », d'autre part d'ajouter que les évocations d'*Autrement qu'être* restent fidèles à l'« analyse intentionnelle[35] » : c'est justement cette analyse qui est congédiée ou, en tout cas, fortement déplacée par l'affirmation de « l'anarchie » d'une subjectivité qui n'est plus principalement conscience et qui s'ouvre à la perspective de la plus grande gloire de l'infini[36]. Certes Lévinas repart bien de l'intentionnalité, de même qu'il ne cesse d'avoir affaire à la phénoménalité sous les espèces de «l'apparoir»; mais, s'il y a encore une part de phénoménologie dans l'entreprise, elle est sans cesse conditionnée par la «juste guerre menée à la guerre ontologique[37]»; elle devient la défense et l'illustration d'une cause dont l'incontestable noblesse trouve ailleurs ses titres.

Il ne faut donc pas confondre deux ordres: la généalogie philosophique et la légitimité méthodologique. Du premier point de vue, l'appartenance personnelle de Lévinas à la tradition phénoménologique est incontestable, ne serait-ce que par l'ancrage husserlien de ses premiers travaux[38]. Au second chef, la question reste ouverte. Notre seul but ici était de rappeler qu'on ne saurait être autorisé à la clore, du seul fait de la stature d'un auteur et du sillage de ses références. Maintenir l'étonnement devant cet envol métaphysique, ne point considérer comme allant de soi cet Autre qui manque singulièrement de monde, peut-être est-ce rester tant soit peu phénoménologue et se préparer à poser d'autres questions, s'il est vrai que l'impatience d'atteindre l'au-delà peut faire méconnaître la résistance des choses et des êtres?

3

VIRAGES

En portant l'interrogation sur des œuvres toutes récentes, nous n'abandonnons pas les questions les plus anciennes et leurs contraintes. lesquelles viennent recueillir le pli déjà immanent à la pensée d'Aristote, partagée entre une science de l'être tel qu'il se donne en général et le Suprême, l'illumination noétique du divin. Le thème de l'onto-théologie a si intimement pénétré la réflexion sur l'histoire de la métaphysique qu'il paraît évidemment légitime de retourner ce bâton de sourcier vers des écrits contemporains dont le caractère « post-métaphysique » est souvent plus proclamé qu'attesté. Avec la pensée de Lévinas, nous avons eu affaire à une intrication complexe et à un brouillage, paradoxal et stratégique, des frontières entre le phénoménologique et le théologique. Brouillage stratégique, car en logeant la transcendance de l'Autre au cœur d'une phénoménologie qui n'en est plus tout à fait une, Lévinas déloge à dessein le regard philosophique de la neutralité dont il devait en principe se faire un devoir. Brouillage paradoxal, car le trouble porté dans le champ phénoménologique ne va nullement de pair

avec une ivresse mystique et n'empêche point, par
ailleurs, Lévinas de reposer avec vigueur la question
du statut philosophique de l'idée de Dieu : « Les questions relatives à Dieu ne se résolvent pas par des
réponses où cesse de résonner, où s'apaise pleine-
ment, l'interrogation... On se demande s'il est possible de parler légitimement de Dieu, sans porter
atteinte à l'absoluité que son mot semble signifier[1]. »
Comment contester la légitimité philosophique de
cette question ?

Alors qu'un caporalisme rationaliste, d'ailleurs de
moins en moins répandu, consisterait à s'enfermer
dans un double refus : de l'ouverture de la philosophie sur « l'inapparent » et de l'élévation de la pensée
jusqu'à la question de Dieu, notre enquête critique
entend au contraire déployer tous les possibles phénoménologiques et philosophiques grâce à une discrimination méthodologique qui permette à chaque
projet de retrouver sa spécificité et de respecter le
type de rigueur qui lui revient. Un exemple : Kandinsky a magnifiquement fécondé l'art abstrait et il
serait aberrant de récuser son œuvre picturale au
nom du « réalisme socialiste » ou de toute autre
théorie ; cependant, si stimulant soit-il, le manifeste
intitulé *Du spirituel dans l'art* s'expose à la contradiction lorsqu'il prétend faire passer le grand renouveau spirituel qu'il annonce par les chemins de la
Théosophie[2]. Toutes proportions gardées, nous nous
trouvons dans une situation comparable en philosophie : une œuvre n'est pas forcément un tout à
prendre ou à laisser sur le marché ; nous sommes en
droit, et même en devoir, non point tant de bargui-
gner ou d'ergoter, mais de palper l'étoffe des pensées, de tester leur solidité, d'exposer au grand jour

du questionnement inspirations, concepts et perspectives de travail. Ainsi en sera-t-il dans les discussions qui vont suivre, et principalement à propos de *Réduction et donation* de Jean-Luc Marion, où nos objections viseront non le souci théologique comme tel, mais certaines de ses traductions ou intrusions dans le champ phénoménologique.

PHÉNOMÉNOLOGIE ET MÉTAPHYSIQUE

Alors que la métaphysique rationnelle a joué, jusque chez Wolff et encore dans le néothomisme, le rôle d'une propédeutique à la théologie, sa portée a été inversée par Heidegger : l'accès au «Dieu plus divin» dépend d'un dégagement par rapport au mode métaphysique de penser. Dans *L'idole et la distance* et *Dieu sans l'être*[3], Marion a repris ce renversement heideggérien à son compte dans le sens d'une théologie non ontologique, non représentative de l'amour christique. *Réduction et donation* est infiniment plus discret à cet égard et l'on ne peut qu'en louer l'auteur, puisque cet ouvrage se présente comme un ensemble de recherches phénoménologiques. Les difficultés ne sont pas évacuées pour autant. Ce qui fait question, du point de vue méthodologique, c'est évidemment le statut de la phénoménologie (et du phénoménologique) entre une métaphysique «dépassée» (ou récusée) et une théologie possible (à la fois préparée et retenue).

Non seulement Marion a lucidement perçu le problème, mais il l'a résolu à sa façon, en mettant en place dès 1984 (dans l'«Avant-propos» au recueil

Phénoménologie et métaphysique[4]) un dispositif grâce auquel la phénoménologie devient l'héritière privilégiée de la philosophie à l'ère de la métaphysique achevée : « À l'évidence, depuis que la métaphysique a trouvé sa fin, soit comme un achèvement avec Hegel, soit comme un crépuscule avec Nietzsche, la philosophie n'a pu se poursuivre authentiquement que sous la figure de la phénoménologie[5]. » Cette thèse est ensuite réaffirmée et même accentuée lorsque Marion suggère qu'on aurait ainsi basculé « vers une pensée peut-être déjà post-métaphysicienne[6] ».

Ces affirmations appellent tout d'abord un examen en quelque sorte frontal : quel est leur degré de validité et sont-elles acceptables en elles-mêmes ? Si elles ne sont pas évidentes, mais au contraire douteuses, il faudra alors se demander pourquoi la thèse de « l'exterritorialité métaphysique de la phénoménologie[7] » a été poussée si loin et ce qu'elle permet ou autorise.

Au premier chef, contestable est « l'évidence » de la fin de la métaphysique et la forme historiciste donnée à cette thèse heideggérienne (nous serions entrés dans l'ère « post-métaphysicienne »). Certes Marion nuance d'un « peut-être » et de la concession d'une « violence unilatérale » la massivité dogmatique de la thèse. Il n'en reste pas moins que ce schéma est adopté comme quasi évident. On se heurte ici à une double série de difficultés : d'une part, la thèse heideggérienne de l'accomplissement de la métaphysique doit-elle être acceptée si complètement ? d'autre part et surtout, s'agit-il avant tout d'une thèse historiale, et non uniquement historique ? La réponse au second point permettra d'éclairer notre première objection. Si Heidegger n'emploie jamais

l'expression « post-métaphysique », c'est qu'elle lais-
serait croire que la sortie hors de la métaphysique
est acquise. Or il pense le contraire : la technique
planétaire fait parvenir la métaphysique à sa « domi-
nation absolue[8] ». « Toutefois, expérimentée à partir
de l'initialeté du commencement, la métaphysique
est aussi passée, en ce sens qu'elle est entrée dans
son tré-passement (*Ver-endung*). Ce trépas *dure* plus
longtemps que l'histoire jusqu'ici accomplie de la
métaphysique[9]. » On a donc bien affaire à une thèse
historiale qui ne justifie nullement qu'on puisse, en
son nom, présenter un courant philosophique comme
échappant à la *Ver-endung* de la métaphysique.

Dès lors, l'attitude à adopter face à la première
question doit être d'autant moins unilatérale que la
pensée heideggérienne, sur le « dépassement » de la
métaphysique, est paradoxalement à la fois complexe et schématisante. Complexe, parce qu'elle
exige qu'on recueille le double lien de la *Vollendung*
et de la *Verwindung*, qu'on comprenne, jusqu'à se
l'approprier, la contemporanéité de l'accomplissement de la métaphysique et du congé à lui signifier.
Schématisante pourtant, dans la mesure où elle
unifie sous le même vocable la métaphysique générale (comme condition de l'articulation des sens de
l'étant) et la métaphysique spéciale (en tant que fondation principielle de l'étant) pour répondre à une
unique injonction destinale et époquale. La structure onto-théologique obtient un crédit si large et
si enveloppant qu'elle étouffe ou minimise toutes
les exceptions ou les marginalités. Témoin le cas de
Nietzsche à propos duquel la recherche contemporaine doute de plus en plus (et à juste titre) qu'il « ait
conduit à son terme et accompli toutes les possibi-

lités — même inversées — de la métaphysique»
(pour citer à nouveau la formulation de Jean-Luc
Marion[10]).

On voit que cette discussion, portant sur la prétendue fin de la métaphysique et visant aussi bien
la thèse heideggérienne que la formulation qu'en
donne Marion, a un enjeu d'importance et où la phénoménologie est impliquée. Car la mise en perspective de la métaphysique suivant un schéma historique
(ou même grandiosement historial) implique une
mise en ordre complémentaire concernant la phénoménologie. Celle-ci serait, dès Hegel, le lieu d'une
percée essentiellement anti-métaphysique : « La phénoménologie n'introduit pas à la métaphysique, elle
en sort »[11].

L'argumentation, à propos de Hegel, mérite examen.
Elle s'autorise du débat renouvelé entre interprètes
sur le rapport de la *Phénoménologie de l'esprit* avec
l'ensemble du Système pour en déduire un «conflit
avec le savoir de la métaphysique[12]». Mais l'argumentation repose sur un glissement tout à fait illégitime (en tout cas, non justifié dans le texte de Marion)
entre Système et métaphysique. Personne ne conteste
qu'il y ait un écart, sinon une distorsion, entre le
chef-d'œuvre de 1807 et la section III, I B de l'*Ency-
clopédie* ; il ne s'ensuit nullement qu'il s'y agisse d'un
«conflit» entre la phénoménologie *et la métaphysique*. Même si l'on détache la *Phénoménologie* du
Système, que ce soit d'un point de vue anthropolo-
gique comme Kojève, en un sens marxisant comme
Marcuse, ou existentiel avec Hyppolite, la question
heideggérienne du statut métaphysique de l'hégélia-
nisme n'émerge pas pour autant. Il n'y a rien de plus
métaphysique que le chapitre final de la *Phénoméno-*

logie sur le *Geist*. Il en est de même du chapitre initial sur « La certitude sensible » comme de l'armature
conceptuelle de tout l'ouvrage. Heidegger lui-même,
dans le remarquable commentaire qu'il a donné
de l'introduction, a interprété la « science de l'expérience de la conscience » comme une géniale
diaphanie, au sein de la métaphysique (c'est-à-dire
de la parousie de l'absolu), de l'ambiguïté entre le
présent et la présence ; et il affirme très nettement :
« La science est pour Hegel, à l'époque de la première publication de la *Phénoménologie de l'esprit*,
le savoir onto-théologique de l'étant authentique en
tant qu'étant[13]. » La tension entre *Phénoménologie* et
Logique n'est nullement interprétée par Heidegger
en fonction d'une percée hors de la métaphysique
(dans la première œuvre), mais à partir d'un changement d'accentuation (de l'ontologie à la théologie
spéculative) au sein de l'onto-théologie, c'est-à-dire
de la métaphysique. Il est donc illégitime, même du
point de vue heideggérien, de soutenir que « la première entrée de la phénoménologie dans la métaphysique aboutit, avec Hegel, à l'en écarter[14] ».

Fallait-il aller jusqu'à prétendre que la phénoménologie écarte Hegel de la métaphysique ? Avec
Husserl, l'entreprise devient encore plus délicate :
comment trouver de quoi soutenir la thèse du conflit
entre phénoménologie et métaphysique dans un itinéraire qui, malgré la percée des *Recherches logiques*,
restaure — de l'aveu de Marion lui-même — toutes
les exigences et les structures de l'idéalisme transcendantal ? Il est évident que, si Husserl met entre
parenthèses la métaphysique spéciale et donne initialement congé à l'ontologie, il ne fait pas de même
à l'égard de la métaphysique générale : eidétique, la

réduction est un acte éminemment platonicien ;
transcendantale, elle retrouve le problème de la fondation, à travers celui de l'autoconstitution (ce que
Marion note très justement[15]). Ces constats tout à
fait nets devraient conduire à une révision d'une
thèse ainsi mise en péril : l'exemple de Husserl
montre bien qu'une phénoménologie métaphysique
est possible ; peut-être faudrait-il ajouter plus catégoriquement : la phénoménologie, instaurée radicalement et conduite méthodiquement, ne peut être
que métaphysique (au sens de la métaphysique générale) ? Marion préfère adopter une position de repli,
qui ne masque pas tout à fait son embarras : « L'étran-
geté, aussi gênante que fascinante, de l'institution
husserlienne tient à sa radicale impuissance à prendre
position face à l'essence de la métaphysique[16]. » Husserl n'est-il intéressant que par son « impuissance » ?
Cette reconnaissance négative, paradoxale, sinon
désinvolte, de l'institution husserlienne ne s'explique,
en fait, que par la double présupposition suivante :
c'est Heidegger qui radicalise et approfondit la
réduction husserlienne ; il le fait en ouvrant la phénoménologie à la question ontologique et en la
confrontant à l'essence de la métaphysique. Mais
l'unification rétrospective ainsi opérée, si elle n'est
pas lestée de précautions, permet d'imposer une
grille de lecture qui, elle-même, prépare d'autres
schématismes. Concernant la relation à la métaphysique, s'il est évident que Husserl ne remet pas en
question son essence, il ne s'ensuit ni qu'il faille
négliger son refus de la métaphysique *spéciale*, ni
qu'il faille omettre ou mépriser le sens positif qu'il
entend donner à la métaphysique *générale* en réinsti-
tuant l'idéalisme transcendantal. Si la relation entre

phénoménologie et métaphysique est plus ouverte et complexe que ne le laisse croire la présentation du problème par Jean-Luc Marion, du même coup la linéarité qu'il projette sur la «radicalisation» heideggérienne de la réduction doit être mise en question.

LE SCHÉMATISME
DES TROIS RÉDUCTIONS

Nous avons mis en doute le caractère «post-métaphysique» de la phénoménologie, telle qu'essaie de l'unifier Marion. Il faut aller plus loin dans le démontage d'un dispositif au sein duquel le schématisme des trois réductions permet d'imaginer une relation de proportionnalité inverse entre réduction et donation, pour établir une apparence de continuité formelle entre le noyau le plus reconnu de la méthode phénoménologique et «la forme pure de l'appel[17]». Opération très elliptique qui ne craint pas de déconcerter en annonçant d'autres «paradoxes rigoureux et nouveaux[18]», mais dont le brio ne saurait dispenser l'auteur de fournir des titres de créance. Reprenons donc dans l'ordre les demandes qui nous sont faites; examinons la solidité méthodologique de la triade des réductions, de leurs liens supposés avec la donation et, finalement, l'insolite promotion d'une donation pure.

Le schéma des trois réductions est résumé à la fin de *Réduction et donation*, mais il faut évidemment se référer à des développements plus circonstanciés pour en apprécier les attendus[19]. La première réduction serait transcendantale, la seconde existentiale, la troisième pure, presque inqualifiable. Trois signatures : Husserl, Heidegger, Marion. Simplement. La situation est-elle si claire ? Voyons les choses de plus près.

Corrigeons immédiatement ce qui vient d'être suggéré : la réduction transcendantale n'est pas censée être uniquement husserlienne ; elle est tout aussi bien « cartésienne » ou « kantienne » (« peu importe ici » précise bizarrement Marion). Il importe, au contraire, beaucoup, même à une page d'un point final, de savoir si l'on peut faire l'amalgame, pour les besoins de la cause, entre des démarches aussi différentes. Cependant, les guillemets entendent lever tout soupçon historique. Soit. Mais quelle relation entre la réduction « cartésienne » et la réduction cartésienne, etc. ? On croit comprendre que le mouvement rétrograde de la vérité « phénoménologique » permet de circonscrire l'entreprise de réduction aux quatre caractères hâtivement énumérés : constitution d'objets pour un *Je* constituant, la réduction transcendantale n'ouvre que sur des ontologies régionales et exclut tout ce qui outrepasse l'horizon de l'objectivité[20].

Cette présentation unifiée de la réduction transcendantale méconnaît la différence, introduite par Husserl dès les *Ideen*[21], entre les réductions régionales et l'*épokhè* comme telle. Celle-ci ne vise plus simplement des objets rapportés à des événements psychologiques, mais des vécus purs dans leurs corrélations intentionnelles[22]. Tout en se réclamant de l'inspiration cartésienne, Husserl montre au § 10 des *Méditations cartésiennes* en quoi Descartes a manqué l'orientation transcendantale : il a « fait de l'*ego* une *substantia cogitans* séparée[23] ». Ce point n'est pas secondaire, car, s'il n'est pas aperçu, c'est le sens même de *l'épokhè* et la nouveauté radicale de l'intentionnalité qui sont méconnus. Dans «le champ libre et illimité de la conscience», c'est le «monde-phénomène» lui-même qui est dégagé, et non simplement des «objets» pour un «*Je* constituant». La référence à Kant en son texte (dans les «paralo-gismes de la raison pure[24]») oblige également à cor-riger cette idée, puisque le *Je pense* comme liaison des représentations n'est pas substantiellement cons-tituant des objets, mais n'est que le foyer — problé-matique et formel — de la corrélation transcendantale : «Par ce *moi*, par cet *il*, ou par la chose pensante, on ne se représente rien de plus qu'un sujet transcen-dantal = *x*, et ce n'est que par les pensées qui sont ses prédicats que nous connaissons ce sujet, dont nous ne pouvons jamais avoir, séparément, le moindre concept[25].» Pas plus chez Kant que chez Husserl, l'horizon transcendantal ne peut être restreint à une égologie constituant des objets. Il faut donc main-tenir une profondeur de champ et des précautions (y compris en ce qui concerne la portée transcen-dantale, ou non, du *cogito* cartésien) qui paraissent manquer dans *Réduction et donation*, et pas seule-ment en ses pages finales : le phénomène au sens husserlien y est systématiquement présenté comme «plat»[26], ce qui implique que la quête de la présence intégrale et objective annule l'ouverture de *l'épokhè* sur la corrélation avec le monde comme tel. Plus royaliste encore que le roi, Marion systématise à tel point la critique heideggérienne de la réduction hus-serlienne (formulée, en particulier, dans les *Pro-blèmes fondamentaux*[27]) qu'on ne discerne plus ni l'intérêt ni l'originalité de cette dernière. Tournons-

nous donc vers la seconde réduction pour découvrir
le «vrai» sens de la phénoménologie.

S'appuyant essentiellement sur les *Prolegomena* et
sur les *Grundprobleme*, cours professés respective-
ment en 1925 et 1927, Marion présente l'ontologie
heideggérienne comme une radicalisation et une
relance de la phénoménologie husserlienne. C'est
ainsi effectivement que, pendant les années d'élaboration d'*Être et temps*, Heidegger s'est posé en
s'opposant à Husserl : «*Pour nous* la réduction phénoménologique désigne la reconduction du regard
phénoménologique de l'appréhension de l'étant —
quelle que soit sa détermination — à la compréhension de l'être de cet étant[28]...» Dans cette mesure, il
est justifié d'interpréter la «réduction» heideggérienne comme une «réduction redoublée» : «Le privilège du *Dasein* ne lui advient que de sa disposition
à subir une réduction phénoménologique redoublée ;
celle-ci ne transite de l'étant au "sens d'être", qu'en
travaillant *cet* étant que détermine, par excellence,
l'être de l'étant[29].» L'être n'est plus compris comme
immanent à la conscience intentionnelle, mais in-
versement comme l'horizon de la phénoménalité,
c'est-à-dire de la mise à découvert de l'étant. La phénoménalité sera donc interrogée, de manière privilégiée, à partir des articulations ontico-ontologiques
qu'offre le *Dasein* dont aucune eidétique n'épuise
jamais le sens d'être.

Seulement, de ce qu'il est vrai que Heidegger
questionne «l'apparaître même du phénomène[30]»
doit-on inférer que son approfondissement ontologique s'opère exclusivement par la réduction et pour
«relancer» la phénoménologie ? C'est ce que Marion
fait croire dans son étude sur «L'étant et le phéno-

mène »[31] et à dessein : on en découvre la raison dans
le schéma des trois réductions au sein duquel le
cheminement heideggérien se trouve stylisé d'une
manière si elliptique qu'il en devient méconnaissable. En effet, pourquoi passer sous silence le fait
que l'ontologie fondamentale telle qu'elle se déploie
dans *Être et temps* ne se présente déjà plus comme
réduction, mais comme analytique du *Dasein*, et
qu'ensuite Heidegger laissera encore plus complètement de côté la terminologie d'origine husserlienne ?
Pourquoi négliger un trait encore plus significatif :
la relativisation par Heidegger, dès *Les problèmes
fondamentaux*, de la réduction ? « Mais la réduction
phénoménologique — y écrit Heidegger — dans la
mesure où elle reconduit le regard de l'étant à l'être,
n'est pas encore l'élément unique *ni même central* de
la méthode phénoménologique[32]. » Heidegger précise
alors que la question de l'être exige non seulement
la réduction, mais la construction et la destruction
des concepts fondamentaux de la philosophie. Même
réinterprétée dans le sens ontologique, la réduction n'est, pour Heidegger, qu'un « élément » ou une
phase d'une démarche plus ample qui va exiger une
déconstruction de plus en plus poussée de l'histoire
de la métaphysique et sa relecture en fonction de la
différence ontologique.

Lorsqu'on suit la logique interne du cheminement
de Heidegger depuis les *Prolegomena* jusqu'à *Qu'est-
ce que la métaphysique ?*, on ne constate nullement
l'extension de la problématique de la réduction vers
une réduction existentiale ou ontologique qui serait
une finalité philosophique autonome ; encore moins
discerne-t-on dans *Qu'est-ce que la métaphysique ?*
un « dispositif phénoménologique » qui permettrait,

par conséquent, de retrouver dans cette conférence
«une manière de réduction phénoménologique[33]».
Au contraire, Heidegger délimite d'emblée le champ
des réductions phénoménologiques, transcendantale
et eidétique, au sein de l'horizon de l'intentionnalité[34], et, circonscrivant celle-ci de manière critique
à partir de son caractère idéaliste et cartésien, il se
dégage de plus en plus de ce qu'elle impliquait. Il ne
garde donc de la réduction que sa *différenciation
ontologique* dont l'accentuation propre l'obligera à
poser plus radicalement encore la question de la
métaphysique. À l'époque de l'ontologie fondamentale, Heidegger n'a recours à la réduction qu'avec
des guillemets implicites ou explicites, du fait de la
difficulté de donner une méthode propre à la pensée
qui se cherche à travers l'analytique existentiale. Le
problème se complique, si l'on considère, comme l'a
vu Jean-François Courtine[35], que la «réduction ontologique» reste encore lestée de transcendantalisme.

Loin que «Heidegger reste donc phénoménologue,
puisqu'il reprend la réduction[36]», c'est plutôt l'inverse qui est vrai : il ne se dirige vers le vrai sens de
la phénoménalité, l'horizon ek-statique du temps, que
dans la mesure où l'élaboration de la question de
l'être se substitue aux réductions (il ne vise donc pas
le phénomène d'être «en personne», comme l'écrit
Marion, mais en son mode de découvrement[37]).

On nous pardonnera peut-être cette reprise détaillée
si l'on considère qu'elle permet de comprendre la
destination (mais aussi la fragilité) du dispositif par
lequel Marion fait la «courte échelle» à la troisième
réduction. Ce jeu n'est, finalement, pas caché : nous
lisons, à propos de ce *tertium quid* : «toute notre
entreprise n'a d'ailleurs tendu qu'à en rendre inévi-

table la reconnaissance[38]». Mais il est évident que cette reconnaissance ne saurait avoir lieu, ni à plus forte raison paraître inévitable, si le chemin qui était censé y conduire s'avère bien trop artificiellement aplani.

S'il est difficile de s'arrêter longtemps à cette pseudo-réduction, sur laquelle on apprend seulement ce qu'elle n'est pas (nous allons revenir à cette minceur), en revanche la stratégie de captation de la phénoménologie doit voir son assurance confrontée à ce qu'elle masque et risque: «la transgression de la revendication de l'être par la pure forme de l'appel appartient au champ phénoménologique pour la même raison exactement qui permettait à l'analytique du *Dasein* de se substituer à la constitution du *Je* transcendantal[39]». Nous avons ici l'aveu de cette mimétique méthodologique par laquelle on veut faire passer le *salto mortale* vers le «pur appel» comme procédant de la même rigueur que l'approfondissement heideggérien de la réduction husserlienne. Mais le tour a déjà été joué par Lévinas (que l'on ne s'étonne pas de voir cité à la p. 295 de *Donation et réduction*) et le sera ensuite par plus d'un compère: répéter en le détournant à son profit le «dépassement» heideggérien de l'intentionnalité idéaliste (ou de la métaphysique, ou de l'ontologie). Seulement Marion hausse encore la mise, lorsqu'il la prétend rigoureuse, scrupuleuse ou relevant «éminemment de la phénoménologie[40]». Que reste-t-il de phénoménologique dans une réduction qui «à proprement parler n'*est* pas[41]» et qui renvoie à «un point de référence d'autant plus originel et inconditionné qu'il ne se restreint plus[42]»? Beaucoup de peine a été prise pour nous conduire vers cet absolu et surtout pour nous faire croire à son caractère phénoménologique en utilisant des arguments prétendument méthodologiques. Il faut encore se tourner vers cette pure donation pour mesurer à quel point elle est incompatible, pour autant qu'elle soit dicible, avec les astucieux détours par quoi l'on veut, à tout prix, rendre phénoménologique ce qui ne saurait l'être.

QUELLE DONATION, QUEL APPEL ET QUELLE PROMESSE ?

Nous avons vu le caractère phénoménologique de la démarche affirmé d'autant plus hautement qu'il était plus douteux. Et le passage de la seconde à la troisième réduction a été comme accroché au modèle du passage de la première à la seconde. L'opération était d'autant plus périlleuse que ce dernier était donné comme modèle, alors que son tracé nous est apparu bien trop complexe pour être ainsi formalisé. À quoi aboutissons-nous ? À un appel, donné comme «schème originaire» et dont la forme pure «joue avant toute spécification, même de l'être[43]».

Désormais, qu'il s'agisse de la réduction, de la donation ou de l'appel, nous assistons à une *coincidentia oppositorum* à vrai dire classique sur la voie théologique et mystique : plus la phénoménalité s'amincit jusqu'à s'anéantir, mieux l'absolu s'enfle et s'amplifie jusqu'à l'apothéose. Nous avons affaire ici à une nuit mystique un peu sèche et la surabondance de la grâce a subi le laminoir de l'originaire heideggérien. Mais les qualificatifs ne sont plus

humains ni finis : pur, absolu, inconditionné, tel
est cet appel. Il s'adresse, il est vrai, à un lecteur, un
interlocuteur, fût-il idéal. Mais voici l'interlocuteur
à son tour réduit à sa forme pure, à l'interloqué
« comme tel[44] ». Une expérience à ce point amaigrie
jusqu'à son *a priori* diaphane n'est-elle pas trop pure
pour oser encore prétendre se donner comme phénoménologique ? Et le lecteur, effectivement interloqué, ne sera-t-il tenté de céder aux facilités de
l'ironie devant des phrases comme celles-ci : « Littéralement, la surprise interdit à l'interloqué de comprendre la convocation qu'il reçoit pourtant[45] » ; ou
encore : « L'imprécision, l'indécision, voire la confusion de l'instance revendicatrice atteste bien plutôt
qu'à l'origine se trouve la pure forme de l'appel,
comme telle[46] » ?

On veut croire que c'est à dessein, et non sans une
certaine complaisance, que congé est ainsi donné,
non seulement au sens commun mais à la consistance phénoménale. En fait, le seul lien qui rattache
ces citations à une expérience quelconque est religieux. Lorsque nous lisons : « Écoute, Israël, Yahvé
notre Dieu, Yahvé seul[47] », nous ne doutons plus de
la nature de l'appel, ni de celle de la donation promise ; quant à la réponse, elle dépend de chacun
de nous. Mais qui introduit imprécision, indécision,
voire confusion, sinon le philosophe qui entend transformer en instance *a priori* et en schèmes généraux
des références d'un autre « ordre », comme aurait dit
Pascal ?

Or justement le « fil conducteur » de Pascal est
invoqué par Marion pour répondre à l'excellente
question de la rédaction de la *Revue de métaphysique
et de morale* concernant le caractère très « probléma-

tique» de la troisième réduction et «l'équivocité du
terme même de donation[48]». Autant la réponse est
justifiée quand elle rattache la problématique de *Sur
le prisme métaphysique de Descartes* à la destitution
pascalienne de la «vanité» de la philosophie, autant
elle devient acrobatique lorsqu'elle prétend que le
point d'aboutissement «hors d'être» de *Réduction et
donation* — concédé comme «vide» — ne s'appuie
pas sur «des données externes, admises par hypothèse». Le raisonnement est étrange : admettant que,
puisqu'il s'agit de phénoménologie (point auquel
Marion s'accroche), il faut une intuition immédiate,
il concède qu'elle est absente. Et donc : «Aussi bien
Réduction et donation se borne-t-il à une manière de
phénoménologie négative, à la suite de la théologie
négative déployée par *Dieu sans l'être* : n'apparaissent que des phénomènes dérivés — l'interloqué,
l'ennui — et d'autres — indices ou effets de phénomènes encore indescriptibles comme tels — l'appel,
l'assignation non indifférente, et d'autre[49].» Il fallait
bien citer cette phrase jusqu'au bout : elle fait une
concession capitale (l'élément phénoménologique
est «dérivé» dans *Réduction et donation*, en tout cas
quand on atteint le seuil de la troisième réduction),
mais elle la reprend aussitôt sous une forme quelque
peu captieuse qui consiste d'une part à glisser sur la
notion de «phénoménologie négative» qui mérite-
rait examen (et dont il n'est pas évident qu'elle se
confonde avec la phénoménologie la plus fondée),
d'autre part à introduire l'idée qu'il y aurait des
«phénomènes encore non manifestes[50]». C'est là un
déplacement étrangement subreptice vers une sorte
de progressisme de la phénoménalité : si la «forme
pure de l'appel» apparaît comme vide en 1991, il

semble que les lendemains chantants d'une phénoménologie de plus en plus négative en dessineront
les contours pour un travail, il est vrai, «plus difficile». Il n'y a là nul respect de l'ordre phénoménologique, puisqu'on le manipule comme un dispositif
élastique tout en le prétendant strict. De même, la
réponse sur la donation utilise l'ambiguïté de cette
dernière pour ne pas vraiment répondre à la question posée : celle-ci ne contestait pas le recours à la
notion de donation, mais l'usage (ou le mésusage)
précis qui en est fait au niveau ultime de *Réduction
et donation*. Marion argue, entre autres, que Merleau-
Ponty a donné un traitement conceptuel de la donation, malgré (ou à cause de) son ambiguïté : si l'on se
reporte à la p. 413 de la *Phénoménologie de la perception* (qu'il cite), on relève que la donation en
question est celle d'une réflexion «ouverte sur l'irré-
fléchi»; c'est la donation *située* par excellence,
puisque c'est celle qui dévoile le lien entre ma subjectivité et le monde : «Ma liberté, le pouvoir fondamental que j'ai d'être le sujet de toutes mes
expériences, n'est pas distincte de mon insertion
dans le monde.» Il s'agit d'une donation totalement
phénoménale, ce qui n'est précisément pas le cas
de la troisième donation marionesque. La question
reste donc entière; et il ne suffit pas de la déplacer
vers un hypothétique futur, d'exploiter l'ambiguïté
de la notion de donation ou encore d'utiliser la
«phénoménologie de l'inapparent» de Heidegger
comme une sorte de talisman ou d'alibi.

En fait, l'aboutissement est clair; son vide phénoménologique ne s'explique que par une double
référence que chaque lecteur averti connaît : la problématique du dépassement de l'ontologie (ou de

la métaphysique), la dimension proprement théologique ou spirituelle. C'est le chevauchement des deux schèmes sous le couvert de la phénoménologie qui est ici contesté, en ce qu'il s'accorde beaucoup de facilités rhétoriques et reconduit à une autosuffisance (la donation pure «*se donne*»!) qui, loin de la congédier, restaure la métaphysique spéciale, y compris en son tour favori: l'autofondation.

Si les paradoxes de *Réduction et donation* se bornaient à mettre en question la notion de donation et à s'interroger sur son sens phénoménologique (telle est la position de repli qu'adopte Marion à la fin de sa première réponse à la *Revue de métaphysique et de morale*), nous n'aurions rien à y redire[51], mais il ne faut pas confondre une «interrogation radicale» avec la radicalité (réelle ou prétendue) d'un dispositif de réponse. Or il est évident que *Réduction et donation* ne se borne nullement à interroger: ce livre, de son propre aveu, est destiné à «asseoir la plate-forme disponible pour un plus haut édifice[52]». La métaphore est révélatrice; et nous allons voir qu'un virage comparable, à la fois métaphorique et méthodologique, se produit dans l'ouvrage de Jean-Louis Chrétien, *La voix nue. Phénoménologie de la promesse.*

Ce livre est remarquable par bien des traits: sa qualité d'écriture, la richesse de ses références, la finesse de ses analyses. Il ne faut donc pas se méprendre sur les critiques qui vont suivre: elles sont uniquement méthodologiques et vont se concentrer, trop brièvement, sur le sens du sous-titre, *Phénoménologie de la promesse.*

Notre contestation s'exerce moins sur les intentions avouées dans l'introduction que sur leur réalisation effective. Le projet se veut phénoménologique, aussi bien à propos de la nudité de la voix et du corps que concernant le mensonge, l'équivoque, l'aveu et le témoignage. Tout à fait le légitime est la question. «Est-il phénoménologiquement possible de penser un corps sans secret et sans réserve, dont la gloire serait manifestation plénière et parfaite visibilité[53]?» Et, de même, l'étude du «caractère oblique de la manifestation» n'est-elle pas, par excellence, phénoménologique? Sans nul doute, à condition de respecter des règles minimales qui restent elles-mêmes d'esprit phénoménologique. On croit comprendre qu'un fil conducteur, à cet égard, sera la «critique des philosophies de la présence» annoncée dès la première page de l'introduction; on s'attend donc à ce que l'entrelacs des analyses et des descriptions phénoménologiques vienne piéger la clôture métaphysique sur l'illusion de la transparence intégrale (c'est, d'ailleurs, ce qu'indique apparemment le titre de la première partie, «Critique de la transparence»).

Or, dès la première page consacrée à «la gloire du corps» et après quelques belles lignes consacrées au corps offert à la vision, dormeur étendu ou danseur virevoltant, nous lisons: «En se rendant visible, le corps ne se rend pas seul visible, il laisse venir au jour du monde l'âme invisible qui, en le vivifiant, est sa perpétuelle origine, et sans laquelle il ne montrerait rien[54].» Dans la suite du texte, il sera constamment fait recours à ce concept d'âme comme s'il était évident et sans que soit expliqué en quoi l'âme comme «perpétuelle origine» indispensable à la manifestation corporelle échappe à la métaphysique. Certes il s'agira bien de critiquer l'idée d'une manifestation intégrale de l'âme à travers le corps et, en ce sens, la phénoménologie vient soutenir la critique d'une métaphysique du corps glorieux. Mais c'est au profit d'une métaphysique plus secrète où l'âme s'enrobe dans «les nuits du corps». Et voici donc les suggestives évocations du corps qui «hante les lointains» faisant signe à nouveau vers la gloire, mais une gloire qui est «l'assomption même» du secret et non l'étalement d'une manifestation intégrale. D'où la conclusion sur la vie éternelle comme «acte de louange» et le ferme espoir que le secret du corps soit «dans la gloire enfin donné sans que nous puissions le reprendre».

Entendons-nous : il ne s'agit nullement ici de contester l'intérêt, pour un penseur chrétien, de repenser la corporéité, y compris dans la perspective de sa résurrection promise par les Écritures. Mais force est de constater que, dans le texte en question, le recours à la phénoménologie est constamment biaisé par un «appel» censé originaire et par un renvoi constant, imposé au lecteur, à l'expérience religieuse. Il s'agit, si l'on veut, d'une phénoménologie chrétienne, mais dont le sens proprement phénoménologique va s'évanouir, pour un non-croyant, à mi-parcours (en admettant même que ce non-croyant accepte la référence, proprement métaphysique, à la notion d'âme).

On retrouve le même type d'utilisation de la phénoménologie dans le reste d'un ouvrage fort riche en références philosophiques, théologiques et patristiques, où le sens chrétien de l'Incarnation et de son mystère vient s'appréhender et se penser contre (et à partir de) la nudité de l'essence, l'horizon angélique, l'obliquité divine, la liberté comme causalité transparente, l'expérience paradisiaque, la générosité de l'Un, l'intelligence purement spéculative de Dieu, la translucidité d'un amour excessivement intellectuel (autant de figures successives et insistantes de la métaphysique de la transparence). Ainsi réussit à s'écrire, souvent en de touchants bonheurs, une expérience spirituelle dont l'enveloppement corporel fait signe vers les liens invisibles de la parole et l'exaltation d'une promesse en excès sur elle-même : « L'âme nue est la main nue, la voix nue, l'ombre nue de la promesse qui toujours déjà nous entoure[55]. » Contestation d'une métaphysique de l'intégrale transparence, la pensée de la pure promesse ne se donne comme « phénoménologie » que pour réintroduire subtilement, mais avec une constance toute stratégique, une métaphysique du secret divin et de l'appel transcendant.

Nos questions sur le sens de la donation, de l'appel et de la promesse étaient donc bien naïves : les « phénoménologies » de Marion et de Chrétien, si différentes soient-elles en leurs tours et en leurs qualités mêmes, sont cousues d'un fil immaculé. Le virage théologique est trop évident. Et il ne suffit pas, pour le minimiser, de prétexter qu'il « ne s'agit évidemment pas ici d'invoquer l'autorité révélée pour élargir le champ de la phénoménologie[56] ». C'eût été, en un sens, plus clair. En fait, et en dépit des dénégations, la neutralité phénoménologique est abandonnée, de même que sont mises de côté (ou négligées) les raisons qui conduisaient explicitement Husserl à mettre la transcendance de Dieu « hors circuit » : « Cet "absolu", ce "transcendant" rentre naturellement dans la réduction phénoménologique. Il doit rester exclu du nouveau champ d'étude qu'il nous faut instituer, dans la mesure où ce doit être le champ de la

conscience pure[57].» Cette précaution méthodologique husserlienne s'appliquait non seulement à la
référence explicite à Dieu dans la mise en œuvre de
la méthode, mais aux «raisons tirées de la conscience
religieuse[58]», au nombre desquelles il n'est sans
doute pas illégitime de ranger «l'appel» ou «la promesse» en tant que chiffres de la Transcendance.

Une deuxième caractéristique du virage théologique est qu'il conduit à des analyses qui frôlent
l'édification, quand elles n'y succombent pas avec
dilection. Qu'il s'agisse d'un appel toujours prêt à
revendiquer un interloqué qui écoute ou d'une promesse qui se précède elle-même et réserve l'ines-
péré, la phénoménalité ne connaît le négatif ou
l'absurde que sous la forme convenue de l'ennui ou
l'évocation lyrique d'une crainte déjà toute prête à
être rassurée. Une phénoménologie dont les dés ne
seraient pas pipés n'aurait-elle pas plus d'attention à
l'atroce, au désespérant, à l'inqualifiable ou même
seulement à l'indécidable, où se trame aussi notre
condition? Et Cioran ne se révèle-t-il pas au moins
aussi phénoménologue que nos auteurs, en maintes
de ses descriptions sans complaisance de notre
humaine condition? Nous lui empruntons cette
conclusion: «Il n'est pour l'incroyant, amoureux de
gaspillage et de dispersion, spectacle plus déroutant
que ces ruminants d'absolu... D'où tirent-ils tant
d'obstination dans l'invérifiable, tant d'attention au
vague et d'ardeur à le saisir[59]?»

4

LES SURPRISES DE L'IMMANENCE

Bien qu'il se défende de bâtir un discours proprement théologique, Lévinas a donné le ton à ce mouvement de pensée dont nous avons suivi et critiqué les libertés méthodologiques : la phénoménologie y est utilisée comme tremplin d'une quête de la transcendance divine. Si l'intelligibilité de cette transcendance n'est pas ontologique, elle exploite cependant les ressources du *logos* pour mieux le faire éclater. C'est la stratégie que Lévinas expose très clairement en conclusion de «Dieu et la philosophie» : «La transcendance se doit d'interrompre ses propres démonstration et monstration : sa phénoménalité. Il lui faut le clignotement et la dia-chronie de l'énigme qui n'est pas certitude simplement précaire, mais qui rompt l'unité de l'aperception transcendantale où toujours l'immanence triomphe de la transcendance[1].»

En est-il de même chez Michel Henry ? Littéralement la situation est tout à fait inverse : «C'est par référence à la transcendance et par l'exclusion de celle-ci hors de sa structure interne que l'immanence a été définie» lit-on au cœur de *L'essence de la manifestation*[2]. De fait, la phénoménologie y est délimitée et pratiquée comme une radicale remontée au fondement de l'expérience, sans qu'il soit fait appel à une autre instance que sa structure interne. En outre, le souci méthodologique est constant, au point qu'un essai autonome a été consacré récemment à cette question[3]. Que demander de plus? On doit ajouter que la date même de publication de *L'essence de la manifestation* (1963) aussi bien que le dialogue direct qu'elle instaure avec Husserl et Heidegger témoignent de la singulière originalité d'une pensée longtemps solitaire et qui n'a fait école que récemment. On est donc en droit de s'étonner de voir Michel Henry apparaître au détour de notre « tournant théologique ». Cette surprise ne nous a pas été étrangère ; en fait, elle n'a pas cessé depuis que nous fréquentons cette œuvre. Et les perplexités qui ont donné naissance à cet essai n'ont fait que la raviver. C'est incontestablement autour de la notion d'immanence que s'organise la phénoménologie de Michel Henry et que vont s'articuler nos questions. C'est elle qu'il faut d'abord interroger.

LA STRUCTURE DE L'IMMANENCE

Au sens habituel, l'immanence désigne ce qui est compris en un être et ne fait intervenir aucun principe d'explication extérieur à celui-ci. Formellement *L'essence de la manifestation* ne change pas cette définition. La question qui se pose est cependant d'emblée celle de savoir quel est le sujet de cette immanence. Est-ce la conscience? Cette hypothèse est très vite dépassée : l'être du *cogito* est rapporté à l'horizon phénoménologique universel au sein duquel il apparaît. L'immanence phénoménologique ne se réduit nullement à l'autoréférence de la représentation de soi ni à la transcendance au sens sartrien, c'est-à-dire à la néantisation de l'étant. L'immanence au sens essentiel ne se borne pas à renverser une transcendance simplement ontique. Se rapprochera-t-on davantage de son sens en rapportant celui-ci à l'horizon transcendantal lui-même? Et puisqu'on entend congédier toute compréhension ontique de la phénoménalité, ne faut-il pas remonter à l'être comme à l'horizon ultime de toute donation phénoménale? De nouveau, cette hypothèse est récusée, pour la raison suivante: l'être, isolé par Heidegger comme «apparaître de ce qui apparaît», reste marqué par l'extériorité de l'horizon dont il s'extrait. La pensée transcendantale, même ontologiquement radicalisée, est toujours conditionnée par l'objectivité (au sens large), c'est-à-dire par une présupposition qui remonte aux Grecs et qui consiste à comprendre la manifestation à partir du phénomène et non en fonction de sa structure interne. S'il est vrai que «l'horizon pur de l'être considéré en lui-même est abstrait[4]», il faut atteindre une saisie encore plus originaire qui pousse sa recherche au cœur même de la manifestation.

Telle est l'immanence radicale qu'il s'agit de penser. Non le renversement de la transcendance perceptive, mais sa condition première: une réceptivité que suppose tout dépassement vers un horizon: «L'immanence est le mode originaire selon lequel s'accomplit la révélation de la transcendance elle-même et, comme telle, l'essence originaire de la révélation[5].» On voit que l'*épokhè* husserlienne et la différence ontologique heideggérienne sont intégrées à une remontée qui se veut encore plus fondamentale et qui est celle de la manifestation comme révélation. La suite de l'ouvrage explicitera celle-ci comme auto-affection : l'essence de la manifestation se révélera au sein de l'affectivité, non celle d'un sujet individuel, dérisoirement subjective, mais celle de la révélation elle-même, absolue en son expérience intérieure.

C'est évidemment une gageure que de résumer ainsi, en une brève épure, une recherche qui s'étend sur des centaines de pages et qui ne s'épargne aucune des contraintes (ni peut-être aucun des délices académiques) d'une impressionnante somme, poussant le sérieux phénoménologique jusqu'au mimétisme d'un style singulièrement germanisé. L'important ici est de ne pas méconnaître l'élan incontestablement philosophique qui anime cette entreprise et de le suivre d'aussi près que possible, afin de ne pas perdre le fil de notre question méthodologique. Il est facile de se porter directement au point d'aboutissement et d'en exhiber le caractère essentiellement religieux : la révélation de l'être absolu «n'est pas séparée de lui[5]», elle est elle-même absolue ; l'auto-affection est celle de la vie, non historique, non finie, mais éternellement et mystérieusement liée à soi. Mais ce qui compte ici, c'est de comprendre et de faire comprendre comment une problématique phénoménologique qui se présente comme rigoureuse, cohérente et radicale aboutit à des conclusions aussi métaphysiques. Quel fil permet de s'y retrouver dans ce montage complexe que le lecteur insuffisamment initié à la phénoménologie n'aura que trop tendance à considérer comme un inextricable labyrinthe ?

Nous avons essayé de suivre le fil conducteur de

l'immanence et de sa structure interne. Il est apparu que cette immanence ne qualifie plus aucun phénomène ni aucun sujet, puisque la «réduction» s'est voulue aussi originaire que possible. L'immanence concerne-t-elle la phénoménalité? Uniquement en tant que celle-ci est rapportée à l'essence de la manifestation. Or, de même que l'immanence devient ainsi «une catégorie ontologique pure[7]», l'essence se voit considérée en elle-même, isolée dans une «indépendance radicale[8]». Il s'agit de remonter à une réceptivité si fondamentale qu'elle échappe à toute saisie phénoménale, bien qu'elle la conditionne: il faut en découvrir et en avouer la réserve, sinon l'indigence.

Ce qui est cohérent dans cette démarche est assurément sa poursuite de l'originaire. «Toujours plus fondamental! Toujours plus intime!»: tel pourrait être schématisé le mot d'ordre du retour à la chose même dans *L'essence de la manifestation*. Seulement, cette cohérence formelle peut, en son caractère rigide et systématique, se retourner contre son intention, si son attention à la «chose» en question est insuffisamment adaptée. Une première constatation, à propos de l'immanence, conduit à remarquer que sa prétendue «structure interne» n'est pas une structure du tout. Une structure, qu'elle soit formelle ou empirique, comporte des caractéristiques ou des relations isolables. Si elle avait une consistance, la structure de l'immanence serait déterminable phénoménologiquement. Ce n'est pas le cas: la phénoménologie, ayant congédié tout phénomène, ne garde plus que l'originaire et l'interne. La structure de l'immanence est donc sa pure autoréférence. Mais, soulignons-le, ce n'est pas une structure; c'est une intériorité tautologique.

Le processus méthodologique qui permet à Michel Henry de donner d'abord toutes les apparences (et les titres) de la phénoménologie pour parvenir à la restauration la plus fantastique de l'essentialisme est finalement assez simple : à force d'originaire, on s'installe dans l'essentiel, on l'autonomise, on le célèbre même. Le jeu sur le mot « essence » est patent, puisqu'on s'autorise de la recherche de l'*eidos* (déterminé) pour remonter à un fondement purement autoréféré. De même, l'immanence devient le strict contraire de ce qu'elle prétendait désigner (un maintien au sein de l'expérience phénoménologique) : une autorévélation absolue.

La phénoménologie a donc servi de support à une remontée à l'originaire qui s'avère une extrême exténuation de toute expérience. La phénoménologie est renversée en son contraire, la métaphysique la plus idéaliste (une métaphysique de la vie et du sentiment, toute proche de celle du jeune Hegel à Francfort). En témoignent, entre autres, ces lignes conclusives (d'où, soit dit en passant, l'horizon ontologique n'est pas absent) : « Dans l'unité absolue de son immanence radicale, l'être s'affecte lui-même et s'éprouve de telle manière qu'il n'y a rien en lui qui ne l'affecte et ne soit éprouvé par lui, aucun contenu transcendant à l'expérience de soi qui le constitue[9]. » Le phénoménologue, devenu porte-parole de l'absolu, nous en révèle la transparence, posément, en termes catégoriques ; mais il est vrai que cette transparence advient dans le sentiment. Comment cela est-il possible ? Il faut encore le préciser, pour que notre thèse reçoive tout son contenu : une théologie qui, bien que négative, est plus structurée que l'immanence dont elle émerge.

LE NON-SAVOIR DE LA VIE DIVINE

La circularité tautologique que nous avons commencé à identifier est telle en ceci que l'essence de la manifestation constitue la manifestation elle-même. Cette autoréférence immanente à la manifestation est expressément désignée comme absolue : « L'absolu..., qui fonde toute manifestation possible en général, la fonde en tant qu'il se manifeste lui-même et, précisément, dans cette manifestation de soi[10]. » Dans cette immanence, la vie bénéficie d'attributs qui semblent l'égaler à Dieu : auto-affection, éternité, absence de finitude, omni-complétude (elle est toute la réalité). Cependant, on y cherche en vain les attributs positifs qui détachent le Dieu de l'orthodoxie catholique comme tel : la toute-puissance, la personnalité, la volonté infiniment bonne, etc. Bien qu'il rejette le monisme hégélien qu'il réduit à un objectivisme de la conscience, Henry retrouve sur ce point l'immanence de l'esprit absolu à ses manifestations phénoménales. Mais à une différence près, qui est capitale : l'immanence divine échappe non seulement à la représentation, mais au savoir. Si l'affectivité est l'essence de la vie, il faut la sentir, se laisser pénétrer par sa passivité radicale. Et l'on se livre alors à une expérience doublement paradoxale : pour le savoir et pour l'universalité de la vie. Le savoir aboutit au non-savoir : ayant conquis l'essence de la manifestation par une renonciation progressive à toutes les apparences ontiques, il doit déposer les armes alors qu'il parvient sur le seuil de la vie elle-même. Mais étrangement la vie, qui soutient chacun de nous et à laquelle tous communient, ne renvoie qu'à son essence et à l'unité de celle-ci, au point qu'à force d'être exaltée elle se retrouve isolée : « Ce qui a l'expérience de soi, ce qui jouit de soi et n'est rien d'autre que cette pure jouissance de soi-même, que cette pure expérience de soi, c'est la vie. La solitude est l'essence de la vie[11]. »

Étrange solitude qui « constitue une structure absolument universelle[12] » et qui est donc absolument partagée dans une Parousie qui ne se rapporte qu'à soi. Cette coïncidence des opposés se retrouve dans la scission totalement paradoxale entre l'essentialisme du savoir et le non-savoir du sentiment : « La réunion de l'essence avec soi n'est rien d'autre... que l'essence elle-même. »

À cette précision[13], on ne peut manquer d'objecter qu'il s'agit d'un fantastique essentialisme métaphysique qui s'autopromeut ! Certes il sera répondu que cet essentialisme du savoir retrouve tout son contenu réel et sa phénoménalité propre dans l'expérience invisible et indicible du sentir joyeux ou douloureux, *pathos* primordial de la vie. C'est avouer que, sous le couvert de la phénoménologie, s'est mise en place une systématique qui a sa cohérence, mais à condition de pousser à l'extrême la scission paradoxale dont elle se fait gloire.

Il ne nous appartient pas ici de nous prononcer en théologien sur le caractère chrétien de cet enseignement paradoxal. Le R. P. Tilliette se félicite d'une orientation « qui est loin de décevoir son attente[14] ». Qu'il nous importe ici seulement, mais ce sera déjà beaucoup, de montrer que l'analyse conceptuelle qui vient d'être faite permet de situer ce qui se don-

naît au départ comme pure phénoménologie au sein
d'un mouvement spirituel parfaitement identifiable,
quoique assez secret, la pensée mystique de Maître
Eckhart, elle-même en consonance avec bien des
paroles de Jésus, telles que Hegel les repense dans
L'esprit du christianisme et son destin[15]. Ces références sont tout à fait explicites dans *L'essence de la
manifestation*[16] : Michel Henry n'a, d'ailleurs, pas à
les cacher ; elles sont nobles et magnifiques. Il restera cependant à revenir avec obstination à la question méthodologique : dans quelle mesure sont-elles
compatibles avec une phénoménologie ?

Michel Henry a parfaitement compris tout le parti
spirituel qu'il pouvait tirer d'Eckhart, suivant un
chemin où Heidegger lui avait montré la voie (sans
cependant expliciter en sa propre pensée les conséquences de sa méditation de ce maître[17]).

Le point d'ancrage fondamental que retient à juste
titre Michel Henry dans l'enseignement d'Eckhart
est l'immanence à notre âme de la révélation divine,
et si intimement que l'essence de l'âme se confond
avec celle de Dieu. Cette unité profonde est ce lien
incréé qu'Eckhart nomme « Déité » et au sein de
laquelle toute représentation doit être dépouillée,
même celle de Dieu comme substance ou personne.
L'exclusion de tout rapport de transcendance au
sein de la vie divine qui nous est ouverte va donc de
pair avec une intégration du moment de l'athéisme[18].
On sait que cette audace, jointe à la critique de la
foi, a rendu Eckhart suspect à l'Église de son temps :
autant de traits qui font, au contraire, d'Eckhart un
maître de l'immanence, aux yeux de Michel Henry,
et qui lui permettent de saluer en lui l'annonciateur
exceptionnel de l'essence de la manifestation comme

Parousie, ainsi que le critique systématique du savoir : Eckhart fait signe vers le non-visage de l'essence affective de la réalité. Il fait comprendre et appréhender que l'invisible « détermine l'essence de l'immanence et la constitue[19] ».

S'il subsiste une réalité phénoménologique dans cet itinéraire spirituel, c'est celle de l'amour évangélique : « Jamais je ne pourrai voir Dieu, si ce n'est là où Dieu se voit lui-même[20]. » Cette parole d'Eckhart est choquante pour un esprit respectueux de la Transcendance, au sens de l'Ancien Testament ou même de l'enseignement canonique de l'Église. Mais il n'est pas niable que l'Évangile introduise l'idée d'un Royaume de Dieu s'accomplissant *hic et nunc*, dont l'esprit d'amour du Fils est porteur. Cette inspiration, incontestable, reste cependant à l'arrière-plan dans *L'essence de la manifestation* où l'explicitation de l'affectivité comme révélation absolue de l'absolu ne fonde aucune prescription, aucune règle morale ni même spirituelle. S'il est affirmé que « toute pensée est essentiellement religieuse[21] », cette orientation reste générale et ne reçoit aucune détermination positive. Par l'esprit comme par la terminologie, elle se révèle toutefois très proche de la pensée de l'amour chrétien comme réconciliation avec la vie et dans la vie, tel que Hegel l'évoque et l'analyse dans les fragments réunis sous le titre *L'esprit du christianisme et son destin*. « Je suis la vérité et la vie » : le jeune Hegel sait évoquer cette communion comme une union vivante, une harmonie pleine et innocente, où se fond l'extériorité des observances. Henry a trouvé là, mais aussi chez Kierkegaard, la tonalité affective et spirituelle qui semble justifier l'abandon de toute extériorité, le repli extrême en une unité essentielle et pathétique de l'humain et du divin.

Il est pourtant significatif que, même dans ces textes du jeune Hegel, Henry ne prenne pas sérieusement en considération un problème capital que Hegel sait cerner, bien qu'il ne le résolve pas encore avec les moyens d'une dialectique systématique : il s'agit du destin. Le repli sur l'intériorité absolue de la vie laisse Jésus totalement désarmé devant le Royaume effectif, à savoir la persistance de la Loi et l'action du pouvoir politique dont la logique va le broyer. L'amour où se confine cette âme sublime conduit à la scission tragique par excellence. Hegel écrit : «Cet éloignement de tout destin est justement son suprême destin[22].» À l'indifférence envers ce problème correspond plus généralement, dans la phénoménologie mystique de Michel Henry, un mépris complet pour toutes les déterminations effectives de la vie, de telle sorte que le souci du fondamental et de l'originaire congédie tout autre souci, désincarnant cette affectivité qu'on voulait concrète. Il en résulte que la scission entre le savoir et l'effectivité est consommée. De son propre aveu, ce savoir monumental s'annule dans le non-savoir de l'affectivité. Fallait-il, pour atteindre ce résultat, au fond plus mystique que proprement théologique, mettre en place et déployer la lourde machinerie conceptuelle de la recherche de l'essence ? L'affectivité ne pouvait-elle pas entamer plus tôt l'armature d'apparence phénoménologique qui était censée y conduire ? La réponse est encore paradoxale : le non-savoir de la vie divine sait au moins que l'affectivité archi-originaire adhère absolument à elle-même, est absolument transparente à elle-même. Il y a là une nouvelle présupposition que toute la vie, en ses replis et ses téléonomies hiérarchisées, semble démentir. Car la phénoménologie a encore son mot à dire, si le sens de la complexité l'emporte chez elle sur la fascination trop métaphysique de l'originaire.

Un résultat se dégage de cette discussion : la dimension religieuse des recherches entreprises dans l'essence de la manifestation ne fait pas de doute ; elle conduit, à nos yeux, la pensée hors du strict domaine de la phénoménologie. Ce constat n'est que le relais de nouvelles perplexités : entre-temps le cheminement de Michel Henry s'est poursuivi et développé, mais sans abandonner l'ambition de radicaliser la question de la phénoménologie[23]. Dans des textes récents où l'héritage husserlien est repris en compte et discuté avec précision, les questions de méthode sont si sérieusement examinées qu'elles se placent elles-mêmes sous le signe d'une objection qui rejoint nos interrogations : « Une phénoménologie de l'invisible n'est-elle pas une contradiction dans les termes[24] ? » Nos critiques ne sont-elles pas ainsi rendues inutiles, puisque prévenues avant même d'être formulées ?

LE NOUVEAU DISCOURS DE LA MÉTHODE ET SES PARADOXES

Dans un texte dense, « La méthode phénoménologique », qui fait la substance de sa *Phénoménologie matérielle*[25], Michel Henry développe une critique systématique des présuppositions de ce qu'il nomme la « phénoménologie historique » afin de justifier sa

propre méthode. Commentant les cinq *Leçons* pro-
noncées par Husserl à Göttingen[26], puis le célèbre
paragraphe 7 d'*Être et temps*, il entend démontrer
dans les deux cas un échec radical : la plénitude de
la révélation de la vie est réduite à la phénoménalité
du monde, c'est-à-dire au visible. L'objet de la phénoménologie (l'apparaître originel) échappe à une
méthode forgée à partir du concept ontique et « mondain » de phénomène. Husserl est victime d'un
« eidétisme » généralisé qui ne parvient pas à pallier
une impossibilité foncière : constituer « une science
rigoureuse et précisément eidétique de la subjectivité absolue lors même que celle-ci se dérobe par
principe à toute saisie de cette sorte[27] ». Heidegger,
de son côté, ne se libère pas d'un concept trivial et
superficiel du phénomène, « purement et simplement
emprunté à la perception ordinaire[28] ». L'un et l'autre,
en postulant l'identité de l'objet et de la méthode de
la phénoménologie, présupposent une homogénéité
de principe entre le « faire voir » (le *logos* au sens
grec) et le phénomène (réduit au visible). L'un et
l'autre consomment l'échec, qui est celui de toute
la philosophie occidentale, à saisir la vie en son
auto-révélation pathétique. Renversant la présupposition fondamentale de cette « phénoménologie historique », la phénoménologie de Michel Henry se
fonde sur le constat originaire d'une hétérogénéité
si radicale entre la vie transcendantale et la méthode
eidétique qu'elle semble se heurter à une impossibilité : ne faut-il pas renoncer à « faire voir » l'affectivité en elle-même, si l'on se heurte à une déhiscence
irréductible entre celle-ci et nos procédures essentiellement descriptives[29] ? La réponse se présente
elle-même comme paradoxale : c'est l'auto-explicita-

tion de la vie qui rend possible son auto-objectiva-
tion : «Je peux me représenter ma vie et cette
possibilité principielle est incluse dans la vie[30].» Une
re-présentation qui ne se fonde plus elle-même renvoie à la plénitude pathétique et invisible de la vie.
La phénoménologie matérielle déploie le «faire
voir» jusqu'à la conscience de sa limite : la méthode
ne saurait livrer son «objet», lequel s'offre lui-même
originairement, invisiblement, comme *pathos*. L'amer
destin de la phénoménologie est celui de tout regard
qui prétend pénétrer la réalité «en personne»,
mais n'en surprend que les «directions obliques»,
dès lors qu'il a reconnu que «la vie se retient dans
l'invisible[31]».

Cette reprise, pour être brève, n'en a pas moins l'intérêt de mettre en relief le caractère extraordinairement paradoxal de la démarche méthodologique de
Michel Henry dans le texte que nous analysons. On
y note d'emblée une étrange distorsion entre le double
commentaire critique des deux maîtres de la «phénoménologie historique» et la partie «positive»
concernant la phénoménologie matérielle : le contenu
de celle-ci n'est qu'indiqué en pointillé, aveu implicite que la proclamation de la positivité de la nouvelle méthode est aussitôt démentie par l'impossibilité
de la mettre en œuvre. La seule conclusion conséquente d'un texte qui se donne comme logique et
rigoureux serait que, la «vraie vie» étant absente, la
phénoménologie qui la vise s'avère strictement impossible en tant que discipline scientifique. La phénoménologie matérielle s'avouerait «tout autre» et
relevant d'un autre type de pensée que la phénoménologie eidético-logique, à la manière du second
Heidegger traçant une nette ligne de partage entre

la métaphysique et la pensée. Or Michel Henry tout à la fois mime cette prise de distance heideggérienne à l'égard du *logos* grec (en faisant l'économie de la mise en question historiale de la métaphysique qu'elle devrait pourtant impliquer) et se redonne une positivité phénoménologique, d'autant plus hautement revendiquée qu'elle est plus fragile et paradoxale.

On aboutit donc à une disjonction complète entre la forme et le contenu. Du premier point de vue, on n'obtient qu'un programme condamné, en fait, à la redite indéfinie de l'auto-référence absolue de la vie (l'Archi-révélation sans cesse réaffirmée). De l'autre côté, celui du contenu, on découvre effectivement, pour peu qu'on y prête attention, le pathos d'une théologie larvée : l'effectivité de Dieu, d'abord seulement nommé[32], se laisse plus distinctement identifier comme « le Verbe qui vient en ce monde[33] » ; le langage devient la « Parole de la Vie[34] » et la méthode se mue en « Voie[35] ». Il faudrait vraiment ne pas connaître l'Évangile, et surtout celui de Jean, pour ne pas comprendre à quoi aboutit la disjonction entre l'objet et la méthode de la phénoménologie. Il n'y aurait rien à redire à cette mutation, si elle se donnait pour ce qu'elle est, conversion ou saut vers une expérience plus secrète que celle de toute phénoménologie. Et nous n'entendons pas brocarder ce passage radical et explicite à une autre dimension sous des *lazzi* qui le caricatureraient en mysticisme romantique. Mais pourquoi prétendre, contre toute évidence et en transformant le paradoxe en leurre, qu'on atteint « la plénitude phénoménologique de la vie en sa positivité infrangible[36] » ? Comme pour garder la mise phénoménologique et sa dignité académique ? L'expression même de « positivité

infrangible» fait apparaître l'auto-contradiction où
s'enferme inextricablement cette nouvelle «phénoménologie». D'une part, une réalité posée comme
«infrangible» ne saurait être connue positivement, à
moins d'entendre par «positivité» tout le contraire
d'une procédure déterminée, la pure intuition d'un
en soi. D'autre part, Michel Henry a lui-même
reconnu, dans le texte qui nous occupe et au terme
de son parcours, le caractère fondamentalement
aporétique de la scission de «l'apparaître» lui-même[37] :
si cette aporie est fondamentale, et nous croyons
qu'elle l'est, pourquoi minimiser le fait que Husserl
et Heidegger en aient été les premiers témoins,
l'assumant explicitement, l'approfondissant phénoménologiquement? Pourquoi vouloir à tout prix se
donner le beau rôle, quasi miraculeux, de réaliser
l'impossible : une phénoménologie dont la matéria-
lité serait la vie «écrasée contre soi dans l'implosion
invincible de son pathos[38]»?

Ces objections peuvent être étayées par le réexamen
de la critique par Henry des positions phénoménologiques de Husserl et de Heidegger. À un premier
niveau, encore général, Husserl se voit reprocher
une «erreur capitale» qui consiste à penser «la réalité de la *cogitatio* comme transcendance[39]», ce qui
le conduit à faire de l'eidétique le support essentiel
de sa méthode. La question se pose de savoir si cette
objection est suffisamment spécifiée ou si elle ne vise
pas, à travers Husserl (ainsi que Heidegger), une
tendance caractéristique de toute la tradition occidentale. Cette dernière hypothèse s'avère la bonne,
puisqu'à la fin de ce long texte Michel Henry met en
cause le «faire voir» propre au *logos* au sens grec.
Mais il n'est pas légitime de jouer sur les deux

tableaux. Si l'eidétisation généralisée à laquelle se
livre Husserl est dans le droit fil de la logique du
logos, c'est effectivement celle-ci qu'il faut attaquer,
mais, dans ce cas, il est fallacieux de taxer cette
orientation d'«erreur», puisque se joue en elle le
destin de la philosophie occidentale en tant que fondatrice de l'*épistémè* et support de la conception
«vulgaire» du phénomène. On ne peut à la fois vouloir corriger une «erreur» et imputer celle-ci à une
déviation fondamentale de l'histoire de la pensée.
Il faut choisir. Si Michel Henry ne le fait pas, c'est
apparemment qu'il veut éviter de prendre en considération la mise en question par le second Heidegger
de la métaphysique comme telle. Or seule cette mise
en question permet de comprendre la logique métaphysique qui gouverne encore la phénoménologie
husserlienne et sans doute aussi l'armature conceptuelle de l'analytique existentiale d'*Être et temps*.

Il est étrange de faire silence sur cette antécédence
et de présenter comme originale la remise en cause
du «faire voir» du *logos* grec, alors que c'est précisément le choc heideggérien, relayé et déplacé par
Lévinas, Derrida et quelques autres, qui a permis
d'ouvrir tant de brèches dans le projet eidétique et
dans la vision classique de l'essence. Geste d'autant
plus étrange que, dans le texte que nous relisons, la
pensée de Heidegger se voit rabattue sur la conception la plus ordinaire du phénomène qu'elle ne
reprend en compte, au paragraphe 7 d'*Être et temps*,
que comme un point de départ, tout comme Heidegger
réexamine le concept vulgaire du temps, précisément
pour le mettre en question. Mise à part une rapide
allusion au séminaire de Zähringen[40], l'ensemble du
questionnement heideggérien portant justement sur

le privilège du «faire voir» (ainsi que de l'intentionnalité et de la vérité) est ignoré. En fait, Michel
Henry omet de préciser que Heidegger signale très
clairement, à plusieurs reprises[41] qu'il n'expose au
début d'*Être et temps* que le «préconcept» (*Vorbe-
griff*) de la phénoménologie, comme l'indique le titre
de 7 C. Distinguant explicitement le concept vulgaire, le concept formel et le concept phénoménologique[42], Heidegger se tourne vers le *possible* de la
phénoménologie[43]. Il est donc audacieux de prétendre que la phénoménologie ne désigne pour
Heidegger, même au début d'*Être et temps* que «l'expérience la plus ordinaire[44]», alors que la différence
ontologique est d'emblée pointée, et d'une manière
qui n'a pas cessé de déconcerter «l'expérience la
plus ordinaire». Ici comme ailleurs, Michel Henry
veut à tout prix réduire l'ek-statique heideggérien au
«mondain» (ou au visible), ce qui revient à caricaturer une pensée, tout en prenant appui sur ses ressources pour cette opération.

Le réexamen des critiques adressées à Husserl
permettra d'atteindre un niveau de discussion qui
concerne encore plus spécifiquement la phéno-
nologie comme méthode et comme discipline. Est-il
vrai que Husserl réduise «la *cogitatio* à l'évidence
qui la donne[45]» et ainsi «noématise» complètement
la pensée? En s'en tenant à la discussion de *L'Idée
de la Phénoménologie*, Michel Henry se donne bien
des facilités, car la réduction n'y est encore que «gnoséologique»; il ne lui est, dès lors, pas difficile de
montrer que le «phénomène pur», par exemple le
rouge, est essentialisé. S'il n'est pas question de nier
le privilège que Husserl ne cessera d'accorder à
l'eidétique (de la *Wesenschau* particulière à l'idée

d'une science universelle apodictique), est-ce à dire
que le sens de la réduction transcendantale s'épuise
dans l'essentialisme de l'eidétique ? L'*épokhè* permet
d'atteindre l'*Ur-region* absolue[46] et Husserl distingue
nettement la réduction par rapport à l'intuition eidétique[47]. La mise entre parenthèses de la «thèse du
monde» fait vaciller le visible en un sens plus radical
que le *cogito* cartésien : malgré ce qu'affirme Henry
sur l'autodonation de la *cogitatio* chez Descartes, il
y a ceci de nouveau chez Husserl, à savoir — comme
le soulignent les *Méditations cartésiennes* — «le sens
purement méthodique de l'*épokhè* transcendantale[48]».
En outre, en minimisant l'originaire qui advient dans
l'*épokhè*, Michel Henry se met en difficulté pour justifier le recours, par son livre *La Barbarie*, à la compréhension husserlienne de la vie comme subjectivité
transcendantale dans la *Krisis*. Cette dernière œuvre
manifeste bien que l'essentialisme n'est pas le dernier mot de la phénoménologie husserlienne.

En définitive, cette discussion oblige à poser le
problème de fond qui est celui de la scientificité de
la phénoménologie et qui est si central chez Husserl.
En présentant la représentation essentialisante comme
un substitut génial de l'autodonation de la *cogitatio*
(ou de la vie), Michel Henry répond-il à l'objection
précédente ? Il le ferait, si — cessant d'élever l'autodonation de la vie en principe absolu et séparé —
il reconnaissait que la phénoménologie ne peut se
penser comme «science rigoureuse» (en un sens
spécifique sur lequel nous reviendrons) que si elle
postule l'homogénéité de principe entre sa méthode
et son objet. Si ce postulat méthodologique (rendu
ontologiquement possible par la mêmeté parméni-
dienne entre la pensée et l'être) est récusé, aucune

science (au sens occidental) n'est fondable ni pra-
ticable. Henry semble prêt à l'admettre quand, se
référant soudain à son *Marx*, il envisage la substitution de l'essence noématique du travail au travail
vivant (à quoi correspondrait, chez Husserl, la substitution de la théorie noématique représentative à
l'autodonation de la pensée vivante[49]). Dans le cas
de l'économie politique comme dans celui de la phénoménologie, il ne suffit pas d'avoir fait retour à la
subjectivité vivante et au *pathos* originaire pour prétendre à une nouvelle fondation. L'espace de pensée
ainsi dégagé doit aussi permettre de mesurer quelles
sont les présuppositions minimales de toute discipline de type scientifique et le caractère inévitable,
destinal, de cette détermination rationnelle de l'expérience.

En d'autres termes, faire signe vers l'invisibilité et
l'indicibilité de la vie est une haute tache poétique et
pensante dont Michel Henry s'acquitte souvent avec
bonheur (par exemple, quand il évoque le blanc
selon Kandinsky, «la couleur, d'avant les choses, le
lieu du possible» ou encore le rouge de la Résurrection sur le panneau peint par Grünewald[50]). Mais il
n'en résulte nullement que le discours phénoménologique, en se faisant «matériel», puisse dire «*en
toute rigueur* en quoi consiste phénoménologiquement la phénoménalité de cette phénoménalité
pure[51]». Ce n'est pas l'intention que nous mettons
en cause — qu'elle soit théologique ou purement
poétique —, c'est la postulation péremptoire de la
rigueur, lors même que s'en trouve congédiée sa
condition essentielle, la correspondance entre la
méthode et l'objet de la phénoménologie (dont il

n'est nullement démontré qu'il doive s'agir uniquement de la vie en son unité pathétique).

La phénoménologie ne peut faire l'économie de la
question de la méthode. Husserl et Heidegger ont
insisté sur ce point. Et Michel Henry l'a lui-même
reconnu au début de «La méthode phénoménologique» ainsi qu'en consacrant — encore tout récemment — une attention toute spéciale aux principes
qui doivent guider la phénoménologie[52]. Sur quoi
porte donc, en définitive, notre contestation? Précisément sur l'utilisation du pavillon et du manteau de
la méthode phénoménologique pour en inverser ou
en compromettre les acquis effectifs, transformer des
procédures précises, limitées, éclairantes, en pré-
ludes incantatoires à l'autoréférence absolue de la
vie et à sa sacralité pathétique. La phénoménologie
n'est pas forcément toute la philosophie: elle doit
son intérêt et sa portée au respect de ses propres
règles en même temps qu'à l'audace de ses percées.
C'est ce qu'il nous faut encore préciser, cette fois-ci
de manière plus positive que critique.

5

RÉORIENTATION

Comment lier l'exigence de rigueur à celle d'un projet positif pour la phénoménologie ? Il ne suffit pas de conjurer la «tentation» théologique ni de restaurer l'ardeur programmatique husserlienne en sa tension aporétique entre un travail infiniment relancé et le rêve d'un *corpus* scientifique totalement renouvelé : «Le plus grand pas que notre époque ait à faire est de reconnaître qu'avec le vrai sens de l'intuition philosophique, avec la *saisie phénoménologique de l'essence*, un champ infini de travail s'ouvre et une science (se présente) qui... acquiert... une plénitude de connaissances parfaitement rigoureuses et décisives pour *toute* philosophie ultérieure[1].» Il faut ici distinguer : profondément respectable et authentiquement philosophique est l'ouverture de l'horizon du sens et la conscience d'une tâche infinie, réactivée par l'instauration méthodologique de la phénoménologie. Mais peut-on en dire autant de la volonté de faire passer toute philosophie sous les fourches caudines du projet de rigueur scientifique ? Nous ne le croyons pas : il y a là une prétention qu'il faut identifier et critiquer, sans la caricaturer. C'est ce que nous allons essayer de faire dans les pages

qui suivent, avec la conscience que nous trouvons
chez Husserl un espoir fondateur aussi ambitieux et
ambigu que chez Bergson : « Il faut rompre les cadres
mathématiques, tenir compte des sciences biologiques, psychologiques, sociologiques, et sur cette
base plus large édifier une métaphysique capable de
monter de plus en plus haut par l'effort continu,
progressif, organisé de tous les philosophes associés
dans le même respect de l'expérience[2]. » Entre l'exigence de « précision » (ou de rigueur) et celle d'ouverture, l'équilibre n'est pas facile à trouver. Et, s'il est
toujours délicat d'anticiper sur les possibilités d'une
discipline aussi « compréhensive » que la philosophie, la difficulté est redoublée par l'enrobement du
souci de scientificité au sein de l'inquiétude philosophique. Certes Husserl et Bergson échappent tous
deux à l'illusion positiviste qu'ils savent critiquer : il
ne s'agit surtout pas de calquer la méthode philosophique sur les procédures des sciences exactes et
positives, ni de se borner à enregistrer les résultats
de celles-ci. Le défaut inverse est également évité,
lequel consisterait à vouloir restaurer *directement* la
suprématie de la philosophie sur les sciences. Cependant, Husserl et Bergson partagent la conviction
qu'un renouvellement profond de sa méthodologie
peut permettre à la philosophie d'entrer, avec les
sciences positives, dans un dialogue tel que le sens
même de l'ensemble de la connaissance humaine soit
remis en jeu et revalorisé. Cette réforme du savoir
passe, pour Bergson, par l'apprentissage de l'intuition à tous les niveaux où s'opère le travail de
l'intelligence, et selon Husserl par le double exercice de la réduction transcendantale et de la vision

eidétique (intuition elle aussi, mais en un sens non bergsonien).

Le fait que l'intuition bergsonienne soit une « sympathie » alors que l'intuition husserlienne est une vision de l'essence importe sans doute moins que la distance prise, dans les deux cas, à l'égard du formalisme logique ou mathématique (ensemble de « méthodes indirectes » pour Husserl, de procédures excessivement « intelligentes » pour Bergson). On voit prendre forme ici une situation extrêmement paradoxale : un effort marqué, presque solennel, de scientificité (et de refondation de la relation à la rationalité scientifique) se trouve rejeté vers l'irrationalisme ou l'idéalisme pur. Dans les deux cas, l'intuitionnisme a joué le rôle d'un « faux ami » de la science : certes, dans un premier temps (interne à la philosophie), il a permis à Husserl et à Bergson d'affirmer leur originalité et de réarticuler l'entreprise philosophique ; mais le deuxième temps est traître dans les deux cas : le regard porté vers la science est trop unifiant et captateur pour ne pas apparaître comme une nouvelle tentative philosophique de restaurer l'« originaire » ou le « fondateur ». La conséquence est claire : malgré la noblesse de leurs projets respectifs d'une nouvelle « scientificité » de la philosophie, ni Husserl ni Bergson n'ont réussi à combler le fossé, déjà entamé dès l'instauration galiléenne d'une physique mathématique autonome, entre le formalisme opératoire des sciences positives et la revendication philosophique de l'unité du sens. Le pont qu'ils auraient pu bâtir grâce au rôle de l'argumentation (et que Platon trouvait déjà dans la dialectique) avait été d'emblée miné par l'intuitionnisme (qu'il soit eidétique ou vitaliste).

Le parallèle entre Husserl et Bergson ne saurait être poussé trop loin, mais il est instructif, dans la mesure où leurs divergences méthodologiques n'empêchent pas les deux auteurs de se heurter au même malentendu fondamental : la philosophie ne peut prétendre à la fois trouver une rigueur *sui generis* et jouer un rôle prescriptif à l'égard de l'ensemble des autres disciplines scientifiques. L'empirisme (au sens large) de Bergson devrait en principe rendre la tâche plus aisée : «Travaillons donc à serrer l'expérience d'aussi près que possible» dit Bergson en 1901. Qui n'accepterait une aussi louable intention ? Mais il ajoute quelque chose qui est moins innocent : «Acceptons la science avec sa complexité actuelle, et recommençons, avec cette nouvelle science pour matière, un effort analogue à celui que tentèrent les anciens métaphysiciens sur une science plus simple[3].» Le problème est que les sciences ne se laissent pas modeler comme une matière docile et que la partie qui se joue entre science et métaphysique est plus subtile : la métaphysique n'intervient-elle pas déjà au sein même des activités scientifiques ? Par exemple, l'exercice même du formalisme dans les sciences de la nature est-il possible sans une présupposition implicitement philosophique sur la «calculabilité» des choses physiques ? L'intérêt prioritaire de Bergson pour les sciences de la vie a pu lui faire croire que la distribution des rôles qu'il imaginait était possible. Mais nous constatons que l'évolution des sciences biologiques vers un formalisme de plus en plus poussé (en particulier, avec les notions de code, de programme, d'information) rend encore plus inacceptable l'ambition bergsonienne de «donner forme», du point de vue métaphysique, à la science.

Ces considérations semblent nous éloigner de la phénoménologie. Elles nous y ramènent, au contraire. Le retrait husserlien à l'égard des sciences positives, sa critique du naturalisme et du psychologisme s'expliquent par une volonté moins subtilement formulée que chez Bergson, mais non moins décidée, de «donner forme» à l'activité scientifique. Or, si force est de constater que ce projet husserlien échoue face aux sciences positives et même à l'égard de la logique (car il serait téméraire de prétendre que la confrontation avec Frege tourne à l'avantage de Husserl), il est également contestable dans le champ proprement philosophique. Ce qui est contestable, ce n'est pas de proposer une méthode (parmi d'autres) : il n'est pas niable que la visée eidétique ait sa rigueur et sa fécondité ; mais peut-on accepter une prescription comme celle-ci : «la phénoménologie pure considérée comme une science ne peut être qu'une étude de l'essence et absolument pas une étude de l'existence[4]» ? Entendons-nous : notre objection ne joue pas contre la règle que s'impose la phénoménologie en tant qu'elle se veut pure ; elle s'élève contre l'extension de cette règle (et de ses implications méthodologiques) à l'ensemble du champ philosophique. Il ne va pas de soi que la philosophie, ouverte sur le monde, doive se laisser exclusivement capter par «la saisie phénoménologique de l'essence[5]» ; il ne va pas non plus de soi que toute philosophie doive être phénoménologique et que, si elle l'est, elle ne puisse être relayée par d'autres méthodes, comme la remontée généalogique au fondement ou l'analyse argumentée.

En principe, on devrait donc pouvoir accepter les prescriptions husserliennes à l'intérieur du domaine phénoménologique, les récuser lorsqu'elles deviennent excessivement rigides ou abusivement totalisantes pour une philosophie qui entend garder toute sa fraîcheur d'interrogation (sans se laisser enfermer dans un projet néo-cartésien). En fait, le mouvement phénoménologique a vu très tôt (témoin Heidegger dans ses cours de Marbourg[6]) la contestation se glisser en son projet même, pour dégager celui-ci de la conception rationaliste et cartésienne de l'intentionnalité où il tendait à s'enfermer. De même, ensuite, de Merleau-Ponty à Henry (et même chez Lévinas, de manière plus complexe), on a préféré ouvrir la phénoménologie de l'intérieur, sans l'abandonner entièrement aux exigences husserliennes.

Que le destin de la phénoménologie ait échappé aux intentions du fondateur du mouvement, cela n'a rien d'étonnant ni de scandaleux : tout héritage connaît de tels avatars. Et la fécondité philosophique d'une pensée ne se mesure pas au strict respect de son orthodoxie ; tout au contraire. Mais l'ardeur créatrice des phénoménologues leur a peut-être fait négliger ce qu'il y avait de salutaire dans le souci husserlien de rigueur — et d'une rigueur spécifique. Le risque était un relâchement des exigences méthodologiques, dont nous avons constaté quelques-uns des effets en suivant le tournant théologique de la phénoménologie française. Que ce soit chez Husserl lui-même ou chez ses « héritiers » proches ou lointains, la phénoménologie ouvre sa voie *entre* l'objectivisme des sciences et la métaphysique la plus spéculative. Mais cette double récusation ne livre aucune méthode : elle engage la pensée à se tourner vers la « chose même » à partir de la liberté abyssale de l'*épokhè*. Nous avons vu que Husserl n'a jamais prétendu *calquer* sa méthode sur celles des sciences exactes (il va même jusqu'à écrire dans la *Crise* que «la "non-scientificité" de la philosophie ne peut être méconnue[7]»). Mais il n'a jamais non plus détourné le regard de la marche de ces sciences et du cours de la scientificité, en essayant de doter la phénoménologie d'une rigueur propre. Même dans des moments de doute, il n'a jamais dissocié la phénoménologie de la téléologie rationnelle assignée aux sciences. La philosophie, comme phénoménologie transcendantale, doit montrer la voie aux sciences excessivement objectivistes ou naturalistes, leur redonner la foi dans l'idéal rationnel. Husserl a donc maintenu, au-delà des règles de la réduction et de l'eidétique, une norme plus haute encore : l'idéal d'une raison uni-totalisante et pourvoyeuse de sens.

Cette relation gardée avec la scientificité, cette constance de l'idéal rationnel préservent Husserl de toute régression vers la métaphysique «spéciale» de la tradition. Elles sauvegardent également sa capacité de poser le problème du sens du monde de la vie. Il n'en est plus de même quand l'originaire et le fondamental servent d'alibis à un regain spéculatif ou théologique (au sein duquel la phénoménologie sera presque réduite à un rôle d'illustratrice). Mais il est intéressant de ne pas en rester aux critiques et de montrer que d'autres voies s'ouvrent à la phénoménologie, dès lors qu'elle ne s'égare pas hors des limites qui sont les siennes. Avant de faire se déployer de manière plus spécifiée le champ que l'expérience offre à la phénoménologie, reprenons le fil de la question méthodologique pour mieux comprendre le statut ambigu du champ d'étude qui nous occupe, ni tout à

fait disciplinaire ni tout à fait doctrinal, ni complètement scientifique ni intégralement métaphysique.

LA PHÉNOMÉNOLOGIE
ET L'ÉTAT DE SES LIEUX

Devant notre effort pour introduire un peu plus de
clarté méthodologique dans le champ des études
phénoménologiques, la résistance ne viendra pas
seulement du « camp spiritualiste » qui admettra difficilement de se voir tenu en lisières sur des terres
où se laissaient espérer de grasses récoltes ; il ne
serait pas surprenant qu'elle fût relayée par un scep-
ticisme rationaliste et « analytique », excipant que le
manque de rigueur a toujours été le lot de la phénoménologie, même chez Husserl dont la quête de la
scientificité est restée en grande partie rhétorique : à
partir du moment où ce souci est ouvertement aban-
donné par ses successeurs, est-il étonnant que le
mouvement phénoménologique devienne l'auberge
espagnole de toutes les questions encore métaphysiques dont la pensée « continentale » n'a pas réussi
à se débarrasser et, bien entendu, du sommet de
toute métaphysique, l'inévitable mirage de l'absolu ?
Le jugement le plus sévère a été formulé dans un
style tout britannique par Gilbert Ryle : « Mon opinion
personnelle est que la phénoménologie qui se veut
philosophie première est à présent en train de mener
à la banqueroute et au désastre et finira ou dans
un subjectivisme suicidaire ou dans un mysticisme
creux[8]. » Sans verser dans une telle dramatisation
alarmiste et de manière plus argumentée, Vincent

Descombes a su montrer le laxisme de la phénoménologie en matière de sens, lequel ne serait soumis à aucune inspection grammaticale préalable : «On reconnaît un philosophe dont la formation première a été phénoménologique à ceci que ces emplois de *sens* ne lui font pas embarras[9].» De ces jugements critiques, la tentation est vive de tirer la conclusion que l'auto-correction de la phénoménologie est impossible, l'ambiguïté de ses présuppositions et de sa terminologie pouvant servir de «couverture» à des rhétoriques imprévisibles, ce qui précisément permet le brillant, suscite des succès de curiosité et remet en circulation les spéculations, ou les rêves, de nos nouveaux visionnaires. Il ne resterait donc plus qu'à laisser ces symptômes se manifester jusqu'à ce que la phénoménologie, ayant dégorgé toutes ses humeurs, s'affaisse définitivement dans l'inconséquence.

Nous ne choisirons pas un scénario contre un autre (Michel Henry imagine au contraire la phénoménologie triomphant comme le seul grand et authentique mouvement philosophique du siècle) : nous nous bornons simplement à ne pas désespérer complètement d'un mouvement de pensée qui s'est révélé déjà si fécond, même s'il n'a pas suivi à la lettre les prescriptions husserliennes et qui semble ne pas avoir épuisé toutes ses virtualités. C'est que, si la phénoménologie suppose avant tout un «concept de méthode», comme l'avait vu le premier Heidegger, cela n'implique nullement que cette méthode consiste en une série de règles ou de principes fixés une fois pour toutes. Même les procédures des sciences dites exactes, surtout dès qu'on quitte le niveau de la pure formalisation logico-mathématique, ne sont pas déductibles d'un code méthodologique fonctionnant *a priori* : Feyerabend a marqué quelques points sur cette question. Or, force est de constater que le projet phénoménologique n'a acquis, avec Husserl, une consistance propre qu'en inventant un nouveau mode d'intersection entre deux aires qui n'ont cessé, depuis l'instauration grecque, de se chevaucher, mais aussi de redéfinir conflictuellement leur topologie : le questionnement philosophique et la recherche scientifique d'invariants. La nouveauté *sui generis* du mode d'intersection husserlien entre philosophie et science doit maintenant être précisée.

Il faut tout d'abord rappeler que Husserl ne conçoit jamais le dialogue entre philosophie et science comme la mise en regard de *résultats* acquis par la connaissance humaine, mais comme une tension intérieure à un même projet, celui que les Grecs nommèrent *épistémè*, et qui est encore loin d'être parachevé, y compris dans les sciences positives : « Incomplètes sont toutes les sciences, même les sciences exactes si admirées[10]. » Étant donc admis que l'essence de la science ne trouve sa réalisation effective en aucune science[11], il revient à la philosophie de reprendre le relais de la connaissance vraie, universelle et désintéressée là où précisément les sciences particulières sont en défaut, au niveau des fondements de la connaissance et des principes de la phénoménalité : « La philosophie est... dans son essence la science des commencements véritables[12]. »

Nous avons vu que ce projet n'est pas à l'abri de malentendus qui ne sont pas nouveaux dans l'histoire de la pensée occidentale : fixer un rôle prescriptif à la philosophie par rapport aux sciences, nourrir l'illusion de détenir le fil conducteur du futur *corpus* encyclopédique des idéalités scientifiques.

Même si Husserl n'est pas totalement libéré de ces espoirs excessifs et récurrents, le programme qu'il fixe à la phénoménologie est neuf en ceci que, ne prenant directement modèle sur aucune science déjà constituée, il assume *à la fois* le projet philosophique et le souci de scientificité, en mettant systématiquement à l'écart les problèmes métaphysiques classiques. On insiste, à juste titre, sur la mise entre parenthèses de l'attitude naturelle, mais on ne doit pas oublier non plus que l'*épokhè* concerne également les positions et propositions de la *metaphysica specialis*, la nature de l'âme, du monde et de Dieu.

Se trouve ainsi dégagée par l'*épokhè* une neutralité attentive, positive et curieuse en quête de vérité. L'espace d'intersection entre philosophie et scientificité est blanc, c'est celui de vérités possibles. Concernant quel domaine ? Précision capitale qui ne va pas de soi : le champ ouvert est celui de l'expérience humaine tout entière. Il ne faut pas oublier, à cet égard, tout ce que Husserl doit à Locke et à Hume, combien l'attention à la genèse des *sense data*, le retour à l'immanence de l'expérience perceptive sont essentiels au projet phénoménologique[13]. L'abandon du mode métaphysique de penser (au sens de la métaphysique spéciale) est donc une condition de possibilité constitutive de la nouvelle intersection entre philosophie et science.

Philosophique, la phénoménologie l'est totalement chez Husserl, ne se réduisant jamais à ce qu'elle peut être encore dans les sciences physiques ou chimiques, c'est-à-dire une simple description méthodique des apparences offertes par les corps dans le monde naturel, description préalable aux interventions expérimentales et formelles qui permettent de dégager

des relations constantes, déterminées et (en principe) vérifiables entre les phénomènes d'un certain
ordre. Mais nous voyons bien que «philosophique»
ne veut pas dire ici métaphysique au sens de la
recherche de la Transcendance et de l'interrogation
sur les questions dernières. Le retour à l'apparaître
des phénomènes tels qu'ils se donnent et tels qu'ils
peuvent être recueillis en une connaissance certaine : tel est cet espace d'intersection ouvert, totalement programmatique, au sein duquel Husserl va
travailler avec deux instruments méthodologiques
sui generis : la réduction et la description eidétique.

S'il y a eu un choc husserlien dont le séisme créa-
teur n'a pas cessé de surprendre et d'inspirer, c'est
en cette intersection qu'il se joue où tout est à nouveau possible (digne de question et déterminable)
pour un regard qui se purifie jusqu'à revenir au ras
de l'expérience, sans rien présupposer de métaphysique hors de l'expérience elle-même telle qu'elle
se livre à lui.

Dans sa nouveauté même, cette intersection est
fragile. Elle sera aisément brisée par les successeurs.
Le doublet transcendantal-empirique va se trouver
déséquilibré, en général du côté transcendantal (car
c'est le côté originaire et fondateur où les philosophes
croient retrouver leur vocation). Le tournant théologique, nous l'avons vu, pousse cette accentuation
du transcendantal jusqu'à l'Archi-révélation, l'appel
pur, l'altérité originaire. L'eidétique est alors abandonnée, décriée comme superficielle, essentialisante,
ontique. On la voue aux gémonies en oubliant que
— pour modeste qu'elle fût en ses visées et en ses
«remplissements» — elle équilibrait la recherche phé-

noménologique du côté d'une connaissance déterminée, stable, universelle.

On objectera que la méthode eidétique reste descriptive, alors que la science contemporaine a révélé
l'extraordinaire puissance d'application et d'opérativité des formalismes. Sans nul doute ; et c'est bien
pourquoi la phénoménologie husserlienne n'occupe
pas, du côté des sciences positives, un rôle correspondant à ses ambitions. Mais la science n'est pas
tout d'une pièce comme la tunique du Christ : elle a
ses niveaux et ses replis, ses axes dominants et ses
potentialités réservées, suivant les coupes qu'elle
pratique dans l'expérience. Il serait donc téméraire
de prétendre que la méthode eidétique n'a rien
apporté et ne peut être aucunement féconde dans la
connaissance déterminée de l'expérience. Mais ce
serait, d'autre part, totalement méconnaître l'enver-
gure philosophique de la phénoménologie que de
la réduire à une méthode d'investigation empirique,
à une simple technique typologique, en faisant le
sacrifice de sa puissance d'interrogation. Ce n'est
pas parce que le souci de l'originaire a été, récemment et avec talent, hypothéqué par des arrière-
pensées théologiques qu'il doit être mis au rancart.
Au croisement de ses possibles, la phénoménologie
n'est-elle pas en mesure d'assumer la richesse de
l'ambiguïté qui est déjà la sienne chez Husserl : entre
le transcendantal et l'idéel, entre les conditions de
possibilité de l'expérience et ses visages déterminés ?

AU CROISEMENT DES POSSIBLES

Si la phénoménologie est moins une doctrine qu'une source d'inspiration et moins une école qu'un foisonnement d'hérésies, elle le doit d'abord aux contradictions mêmes de l'œuvre de Husserl, « œuvre non résolue, embarrassée, raturée, arborescente[14] ». C'est pourquoi on tarirait cette source à vouloir la canaliser au profit d'une idéologie extérieure ou à essayer de lui imposer une discipline artificiellement unifiante, ou encore à en faire le signe de ralliement de la « bonne cause » philosophique contre telle ou telle mode.

C'est aussi pourquoi la critique méthodologique que nous avons tentée ne saurait, sans trahir la pointe de son projet, aboutir à une censure manichéenne envers les auteurs étudiés. Si nos interventions ont été assez précises et délicates, aucun malentendu n'est possible : elles sont venues s'inscrire à l'intérieur de problématiques dont l'intérêt philosophique n'était pas contesté, mais au sein desquelles l'introduction de nos signes de contradiction entendait introduire une sorte d'intensification interrogative.

Si maintenant nous nous tournons vers les possibles de la méthode phénoménologique, nous découvrons un « trop plein » plutôt qu'un vide. Contestée d'un côté (surtout depuis que le *linguistic turn* a jeté de solides têtes de pont dans l'aire francophone), la phénoménologie se voit encore revendiquée, sollicitée et même adulée. Vouloir établir un relevé de ce réseau d'influences et de fascinations n'aurait qu'un intérêt limité. On pourrait certes dresser une sorte d'inventaire du travail phénoménologique actuel, lequel, suivant la progression de l'œuvre husserlienne, partirait de l'héritage des *Recherches logiques*, établirait ce qui peut subsister d'une logique transcendantale, ne négligerait pas au passage le projet—limité mais pertinent — d'une grammaire descriptive du vrai[15]. Se tournant ensuite vers la corrélation noético-noématique, cette inspection établirait dans quelle mesure une théorie descriptive des idéalités et des objectivités est encore possible, mais aussi comment peuvent être enrichies les études des vécus purs et «mondains» par lesquelles la première phénoménologie française s'est illustrée, où en sont les approches phénoménologiques de l'espace (et de la corporéité), de la conscience intime du temps, de la perception et de l'institution symbolique. Il faudrait enfin (mais peut-il y avoir une fin à cette fiction théorique?) reprendre en compte les «questions en retour» vers les évidences du monde de la vie, leur statut dans un monde occidental en proie à la crise (du sens) des sciences.

Mais le possible phénoménologique serait peut-être plus profondément sondé, si une investigation toute différente, détachée de l'œuvre husserlienne, surprenait les passages de frontière, les greffes méthodologiques et les repiquages imprévus : entre la phénoménologie transcendantale et la sémantique de l'action, entre la morphogenèse des idéalités mathématiques et la fondation d'une phénoménologie universelle, entre l'intuition eidétique et la théorie d'une essence du politique, entre la remise en question de l'intentionnalité et la recherche de nouveaux modèles cognitifs. Heidegger lui-même est, à notre avis, redevenu phénoménologue, alors qu'on l'attendait le moins, lorsqu'il est remonté à une quatrième dimension du temps, sa donation elle-même, dans la conférence «Temps et être»[16]. Et pour ne pas oublier nos nouveaux théologiens, ne manquons pas de saluer leurs suggestives incursions dans le champ de la phénoménologie de l'expérience esthétique : *Voir l'invisible* permet de laisser se déployer la tonalité interne de la couleur, l'extase primordiale d'une émotion qui paradoxalement se laisse voir tout en se retenant dans l'invisible[17]. *La croisée du visible*, analysant les paradoxes de la perspective, opposant l'idolâtrie moderne de l'image à la sainteté de l'icône, permet de comprendre le tableau moderne comme un chassé-croisé entre le vécu éprouvé et l'objet intentionnel[18].

Ces percées sont ouvertes sur d'autres recherches. Elles ne sont sans doute pas ultimement unifiables, certainement pas systématisables ; mais du moins gardent-elles toutes, tant qu'elles restent phénoménologiques, l'attention à l'apparaître comme tel et à ce qu'il offre. Comme l'a bien montré Paul Ricœur — dont le parcours «à l'école de la phénoménologie» a été exemplaire —, la phénoménologie naît lorsqu'on «traite comme un problème autonome la manière d'apparaître des choses[19]». Elle reste elle-même tant qu'elle ne déserte pas cet apparaître et ses manifestations, tant que la critique même de l'apparaître ne lui fait pas renier sa finitude essentielle et dessine son autolimitation, en particulier devant l'impératif pratique dont les ressorts échappent à la sensibilité et sans doute à toute théorie de l'apparaître pur. Il en résulte une double conséquence, positive et négative. Positive : de même que l'*épokhè* est à tout instant possible pour «convertir» une attitude naturelle, l'ouverture phénoménologique est *a fortiori* possible (et souhaitable) pour toute interrogation philosophique. Mais la conséquence négative est, de la part de la phénoménologie, la renonciation à être toute la philosophie. Ce point a été de plus en plus nettement affirmé au cours de cet essai. Là encore, Paul Ricœur en a donné une formulation qui nous paraît heureuse : « elle ne serait pas la philosophie, mais seulement son "seuil"[20] ». On sait, depuis Hegel au moins, combien le franchissement du seuil engage le destin de tout le savoir.

PHÉNOMÉNOLOGIE ET THÉOLOGIE FONT DEUX

En délimitant historiquement, puis critiquement, le tournant théologique de la phénoménologie française, nous avons voulu effectuer un travail méthodologique précis qui n'entend nullement se donner pour ce qu'il n'est pas : une étude synoptique et systématique des relations entre phénoménologie et théologie. En raison même de cette limitation (conforme à la logique de notre propos), notre réserve peut être interprétée défavorablement quant à la théologie elle-même : l'indétermination herméneutique où nous la laissons est-elle le masque du mépris ? Le rejet de la question de Dieu hors de la légitimité phénoménologique, conduirait alors, de fait, à la restauration d'une phénoménologie athée à la manière de Sartre.

Il faut se garder ici d'une nouvelle confusion qui condamnerait toute démarche critique à une sorte de perpétuelle «double frénésie». Ce soupçon, s'il apparaît, est d'ordre idéologique et il est le symptôme d'une contamination constante du méthodologique par l'idéologique, y compris dans les discours qui pratiquent une idéalisation apologétique de la phénoménologie, afin d'en faire un contre-feu du néopositivisme ou du réductionnisme scientiste. Refusant toute idéologisation de ce genre, nous réaffirmons le caractère uniquement méthodologique-critique de la présente étude, laissant donc volontairement hors de notre horizon l'ensemble des questions qui concernent la légitimité du domaine théologique, de ses concepts et de ses «contenus».

À cet égard, on n'a peut-être pas assez prêté attention, ni du côté phénoménologique ni du côté théologique, à l'intérêt d'un texte peu connu en France : «Phénoménologie et théologie» conférence donnée en 1927 à Tübingen par Heidegger, mais publiée seulement en 1970[21]. Postulant que la théologie est un savoir «positif» absolument différent de la philosophie, en tant que son *positum* est la foi chrétienne, Heidegger affirme qu'elle n'a rien à attendre de la philosophie quant à la *Christlichkeit* elle-même. La foi s'explicite essentiellement à partir d'elle-même, c'est-à-dire à partir de l'historicité propre à la révélation chrétienne. Elle n'a besoin de la philosophie que lorsque doit être pris en considération son caractère «scientifique». Ainsi elle peut et doit se passer de la philosophie pour comprendre le péché, lequel n'est aucunement déductible de la phénoménologie existentiale de la «dette» (*Schuld*) telle que l'expose le § 58 d'*Être et temps*. Mais si elle entreprend de situer le péché dans l'horizon existential-ontologique et d'en produire un savoir descriptif, elle ne pourra se dispenser des lumières phénoménologiques qui joueront alors le rôle de «correctrices du contenu ontique et, par conséquent, préchrétien des concepts théologiques[22]». S'il ne peut pas y avoir de «théologie phénoménologique» — qui serait une nouvelle version de ce cercle carré ou de ce «fer en bois», la philosophie chrétienne —, c'est que seule la phénoménologie existentiale peut être gardienne de la différence ontologique comme telle et en rester l'indicatrice formelle.

Nous n'entendons retenir ici de cette référence que son apport méthodologique, à travers les notions de «correctif» et d'«indicateur formel» qu'elle introduit du côté de la phénoménologie et à son actif. Cette aptitude «correctrice» (et non pas rectrice) nous paraît essentielle aussi bien dans la réduction que dans la description eidétique. En ce sens, la phénoménologie ne cesse de se «remettre au point», de pratiquer l'ajustement réciproque de ses procédures et de ses horizons d'apparition. En référence aux notions rencontrées et critiquées au cours de cette étude (l'altérité pure, l'auto-affection, l'appel, la donation), la question de leur pertinence phénoménologique doit être posée dès leur introduction dans le champ de la recherche, et certainement pas en termes de «tout ou rien». Ainsi, pour la donation, la discrimination doit être faite entre la *Selbstgegebenheit* d'une essence déterminée, la donation d'une dimension temporelle ou du temps même comme dimension, enfin la donation «en soi» (qui n'est sans doute plus qu'un concept-limite sur lequel on ne peut rien construire, pas plus qu'on a le droit de transformer l'invisible ou l'«invu» en réalités substantielles, fût-ce sous la forme de référents fixes).

Dans ce cas, comme pour le bon usage de la méta-
phorisation, de l'autoréférence ou la surdétermination
d'un concept (tel l'Autre, à la fois empirique, générique et transgénérique — du moins chez Lévinas),
on serait tenté d'établir une instance ultime qui se
prononcerait sur la question *quid juris* en matière de
phénoménologie. S'agira-t-il d'une grammaire philosophique qui coifferait la phénoménologie ? Sans
contester le rôle utile et même indispensable d'élucidations sémantiques, il faut reconnaître que nous
retrouvons, pour la phénoménologie, l'aporie que
doit assumer la philosophie, à la fois juge et partie
dans l'appréciation de la légitimité de ses propositions. La responsabilité du philosophe est à la mesure
de cette abyssale liberté. La grammaire elle-même,
si elle est philosophique, connaîtra quelque embarras
en sa neuve souveraineté.

Une autre aire de recherche, que notre étude ne
prétend pas clore, mais au contraire rendre à nouveau accessible, concerne la relation entre phénoménologie et métaphysique, dont nous avons mesuré
la complexité. La dimension théologique, essentiellement méta-physique, peut-elle trouver dans la
phénoménologie une sorte de propédeutique où se
trouvent conjurés les pièges de l'onto-théologie ? Indiquons une dernière fois les raisons de notre scepti-
cisme. La question se pose de savoir si une entreprise
déconstructrice est en mesure de surmonter la métaphysique ou ne peut, tout au plus, que la déplacer
vers un méta-discours encore métaphysique, que ce
soit au niveau de l'ontologie générale ou à celui de
la pensée du Suprême. Décentrée vers un originaire
indescriptible, inconcevable, voire indicible, la phénoménologie semble prête à *tenir lieu* (à occuper le

site et à remplir les fonctions) d'une métaphysique *générale*, c'est-à-dire d'une interrogation méthodique sur les conditions de possibilité de la présence. Que la pensée de Husserl lui-même soit justiciable d'une déconstruction aussi radicale, c'est ce que Jacques Derrida a su montrer, en particulier dans *La voix et le phénomène*[23], à un niveau préalable où le problème de la restauration de la métaphysique spéciale au sein de la phénoménologie ne se pose pas encore. La subtilité de cette restauration vient du fait que ses artisans entendent exploiter la déconstruction de la métaphysique de la présence, en s'appropriant et en prolongeant la contestation heideggérienne de l'intentionnalité husserlienne. D'où la distance explicitement prise et hautement proclamée à l'égard de l'ontologie, le congé donné à l'être et le soin mis à éviter tout retour à la structure *onto*-théologique. Cependant, les déterminations critiques de la présente étude ont conduit à mettre en doute la réussite de ces extraordinaires précautions : si déjà il n'est pas avéré que la critique de la métaphysique de la présence permette le dépassement de toute métaphysique, il est à plus forte raison douteux qu'elle puisse servir de base, voire de caution, pour la relance de la tension vers l'« au-delà ». Lévinas a, d'ailleurs, assumé le caractère proprement métaphysique de cette tension ; Jean Greisch, de son côté, a eu le mérite de souligner que le saut « hors d'être » de Jean-Luc Marion ne saurait éviter de penser sa relation (et sa dette) à l'égard de l'*agathon* platonicien en sa transcendance vis-à-vis de l'*ousia*[24]. C'est dire que le repli stratégique de l'instance analytique transcendantale vers l'apparaître comme tel (ou même une donation encore préalable) laisse ouverte la difficile question du lien entre phénoménologie et métaphysique.

Ces clarifications et ces réorientations ne pourront se déployer que si le projet phénoménologique assume sa spécificité et son autonomie, en s'inscrivant au sein d'une double limitation : celle, fondamentale, d'une philosophie — critique et post-critique — de la finitude, qui s'impose de renoncer à la métaphysique (en tant que *metaphysica specialis*) pour explorer l'expérience en ses limites phénoménales ; celle, plus quotidienne, d'une attention méthodologique qui sache articuler le regard transcendantal à la quête patiente d'invariants et à la complexité de l'être-au-monde.

Nous n'avions point d'autre dessein que d'accuser ces quelques traits et de rappeler une insurmontable différence : phénoménologie et théologie font deux. Pour l'admettre et mieux le comprendre, sans doute n'est-il pas déplacé de mettre en regard deux pensées également dignes d'être méditées en leur divergence même. Du côté théologique, Luther : « La foi consiste à se livrer à l'emprise des choses que nous ne voyons pas[25]. » Du côté phénoménologique, Goethe : « Qu'on n'aille rien chercher derrière les phénomènes : ils sont eux-mêmes la doctrine[26]. »

II

LA PHÉNOMÉNOLOGIE ÉCLATÉE

À Clacla, vrai phénomène

1

DE LA POLÉMIQUE AU DÉBAT

Deux constats presque antithétiques sont à l'origine de ce nouvel essai sur la phénoménologie d'expression française.

D'une part, tout en étant la cible de vives critiques méthodologiques[1], les recherches phénoménologiques manifestent un véritable foisonnement qui ne peut qu'encourager l'interprète à s'enquérir des formes de cette surprenante vitalité et à s'interroger sur ses raisons.

D'autre part, cette créativité qui se réclame de l'inspiration phénoménologique avec des bonheurs évidemment inégaux se déploie dans des directions fort divergentes. Les analyses proposées naguère dans *Le tournant théologique de la phénoménologie française*[2] et dans *La philosophie en Europe*[3] se trouvent ainsi à la fois confirmées et débordées. Elles semblent en effet avoir été dans une large mesure confirmées ; mais, pour éviter de se faire juge et partie, on se bornera à en donner un témoignage clair et aussi impartial que possible.

Ces analyses sont également débordées, dans la mesure même où une réflexion sérieuse sur la méthode en phénoménologie entraîne en une série de réactions en chaîne une remise en perspective de l'ensemble de la phénoménologie, de ses intentions et de ses fins. Le « tournant théologique » est-il dissociable d'autres inflexions (méthodologiques, ontologiques, existentielles, critiques) dont certaines étaient déjà présentes, fût-ce à titre de traces ou de virtualités, dans l'œuvre de Husserl ?

Une double contrainte en résulte : ne pas laisser s'éteindre le nécessaire débat sur les exigences méthodologiques de toute phénoménologie digne de ce nom ; ne pas s'enfermer dans une polémique qui, pour avoir eu sa part de légitimité, risque de devenir stérile en se bornant à ferrailler dans un canton relativement limité. Cette double contrainte, tout en délimitant une situation délicate, ne rend peut-être pas la tâche impossible, à condition que quelques précautions soient prises.

De fait, il faut éviter un *remake* qui aurait inévitablement un goût de déjà vu. Le retour de Tarzan est toujours moins exaltant que sa première sortie de la jungle. Dans les pages qui suivent, on a voulu faire autre chose que de revenir sur le déjà dit en démontrant qu'on avait raison sur toute la ligne. Le lecteur jugera si l'auteur a réussi à ne pas se borner à réchauffer un plat datant déjà de sept ans. Revenir au *Tournant théologique* étant apparu en effet tout à la fois nécessaire et insuffisant, il peut être utile et instructif de réexaminer au moins quelques points importants que les discussions sur cet essai avaient réussi à dégager. Ce petit livre a sans doute été perçu comme plus polémique qu'il ne l'était vraiment. Si quelques passages avaient effectivement un caractère quelque peu corrosif, l'essentiel ne se situait certainement pas là. Le but du *Tournant* était de

dépoussiérer un peu les études phénoménologiques
et de susciter un débat sur la méthode dans ce
domaine. Ce débat a-t-il eu lieu? Il a été, du moins,
entamé. Mais on peut aussi déplorer qu'on s'en soit
trop souvent tenu à l'étiquette du «tournant théologique» en négligeant ce qui se voyait mis en cause à
travers elle : une conception trop confiante ou même
excessivement présomptueuse du «possible» de la
phénoménologie (et du même coup une pratique
trop unifiée, trop disciplinaire, impérieuse et quasi-
ment impérialiste de LA phénoménologie).

Sans doute, en toute rigueur, l'épithète «théologique» aurait-elle dû être placée entre guillemets,
puisqu'elle était utilisée ironiquement et presque
par prétérition. À aucun moment je n'ai prétendu
que les phénoménologues critiqués étaient devenus,
au sens strict ou technique du terme, des théologiens[4], ni comme exégètes de la Révélation ni comme
s'ils professaient directement une théologie, rationnelle ou mystique. Si j'ai utilisé une fois[5] l'expression «nos nouveaux théologiens», c'est évidemment
cum grano salis. Le sens littéral eût ôté tout le sel de
l'affaire qui consistait justement en ce que le tournant subreptice vers l'Autre, l'archi-originaire, la
donation pure, etc. se produisait au sein même des
prétentions phénoménologiques les plus affirmées.

S'agissait-il d'un tournant plus religieux que théologique[6]? Tel est bien en effet l'esprit du livre récent
de Michel Henry, *C'est moi la vérité*, mais — outre
qu'il n'avait pas paru en 1991 — il n'eût pas été
approprié de qualifier de religieux les premiers
écrits de cet auteur. De façon comparable, Emmanuel Lévinas a tenu à maintenir une nette différence
entre ses écrits philosophiques et, par exemple, ses

Lectures talmudiques[7] ; et il en est de même, toutes proportions gardées, pour Marion : *Réduction et donation* n'est certainement pas un livre religieux, ni au sens dogmatique, ni par le rayonnement d'une spiritualité (cette dernière éventualité n'étant, en revanche, pas à exclure pour la plupart des écrits de Jean-Louis Chrétien[8]).

Aurais-je seulement fait état d'un « tournant métaphysique », on eût été en droit de m'objecter que le cadre était trop large et restait passablement indéterminé. Métaphysique en quel sens ? Certes, Emmanuel Lévinas revendique l'élan de la métaphysique de Platon et de Descartes, mais d'autres sont plus soucieux d'explorer les ressources de l'immanence (Henry) ou tentent explicitement de se dégager de la métaphysique (Marion). Nos nouveaux phénoménologues sont-ils tous métaphysiciens *au même titre et au même degré* ? Répondant négativement à cette question, il était logique et salutaire de s'abstenir de tout amalgame et que la différence fût faite entre « métaphysique générale » et « métaphysique spéciale », distinction qui n'est peut-être pas inutile malgré son formalisme apparent.

À tout prendre, l'épithète « théologique » était-elle si impropre, à partir du moment où le contexte historique était délimité sans ambiguïté et où il était également clair que la question posée était celle de la méthode en phénoménologie, compte tenu des libertés prises par rapport à un « athéisme méthodologique » conséquent ? De plus, même si la connotation du « théologique » gardait une touche polémique, se révélait-elle si déshonorante ? Et n'entendait-elle pas soulever un problème jusqu'alors plus ou moins éludé par les auteurs en question ?

Au fond, personne — et pour cause — n'a pu vraiment contester qu'il y ait eu un tournant dans la phénoménologie française. Mais d'aucuns auraient préféré qu'on le qualifiât autrement ou peut-être qu'on ne le qualifiât point du tout. Chaque auteur aurait sans doute sa propre version d'un tournant décidément bien complexe. Inqualifiable ? Imaginons pourtant quelles eussent été les réactions si j'avais intitulé mon essai : *L'inqualifiable tournant de la phénoménologie française* !

DU BON USAGE DE LA POLÉMIQUE

Ce qui fut écrit il y a sept ans doit-il être prolongé, complété ? Faut-il, au contraire, le corriger ? En fait, nous n'avons pas affaire à une alternative ; les deux termes sont compatibles et même complémentaires. Le *Tournant* établissait un bilan et entendait d'abord être une mise au point dans le domaine de l'histoire des idées contemporaines : à cet égard, il est toujours possible et souhaitable de se montrer plus précis, plus complet (et cette exigence s'impose à la mesure de l'incontestable vitalité du mouvement phénoménologique français ou d'expression française[9]). Une seconde intention venait corser l'entreprise : il s'agissait de contester la fausse évidence phénoménologique de pensées, certes inspirées et profondément philosophiques, qui semblaient cependant oublier (ou sollicitaient abusivement) les limitations ou exigences qui devaient garantir leur spécificité méthodologique. Cette tâche entraînait forcément l'exercice de la critique, voire de la polémique. Était-on allé trop loin dans cette direction[10] ?

La polémique n'a jamais été absente de la philosophie, y compris chez les plus grands. Même après le déclin de la *disputatio* médiévale, Descartes, Leibniz, Kant — pour ne citer que les plus prestigieux — n'ont pas manqué de répondre ou d'objecter sur un ton parfois très vif. Que dire de Schopenhauer ou de Kierkegaard contre Hegel, de Marx contre Proudhon et Dühring ? Le problème n'est pas de savoir s'il faut polémiquer en philosophie, mais plutôt comment et à quel niveau. La polémique ne saurait être une fin en soi que pour un quelconque pense-menu n'ayant à se mettre sous la dent que les miettes du banquet philosophique. Elle n'entendait pas l'être, même dans *Le tournant théologique*.

On voit que «l'examen de conscience» a lui-même été double : «scientifique» et méthodologique. Cette réflexion personnelle a bénéficié des réactions, des remarques critiques et des discussions suscitées par le *Tournant*[11]. Profitant de ce recul et de tous ces échos, qui caractérisent un véritable dialogue et l'enrichissent, on tentera ici, au-delà d'un bilan de la «réception» du livre, de développer et de prolonger la discussion sur le sens, les possibles et les limites de la phénoménologie.

Supposant connues les thèses du *Tournant théologique*, on se gardera de les répéter — fût-ce pour les résumer —, jugeant préférable de reprendre la discussion en tenant compte des plus significatives réactions, questions et objections — directes ou indirectes.

Une réplique indirecte nous retiendra d'abord. En 1992 parut un petit volume regroupant des confé-

rences de Jean-Louis Chrétien, Jean-Luc Marion,
Michel Henry et Paul Ricœur[12]. *Le tournant théologique* y est apparemment ignoré[13]. Au demeurant, le
recueil vient clore un séminaire de deux années tenu
à l'École normale supérieure sur «Phénoménologie
et herméneutique de la religion», thème incontestablement différent et assurément plus ample que celui
du statut méthodologique d'une partie de la phénoménologie française à partir des années 60. Un observateur avisé, Jocelyn Benoist, y a vu cependant (et
sans être le seul à en faire la remarque) une réponse
indirecte et symbolique au *Tournant* : «En 1992, un
colloque organisé rue d'Ulm («Phénoménologie et
théologie») répond symboliquement au pamphlet de
Janicaud en réunissant de façon hautement significative Michel Henry, Paul Ricœur, Jean-Luc Marion
et Jean-Louis Chrétien. Collusion qui d'une certaine
façon vérifie la thèse de Janicaud sur "le tournant
théologique de la phénoménologie française[14]" ! »

En effet, l'auteur du *Tournant théologique* pouvait
difficilement rêver d'obtenir une confirmation plus
nette de sa thèse, du moins de la part de Jean-Luc
Marion et de Michel Henry[15]. Le premier, à propos
de ce qu'il nomme le «phénomène saturé», déclare
paradoxalement que son concept de révélation «strictement phénoménologique» mène à «la théophanie,
où le surcroît d'intuition aboutit au paradoxe qu'un
regard invisible visiblement m'envisage et m'aime[16]» ;
le second, en son texte intitulé «Parole et religion.
La parole de Dieu», sépare la parole du monde de la
parole de la Vie et présente cette dernière comme la
parole de Dieu, l'auto-affection éternelle de la Vie,
dont le message est : «Vous êtes les Fils[17] ! »

Cette confirmation joue, à l'inverse, pour Paul

Ricœur dont la contribution, « Expérience et langage dans le discours religieux[18] », analyse les difficultés d'une phénoménologie de la religion, surtout à propos du « texte polyphonique » biblique. Ce type d'enquête, précisant bien que le discours religieux une fois constitué comme tel peut être l'objet d'une phénoménologie, ne tombe pas du tout sous les critiques du *Tournant*, où justement la rigueur méthodologique de Ricœur avait été reconnue et saluée.

Ces repères posés, il faut évidemment affiner l'analyse, en poussant la démonstration et en évitant de pratiquer l'amalgame entre deux auteurs bien différents l'un de l'autre, malgré leurs convergences. Alors que Jean-Luc Marion affiche un souci méthodologique d'autant plus strict qu'il se sait contesté sur ce terrain, Michel Henry ne craint pas de surenchérir avec superbe. L'un entend argumenter pour défendre son idée fort ambitieuse d'une phénoménologie comme philosophie première (ou « dernière »), l'autre assume le « tournant théologique » en allant encore plus loin dans le sens d'une phénoménologie chrétienne : c'est le cas dans son livre récent, *C'est moi la vérité*[19].

Le débat s'articule donc différemment dans l'un et l'autre cas. Il va être forcément très bref avec Henry, puisque celui-ci nous offre une confirmation assumée jusqu'au défi. Il devra être plus minutieux avec Jean-Luc Marion et mettre en question chez lui, au-delà de la dénégation ou de l'acceptation du « tournant », une conception incontestablement « maximaliste » de la phénoménologie.

De nombreux lecteurs de *C'est moi la vérité*, y compris parmi les théologiens et exégètes, ont été frappés par le court-circuit audacieux opéré entre l'enseignement de Jésus et la phénoménologie de la Vie. Sans aucune précaution historique ni herméneutique, sans même de recours explicite à la foi, la phénoménologie se fait religieuse et évangélique. Si l'on peut accepter que « la phénoménologie du Christ concerne la question de l'apparition du Christ[20] », il est en revanche pour le moins surprenant de découvrir une phénoménologie intérieure à la Trinité et de voir la Révélation divine confondue avec l'auto-révélation de la Vie[21]. Que deviennent la transcendance de Dieu, mais aussi la spécificité de la phénoménologie, si l'on admet avec Henry que : « L'intériorité réciproque du Père et du Fils, à savoir l'Archigénération du Fils comme auto-génération du Père, signifie phénoménologiquement que chacun ne tient sa gloire que de celle de l'autre…[22] » ? La théologisation de la phénoménologie devient ici littérale, puisqu'elle est vision de Dieu en Dieu, mais sans qu'on ait justifié ni de quelle « phénoménalité » il s'agit à ce niveau, ni à quel titre on doit admettre comme phénoménologiquement évident une conception trinitaire de la vie divine, dont — après tout — l'Église catholique a dû faire un dogme, ce qui prouve bien que son archi-révélation échappait aux lumières naturelles de la plupart des mortels (ce qui est, d'ailleurs, encore le cas d'une bonne partie de l'humanité, sans compter les religions monothéistes qui ignorent ou rejettent la Trinité). Discuter point par point ce genre de « phénoménologie », si éloquente soit-elle, serait une entreprise vaine. L'Archi est à prendre ou à laisser, puisqu'il s'agit de « la Vie ipséisée dans l'Archi-ipséité de l'Archi-Fils…[23] », de telle sorte que l'homme lui-même soit Fils dans le Fils (ce qui implique cette hypothèse évidemment peu vérifiable empiriquement : « Si donc le Fils n'existe pas, aucun homme n'est possible[24] »). On est seulement en droit de se demander pourquoi le recours à la phénoménologie (et sa captation) étaient nécessaires à un processus aussi grandiose et aussi évident d'autorévélation, qui a cependant mis deux mille ans à se manifester comme identification entre phénoménologie et Amour divin.

Jean-Luc Marion procède autrement. Non qu'il se veuille moins sûr de son fait ; mais il entend se justifier par la voie argumentative[25], attitude que l'on attend en effet d'un philosophe formé à l'école cartésienne. Et si, de nouveau, une certaine sollicitation de la phénoménologie n'est pas absente, elle s'accompagne de précautions et de ruses stratégiques qu'il faut identifier pour en établir la cohérence relative et les limites certaines.

DÉNÉGATIONS ET CONCESSIONS

On a vu que, dès l'année qui suivit sa publication, *Le Tournant théologique* se vit opposer une fin de non-recevoir dans un recueil qui faisait, par ailleurs, silence sur lui : « Il n'y a là aucune dérive ni aucun tournant, même "théologique"…[26] » Ce geste de dénégation se retrouve dans *Étant donné*, de telle sorte qu'un lecteur pressé pourrait n'en retenir que ce rejet et le refus d'admettre la pertinence des critiques présentées dans le *Tournant*.

Pourtant, dès les premières pages d'*Étant donné*, prend forme toute une stratégie de réponse qui assortit le geste dénégateur de concessions (complétées dans

le cours de l'ouvrage[27]) qui ne paraissent pas totalement négligeables, dans la mesure où elles recon-
naissent que l'évidence phénoménologique du mot
« donation » est moindre que son ambiguïté et sa
forte connotation métaphysique. Si les critiques formulées dans le *Tournant* avaient été jugées totalement non pertinentes, il n'y aurait pas eu lieu d'y
répondre de manière circonstanciée. Or on en tient
compte, mais en prétendant qu'elles « s'adressent,
le plus souvent, quoique avec talent, à ce que nous
n'avions précisément pas dit[28] ». Formule intéres-
sante, puisqu'elle concède qu'il m'est arrivé parfois
de répliquer à ce qui était bel et bien dit, tout en
pointant un « non dit » qui fait question.

Dans un premier temps, et sans retenir le sens
(purement historique) du « tournant », on m'oppose
deux arguments : a) que « tout phénomène doit pouvoir se décrire » et qu'il n'y a pas lieu d'en exclure la
Révélation qui « relève de plein droit de la phénoménalité[29] » ; b) que la Révélation n'est abordée, non
dans sa prétention théologique, mais comme possibilité de la phénoménalité, « la possibilité ultime, le
paradoxe des paradoxes », sans faire exception au
« principe de réduction à l'immanence ».

Le premier argument m'accorde exactement ce
que j'avançais dans le *Tournant* : en majusculisant la
Révélation au sein de toutes les révélations possibles
et effectives, Marion sort de l'attitude de neutralité
méthodologique qu'il revendique par ailleurs. En
toute rigueur, la postulation (tout à fait légitime) que
« tout phénomène doit pouvoir se décrire » n'implique l'intégration de la Révélation dans ce champ
que si l'on a démontré le caractère phénoménal (ou
ce qui se donne comme phénomène) dans ladite

Révélation. Qu'opposer à l'objection qui ferait valoir que les tables tournantes telles que les consultait Victor Hugo à Hauteville-House, mais aussi bien d'autres «révélations» paranormales moins nobles, font également partie de plein droit de la phénoménalité? À aucun moment, je n'ai contesté le plein droit d'une phénoménologie de la religion, des phénomènes religieux ou même parareligieux, à condition que les règles du jeu descriptif en soient explicitées. Ce que j'ai contesté, c'est l'alignement entre révélation et Révélation, et qu'une phénoménologie, tout en se prétendant neutre et stricte, mette en place une «structure d'accueil» d'un Appel et d'un Don qui constituent incontestablement le centre perspectif de son dispositif de pensée («la possibilité ultime» n'étant pas une possibilité parmi d'autres).

Certes, les mises en garde du *Tournant théologique* n'ont pas été sans effets, puisqu'un effort de recentrage phénoménologique est perceptible dès les premières pages d'*Étant donné*, effort soutenu dans le corps de l'ouvrage par un plus grand nombre d'exemples esthétiques et picturaux que dans les précédents travaux de l'auteur. À notre tour de le concéder, ainsi que de prendre acte du deuxième argument: la Révélation n'est prise en compte que comme le «paradoxe des paradoxes». La question reste cependant de savoir, d'une part si ce «paradoxe des paradoxes» peut être envisagé en mettant totalement entre parenthèses «sa prétention théologique à la vérité» et si, corrélativement, c'est une tâche spécifiquement phénoménologique que de s'élever jusque-là. Ma réponse est négative dans les deux cas, pour des raisons qui vont être développées à propos du «phénomène saturé» (au chapitre 3, où je répondrai également aux critiques qui me sont opposées aux pages 104-107 d'*Étant donné*) et concernant la nécessité d'un relais herméneutique de la phénoménologie (au chapitre 4).

UNE CHANCE POUR L'ATHÉISME?

En reprenant ainsi une question posée (non sans facétie?) par Jocelyn Benoist à Jean-Luc Marion à propos de la pensée philosophique de celui-ci[30], nous voudrions prolonger et approfondir le débat qui vient d'être amorcé, en renversant la perspective: il ne s'agira plus de suspecter un retour au «théologique» chez des phénoménologues de l'inapparent, de l'Autre, de l'auto-affection ou de la donation pure, mais de se demander si la phénoménologie ne doit pas être radicalement athée pour réussir son projet d'atteindre, de décrire et de dire la «chose même».

Précisons d'abord les suggestions de Jocelyn Benoist, avant de déterminer en quel sens le projet phénoménologique devrait assumer l'athéisme — point sur lequel portera le prochain chapitre.

Tout en s'avouant d'emblée athée, Benoist reconnaît à Jean-Luc Marion le mérite d'avoir porté le soupçon au cœur de l'athéisme en posant la question: comment est-il possible d'être athée sans être métaphysicien? Dès cette œuvre de jeunesse au titre significatif (*L'idole et la distance*[31]), Marion se mettait en quête d'une expérience non métaphysique de l'approche de Dieu et il était de bonne guerre, de sa part, de retourner à l'athéisme la question préalable des présupposés métaphysiques. Cependant, si habile soit-il, ce type d'argument restait apologétique[32] et semblait confiner la question de Dieu (ou sa récusation) dans des limites conceptuelles et même intellectualistes assez étroites, «l'idolâtrie» étant utilisée comme repoussoir pour mieux faire valoir une théologie négative échappant à la mort de Dieu (elle-même réduite à la mort du Dieu de la métaphysique).

On objectera que la portée critique de l'athéisme fait ainsi quelque peu oublier la question de son éventuelle insertion au sein de la phénoménologie. C'est tout à fait juste. Si, à l'époque de *L'idole et la distance*, Marion ne revêtait pas encore les atours d'un phénoménologue strict et pur, son projet était déjà de donner forme à une pensée théologique non métaphysique et supra-conceptuelle (une veine qui aurait dû lui faire rencontrer le grand Schelling de la *Philosophie de la Révélation*[33]). Il fallait le rappeler — en suivant Jocelyn Benoist sur cette voie[34] —, à la fois pour mieux comprendre l'unité d'un projet déjà ancien et pour mesurer à quel point l'enjeu métaphysique (et même religieux) ne cesse de se mêler étroitement (nous allons encore le constater) à la question de la méthode phénoménologique.

Si l'on reprend maintenant cette question de l'athéisme dans la perspective de la méthode phénoménologique, le problème se pose différemment. Nous allons, du moins, tenter de le relancer dans le prochain chapitre[35] sur des bases plus claires à partir de la question suivante : en allant jusqu'au bout de la revendication d'une radicalité dégagée de toute croyance et de toute visée métaphysique, n'instaurera-t-on pas un athéisme purificateur, permettant une disponibilité neuve à l'égard des phénomènes ? Il faudra prendre en considération cette possibilité d'une phénoménologie athée, faisant table rase de toute rémanence de la métaphysique ou même de ses substituts (le sens, l'originaire). S'agit-il, en fait, seulement d'une possibilité, ou n'est-ce pas plutôt une obligation, s'il est vrai que le projet phénoménologique revendique une complète autonomie et la mise entre parenthèses de tout contenu doxique et de tout préjugé? La réponse dépendra du sens donné à l'athéisme; mais il n'est pas sûr que ces précautions sémantiques parviennent à lever l'ambivalence du projet phénoménologique, même si elles sont complétées par les scrupules d'une phénoménologie «minimaliste». Finalement, notre propos sera moins de rechercher une chance pour l'athéisme que de nous demander si des possibilités subsistent encore pour la phénoménologie, grâce à un athéisme repensé, réinscrit dans de strictes limites méthodologiques.

LE PROJET PHÉNOMÉNOLOGIQUE EN ÉCLATS?

Bien que notre but ne soit pas ici de brosser un tableau exhaustif de la phénoménologie contemporaine d'expression française, nous ne devons pas ignorer la proliférante diversité du paysage intellectuel qui s'offre à nous. Il serait à la fois inexact et injuste de s'en tenir aux œuvres discutées dans *Le tournant théologique*. Le principal défaut de cet essai était, d'ailleurs, de laisser croire à un lecteur peu averti que la «phénoménologie française» à partir des années 60 n'était illustrée que par les quelques auteurs cités et discutés — si distingués fussent-ils.

La dernière décennie a été marquée par un magnifique renouveau de recherches inspirées par le dernier Merleau-Ponty et par Henri Maldiney[36], stimulées par un nouvel effort de traduction et de réflexion portant sur la complexité de la pensée husserlienne[37], par une exploration des travaux de phénoménologues originaux comme Fink[38], Patočka[39], Erwin Strauss[40], par une fécondation réciproque du champ phénoménologique avec l'herméneutique[41], la logique[42], la politique[43], l'esthétique[44] et la psychopathologie[45] et même par l'apparition d'utilisations polémiques ou paradoxales d'un concept de phénoménologie dégagé de ses liens avec la «philosophie première» (y compris, fait remarquable, en contiguïté avec une inspiration religieuse[46]). Il en résulte une impression d'éclatement, de travail «aux confins[47]», qui risque de déconcerter, sinon de décourager. Certes, d'aucuns se feront gardiens du temple phénoménologique; d'autres préféreront bricoler dans leur coin; d'autres enfin s'accommoderont de cet aimable désordre.

Gardant en main le fil conducteur de la question de la méthode, nous ne nous bornerons pas à enregistrer cette diversité. Nous réfléchirons, dans le chapitre 3, sur la sollicitation du concept même de phénoménologie qui nous paraît à l'œuvre dans un subtil et délicat essai de restauration d'une philosophie première (ou «dernière»), captant à cet effet la phénoménologie «comme telle». En détachant un principe inconditionné, la donation, des limites de tout horizon, en persistant à rendre compte en ces termes des différents degrés de la phénoménalité, parvient-on vraiment à penser l'unité phénoménale de manière strictement phénoménologique?

Ou ne réintroduit-on pas plutôt, s'avançant sous les masques insolites de l'interlocution et de l'«interdonation», une métaphysique de l'amour? Nous aurons, pour répondre, à examiner de très près les déplacements et les traductions qui ont permis ces ingénieux montages.

Dans le chapitre 4, en revanche, nous reviendrons à une position apparemment plus classique du problème, mais qui ne peut absolument pas être laissée de côté : la question de l'articulation (ou de la désarticulation) entre phénoménologie et herméneutique. Objet de polémique (entre Derrida et Gadamer), occulté par les uns, mis au contraire au centre du débat par les autres (et, en particulier, par Ricœur), cet enjeu recouvre sans s'y réduire certains recoupements entre théologie et philosophie; mais il englobe plus largement la relation entre texte et description, inscription et intuition, interprétation et réduction. L'herméneutique vient-elle compléter et prolonger la phénoménologie, ou — diront les mauvais esprits — confirme-t-elle ses présupposés métaphysiques et ses facilités rhétoriques?

Après avoir porté ainsi l'attention sur les points les plus sensibles de la recherche phénoménologique actuelle, on sera en droit de se demander, dans le dernier chapitre, si le foisonnement constaté ne correspond qu'à une sorte de bouillon de culture plus littéraire que rigoureux, ou bien si l'on doit sauvegarder, sous le nom de phénoménologie, un projet bien défini, cohérent et suffisamment prometteur. Proposer une méthode «minimaliste» n'est pas agir par simple modestie. C'est d'abord lever bon nombre des ambiguïtés issues — à partir de Husserl lui-même — du surinvestissement scientifique ou métaphysique de la phénoménologie, c'est ensuite accepter le pluralisme des méthodes et des approches dans un domaine vaste où il n'est pas mauvais que s'exerce une créativité soucieuse d'une rigueur spécifique, c'est enfin dégager des pistes plus précises, dont on donnera quelques exemples.

Au total, l'éclatement de la phénoménologie signifie-t-il son impossibilité ? On sait, à méditer sur le glissement du concept de possible, de Kant à Bergson, qu'il est toujours hasardeux de déclarer une impossibilité de principe (en fonction de la logique de la non-contradiction), promptement démentie par les faits. Si « l'impossibilité » détectée par Éric Alliez[48] est plus subtile, elle isole des symptômes qui ne sont peut-être pas tous incurables.

Chemin faisant, c'est la pensée contemporaine, en ses amorces et en ses entailles les plus vives, qui se trouve directement ou indirectement mise en cause et impliquée dans ce débat. Si la phénoménologie comme discipline unifiée et impériale vole alors en éclats, la phénoménologie renaît comme interrogation sur ses propres projets, ses possibilités et ses limites.

2

UNE PHÉNOMÉNOLOGIE ATHÉE?

Dans un texte intitulé «Pour une philosophie non théologique[1]», Mikel Dufrenne a noté la profonde ambiguïté de la pensée heideggérienne à l'égard de l'héritage théologique. D'un côté, Heidegger est l'initiateur des «philosophies de l'absence» et il détache l'apparaître de tout principe transcendant ou ontique, de l'autre — et bien qu'il s'en défende — son discours a des accents crypto-théologiques: l'être, qui se dérobe sous ses propres noms comme le Dieu indicible de la théologie négative, sauvegarde sa vérité en une expérience recueillie et presque religieuse. Or cette rémanence de l'onto-théologie, dénoncée par Derrida, Dufrenne la discerne à son tour chez ce dernier et jusque chez Blanchot. «Lorsque Derrida nous avertit qu'il n'y a pas de nom pour la différance, on croirait entendre Damascius...[2]» Certes Derrida fait l'économie de l'expérience mystique et c'est apparemment aussi le cas chez Blanchot. Mais: «l'énigme sacralise. Le sacré se laisse toujours pressentir à son ambivalence[3]». De même que la «différance» garde un caractère originaire malgré les dénégations de Derrida, la passion du Dehors ren-

voie à un non-sens initial qui garde toute la riche
ambiguïté du sacré ou, du moins, d'un sacré par
défaut, aussi insaisissable que l'expérience du Neutre.
À ces pensées encore apparentées aux théologies
négatives, du moins par leurs modes d'écriture,
Dufrenne oppose une philosophie non théologique,
sans aucune attente de révélation ni de parousie,
ouverte au don de la seule présence, récusant toute
origine autre que «la puissance de la Nature», bref
une philosophie matérialiste attestant la joie d'être
au monde sans se refermer sur un savoir définitif
(comme la science le prétend encore), mais se
déployant grâce à l'art et accomplissant ainsi la
vocation de l'homme[4].

Ces analyses de Dufrenne paraissent rejointes et
prolongées par le travail effectué dans *Le tournant
théologique de la phénoménologie française*[5], visant à
critiquer — chez certains phénoménologues français
contemporains — les déplacements ou même les
dérives méthodologiques au profit d'une Transcendance, d'une archi-origine ou d'une donation, qui
n'ont plus de phénoménologiques que le nom.

Dans quelle mesure faut-il que soient ainsi
reprises en compte et confirmées les suggestions de
Dufrenne?

Ce qui est en cause, ce n'est pas seulement le
statut de la phénoménologie; c'est, à travers elle
et chez les auteurs qui viennent d'être cités, tout
comme chez Dufrenne lui-même, une décision
philosophique fondamentale (mais pas toujours ni
forcément avouée comme telle) concernant la Transcendance métaphysique ou théologique. En excluant
celle-ci, Dufrenne ne fait en un sens que redonner
vie à la contestation matérialiste de la «métaphy-

sique spéciale», à laquelle Kant reconnaît le statut d'antithèse en sa Dialectique transcendantale. Cependant, le point de vue de Dufrenne introduit un élément neuf par rapport à la position classique du problème de la légitimité de la métaphysique : bien que Dufrenne parle principalement de philosophie et non de phénoménologie au sens strict[6], les auteurs contemporains qu'il critique se situent essentiellement dans la mouvance de la phénoménologie. Surtout, la dimension dont il entend repartir est celle de la seule présence comme «premier moment de la perception» : «La présence est donnée *hic et nunc*. Elle est le don même, qui n'implique pas de donateur...[7]» L'originalité de Dufrenne est que le caractère phénoménologique de son entreprise—nullement cantonné à une stricte obédience à l'inspiration husserlienne — s'applique essentiellement au domaine esthétique et se veut même poétique[8] pour faire de la présence «le lieu et l'objet d'une affirmation joyeuse[9]».

Dans quelle mesure nos propres recherches vont-elles dans le sens indiqué par Dufrenne ? Après avoir montré jusqu'à quel point nous pouvons le suivre, nous réexaminerons les deux termes en présence — athéisme et phénoménologie — afin d'être en mesure d'exposer notre propre position. Toute ambiguïté doit-elle être alors levée quant au «théisme» ou à l'«athéisme» de la phénoménologie ? Poser la question en toute clarté obligera à analyser les dénégations de Heidegger à cet égard et à tenter d'opérer, à cette lumière, une véritable *catharsis*.

L'ATHÉISME ET LE THÉISME
AU-DELÀ DES PHÉNOMÈNES

Tout d'abord, une mise au point historiographique s'impose : l'auteur du *Tournant théologique* doit confesser qu'il ne connaissait pas le texte de Dufrenne lorsqu'il écrivit son essai. Quant au fond, a-t-il cependant rejoint Dufrenne sans le savoir[10] ?

Oui, dans la mesure où un même type de soupçon s'exerce sur des philosophies soucieuses de l'origine et de l'originaire. Sont-elles débarrassées de toute arrière-pensée ou de toute récurrence théologiques ? Laissent-elles apparaître et permettent-elles de penser la présence dans son immanence réelle ? La réponse est négative. Alors qu'elles croient fonder le phénomène et enrichir la phénoménalité, elles les encombrent ou en barrent l'accès. L'Autre, la donation pure, l'archi-origine sont autant de substituts de l'écrasante présence-absence de la Transcendance divine.

En revanche, nous nous séparons de Dufrenne, dans la mesure où, au lieu de considérer Derrida et Blanchot comme des « théologiens négatifs » qui s'ignorent, nous croyons qu'il faudrait plutôt essayer de comprendre à partir de leurs analyses certains aspects de la théologie négative (car celle-ci ne constitue pas une unité monolithique dont le sens serait acquis une fois pour toutes, mais s'enrichit des nouvelles questions qui viennent la traduire et la déplacer dans les termes de notre époque désacralisée). D'autre part et surtout, même si Dufrenne rejoint la phénoménologie à la fin de son texte et si on l'y sent proche de Merleau-Ponty, c'est le destin de la *philosophie* qu'il envisage, alors que le présent propos s'en tient, comme *Le tournant théologique*, à la *phénoménologie*. Il faut revenir à cette nuance qui n'est pas à négliger et dont il serait opportun de préciser la portée. On peut très bien défendre une conception non théologique de la phénoménologie, sans pour autant assumer un athéisme radical sous l'angle de la «philosophie première». De son côté, Dufrenne, qui se place d'emblée dans une perspective radicalement non théologique (sans reprendre le terme cher à Bataille d'«athéologie»), a parfaitement le droit de se reconnaître dans une phénoménologie de la présence. La situation serait différente s'il se proclamait *avant tout* phénoménologue ou représentant de la phénoménologie en tant que telle.

Ces différences marquées, il faut savoir reconnaître dans le texte de Dufrenne une salutaire invitation à reposer la question du lien entre onto-théologie et phénoménologie. Celle-ci (pour autant qu'on puisse unifier son projet) est-elle condamnée à jouer le rôle de substitut, plus ou moins avoué, plus ou moins honteux, de la métaphysique la plus métaphysicienne (la *metaphysica specialis*)? Ou bien l'élan phénoménologique recèle-t-il une vigueur inaugurale et une radicalité permettant d'instaurer une relation vraiment neuve à l'apparaître?

Si notre réponse — on le devine — retient cette dernière possibilité, il faut maintenant préciser à quelles conditions préalables, eu égard aux présuppositions de l'athéisme ou du théisme.

Une mise au point terminologique s'impose. Athée peut s'entendre en un sens seulement privatif, conformément à son étymologie; c'est ainsi, semble-t-il, que Socrate et l'apôtre Paul y ont recours en des contextes différents : l'*atheos* est privé du dieu ou de Dieu[11]. En revanche, l'usage courant du substantif a un caractère dogmatique qui correspond à la définition donnée par Lalande : «Doctrine consistant à nier l'existence de Dieu[12].»

En privilégiant l'épithète «non théologique», Dufrenne a voulu, semble-t-il, en rester au premier sens : une philosophie de l'apparaître n'a pas à outrepasser l'horizon de l'immanence phénoménale ; elle ne fait que constater l'absence de Dieu en notre expérience sensible. Si tel est le cas, le projet phénoménologique doit s'en tenir là, c'est-à-dire se borner à récuser les prétentions du théisme dont une expression classique se trouve dans les réponses de Descartes aux Sixièmes objections.

Arrêtons-nous un instant à cette question soulevée par «divers théologiens et philosophes» concernant la possibilité d'une «science d'un athée». Ce «quatrième scrupule» opposé à Descartes ne manque pas de pertinence en son recours à la règle de l'évidence : des opérations mathématiques très certaines ne sont-elles plus telles, sous prétexte que celui qui les conçoit ne croit pas en Dieu ? À cet athée, demandent les auteurs de cette objection, «que lui objecterez-vous que, s'il y a un Dieu, il le peut décevoir ? mais il vous soutiendra qu'il n'est pas possible qu'il puisse jamais être en cela déçu, quand bien même Dieu y emploierait toute sa puissance[13]».

En sa réponse, Descartes se garde bien de reprendre les exemples mathématiques donnés par ses interlocuteurs. Avec une désinvolture certaine, il prétend qu'«il est aisé de montrer qu'il [l'athée] ne peut rien savoir avec certitude et assurance[14]». Mais il ne le démontre nullement, se bornant à établir une règle de proportionnalité inverse entre le degré de puissance de l'auteur de l'être et les occasions de douter. Ainsi, en déplaçant la question de la «science d'un athée» à un niveau dogmatique et général, Descartes parvient à donner l'impression qu'il a répondu à l'objection, ce qui n'est pas du tout le cas. On peut seulement lui concéder que, du fait de son refus d'un fondement métaphysique absolu, l'athée aura plus d'occasions de douter de la nature des choses ; mais cela n'implique nullement la conclusion extrêmement négative que Descartes veut imposer d'emblée, c'est-à-dire que l'athée «ne peut rien savoir avec certitude et assurance», même les vérités mathématiques les plus évidentes.

Cette référence aux prétentions excessives du théisme cartésien ne nous éloigne nullement du terrain phénoménologique. Les phénoménologues théistes suivent le (mauvais) exemple cartésien en subordonnant (explicitement ou implicitement) à la condition première d'une véracité suprême ou d'un fondement premier l'accès à la vérité phénoménale. C'est une pétition de principe qui d'emblée suspend le phénomène à son origine supposée. Notons que Husserl lui-même en ses *Méditations cartésiennes*, tout en reprenant à son compte l'idéal cartésien d'une science certaine, fait totalement silence sur une éventuelle garantie divine des vérités apodictiques et prend même encore plus nettement ses distances à l'égard de Descartes en précisant ceci : «Nous savons, grâce à des recherches récentes et notamment grâce aux beaux et profonds travaux de MM. Gilson et Koyré, combien de "préjugés" non éclaircis, hérités de la scolastique contiennent encore les *Méditations*[15].» En outre, Husserl affirme très clairement au § 58 des

Idées que la transcendance de Dieu doit être mise
hors circuit. Rappelant les arguments grâce aux-
quels la conscience religieuse pose un absolu autre
que celui de la conscience, Husserl conclut que cet
absolu ne saurait échapper à la réduction: «Il doit
rester exclu du nouveau champ d'étude qu'il nous
faut instituer, dans la mesure où ce doit être le
champ de la conscience pure[16].»

S'il est ainsi patent que le théisme, position métaphysique outrepassant illégitimement les limites
de la phénoménalité, doit être exclu d'un projet
phénoménologique rigoureux et digne de ce nom,
l'athéisme dogmatique ne devrait pas se dispenser
étourdiment de précautions similaires: il doit être
également suspendu pour les mêmes raisons, symé-
triques de celles qui ont été opposées au théisme.

Nous suivrons donc Dufrenne en reprenant à notre
compte le caractère seulement «non théologique»
(c'est-à-dire athée au premier sens, limité) d'une
phénoménologie conforme à nos vœux. Cependant,
comme on a commencé à l'établir, une méthode
proprement phénoménologique a des exigences plus
strictes que la philosophie en général, qu'elle se
veuille témoignage existentiel total ou audace spéculative. Le texte de Dufrenne proclame finalement un
matérialisme conséquent, mais qui, dès lors qu'il
rejoint l'athéisme «dogmatique», risque d'introduire
un soupçon sur nos propres scrupules terminologiques et méthodologiques. L'athéisme méthodologique n'est-il qu'un prétexte ou une première étape
pour faire admettre plus facilement un athéisme de
fait? Y a-t-il une cloison étanche entre les deux sens
du mot? La difficulté déborde considérablement les
limites au sein desquelles nous tentons de la main-

tenir et en particulier chez Heidegger, si ambigu face à la question de Dieu, ainsi que Dufrenne l'a remarqué dès l'ouverture de son texte. Il faut donc reposer le problème en revenant aux sources de toute phénoménologie, afin de les confronter ensuite à l'ambiguïté dont il vient d'être question.

LES DEUX SOURCES
DE LA PHÉNOMÉNOLOGIE

Les hypothèques du théisme et de l'athéisme étant levées, il convient de rappeler la spécificité de tout projet phénoménologique : suspendre l'attitude naturelle ou naïvement doxique. Quelles que soient les libertés qui ont été ou devront être prises par rapport à l'ensemble des exigences husserliennes, il convient dans un premier temps de suivre Husserl lorsqu'il fait la distinction entre la description phénoménologique et les descriptions empiriques ou simplement psychologiques. Le projet scientifique de suspendre les préjugés ne va pas encore assez loin; la réduction phénoménologique sera bien plus radicale qu'une réduction gnoséologique : ce qu'elle mettra hors jeu, « c'est la thèse générale qui tient à l'essence de l'attitude naturelle[17] ». L'*épokhè* ainsi définie et effectuée dans sa radicalité transcendantale est la mise entre parenthèses de toute « transcendance » mondaine ou doxique.

Ainsi, avant même qu'on envisage le premier résultat de cette réduction radicale, c'est-à-dire l'obtention d'un « phénomène pur », qui révèle son essence immanente (prise individuellement) comme une

« donnée absolue[18] », on voit confirmée la renonciation à toutes les croyances antérieures ou aux prises
de position axiologiques susceptibles de brouiller le
regard phénoménologique. En ce sens, le projet
phénoménologique se pense et se veut neutre : c'est
en quoi il reprend à son compte, du moins en son
élan initial, une intention de scientificité qu'il partage avec la refondation cartésienne de la philosophie moderne.

À partir de cet élan qui paraît animer tout projet
phénoménologique, en quel sens peut-on parler
de deux sources (ou inspirations) de la phénoménologie ?

La première inspiration remonte à Lambert, fondateur du terme même de phénoménologie, qu'il
définissait : *eine Lehre vom Schein*, dans la mesure
où cette étude des apparences précédait une *Ale-
théïologie*, doctrine de la vérité. Il est certain que la
phénoménologie s'enrichit d'un sens philosophique
infiniment plus lourd et conséquent lorsqu'elle
devient avec Hegel une doctrine du « savoir apparaissant », car elle ne se réduit plus à un catalogue
d'apparences ou d'illusions des sens, mais devient
la rétrospection méthodique des figures que la
conscience, la conscience de soi, la raison, etc.
doivent emprunter nécessairement. La *Phénoménologie de l'esprit* est l'exposition du processus par lequel
la vérité absolue advient à elle-même à partir des
différentes phases de son apparaître. On fera valoir
qu'avec Husserl et ses successeurs la phénoménologie devient une méthode autonome qui rompt avec
l'idéalisme absolu. Sans nul doute. Mais cela ne
signifie nullement que la première inspiration s'éteigne
dans la phénoménologie contemporaine : en tout

projet phénoménologique subsiste toujours une *rétros-pection* des conditions de l'apparaître du phénomène et de la phénoménalité[19].

La fondation husserlienne de la phénoménologie comme méthode autonome comporte cependant une orientation différente, dont il faudrait établir si elle est divergente ou complémentaire par rapport à la première : le regard phénoménologique se purifie en vision des essences et cette eidétique vise à cons-tituer une science certaine et complète de l'esprit ; on ne s'attarde donc pas auprès des apparences et de leurs illusions : la méthode phénoménologique se met au service d'une vérité qui se veut rigoureuse.

Un trait essentiel de la mise en œuvre de la phéno-ménologie husserlienne est, en effet, de viser la « chose même » dans l'analyse des vécus intentionnels : « élu-cider l'essence de la connaissance et... l'objet de la connaissance[20] », telle est sa tâche très ambitieuse, du moins telle qu'elle se présente dans les *Ideen I*, puisqu'elle englobe l'ensemble des structures noé-tico-noématiques. Mais l'ambition est encore plus prononcée, puisque l'entreprise de constitution phé-noménologique s'applique non seulement à tout « vécu intellectuel », mais à « tout vécu en général », étant donné que toute l'expérience imaginative et perceptive devient l'objet de la « vue et de la saisie pure » qui fait le nerf de la description eidétique[21].

On sait que Husserl lui-même ne s'en est pas tout à fait tenu à ce programme (se tournant, et particu-lièrement dans *Expérience et jugement*, vers l'an-té-prédicatif) et que, telle une boîte de Pandore, la phénoménologie a éclaté en orientations divergentes, entre ceux qui — avec Sartre — tendaient à réduire l'existant à « la série des apparitions qui le manifestent[22] », ceux qui — avec Heidegger ou Merleau-Ponty — se mettaient en quête d'un « possible » de la phénoménologie dont l'enjeu était plus l'être de l'apparaître que la série de ses apparitions, enfin ceux qui — à la suite de Lévinas — allaient transgresser les limites de l'intuition du visible.

Devant cet éclatement, dont seules les plus notables inflexions viennent d'être rappelées, on peut être à la fois et à juste titre émerveillé par la fécondité créatrice de l'intuition husserlienne d'un retour aux « choses mêmes » à partir de leur mode d'apparaître, et souligner que le rêve d'une nouvelle philosophie scientifiquement rigoureuse a décidément échoué, comme Husserl lui-même semble l'avoir reconnu en notant que ce rêve est « épuisé[23] ».

Ce constat autorise la reprise de notre interrogation : les deux sources de la phénoménologie ont-elles déterminé une divergence radicale ou se sont-elles avérées compatibles ? On ne retiendrait que la première hypothèse si Husserl lui-même s'en était tenu à une eidétique des idéalités mathématiques et noématiques ; mais son souci de tenir les deux bouts de la chaîne intentionnelle, le noétique et le noématique, ainsi que de revenir aux couches doxiques et proto-doxiques de la connaissance, sa préoccupation de soutenir l'étude des visées objectivantes par celle de leur enracinement subjectif et perceptif, et même anté-prédicatif, ont démontré que la phénoménologie demeurait bien avec lui une rétrospection des conditions de l'apparaître du phénomène. Certes, il ne faut pas méconnaître la tension qui s'est maintenue dans toute phénoménologie entre la prétention à la pureté intuitive et l'accueil de l'originaire, entre la saisie des formes apparaissantes et le retour aux conditions de l'apparaître lui-même. Cette tension peut devenir déhiscence, par exemple chez Merleau-Ponty, surtout en ses ultimes notes[24]. Quelle que soit l'ampleur de cet écart, ce qui nous paraît constitutif du champ phénoménologique ouvert par Husserl, c'est l'établissement d'un mode d'intersection neuf entre deux aires qui s'étaient déjà chevauchées chez Platon : le questionnement philosophique et la recherche épistémique d'invariants[25]. Mais ce mode d'intersection n'est phénoménologique, comme l'a excellemment suggéré Paul Ricœur, que lorsqu'on «traite comme un problème autonome la manière d'apparaître des choses[26]». Or les difficultés méthodologiques et les soupçons qu'elles entraînent se concentrent autour de cette «autonomisation» de la phénoménologie, c'est-à-dire chez Husserl et dans les termes rappelés plus haut, dans la deuxième «source» de la phénoménologie : la présupposition d'un sens pur et le projet de recueillir celui-ci dans une science pleine et définitive (qui sera elle-même placée sous le signe d'une téléologie rationnelle).

Il faut donc, pour porter ce débat à son terme, examiner la réapparition de soupçons portant moins directement sur un «crypto-théisme» phénoménologique que sur le caractère apparemment inévitable d'une rémanence du Sens et de ses substituts idéalistes ou métaphysiques.

LE RETOUR DES SOUPÇONS

En faisant état de soupçons, nous n'entendons pas régresser à un niveau doxique ou idéologique. Il est

évident qu'une orientation philosophique, même si
son effort de rigueur méthodologique est incontestable, ne fera jamais l'objet d'une adhésion universelle. D'ailleurs, même dans les sciences dites
« dures », le consensus ne saurait être considéré
comme le critérium du vrai, mais seulement comme
son résultat plus ou moins confirmé. D'autre part, il
ne saurait être question, dans les limites de la présente étude, d'être exhaustif quant à la provenance
et à la nature des critiques adressées à la phénoménologie. Critiques nombreuses, mais dont le paradoxe — trait révélateur de notre bouillonnement
culturel ? — est qu'elles ne paralysent nullement le
foisonnement des recherches phénoménologiques.

Le ressort philosophique des soupçons qui visent
la phénoménologie, au-delà même de la querelle du
« tournant théologique », porte sur la présupposition
principielle du projet même de phénoménologie :
celle de l'unité d'un *sens*. Que celui-ci qualifie la
chose, l'idée, le sujet ou l'être, cette sémantique unifiante ne préoriente-t-elle pas l'analyse et la description ? Vincent Descombes en a fort lucidement isolé
la postulation en attirant l'attention sur le § 55 des
Idées dont le titre soutient que « nulle réalité n'existe
sans une "donation de sens" (*Sinngebung*[27]) ». Cette
donation de sens est-elle naïvement métaphysique ?
Ce qui est remarquable, c'est que Husserl affirme
cette *Sinngebung* contre l'idéalisme subjectif absolu.
Comment faut-il donc la comprendre ? Les dénégations de Husserl sont révélatrices : récusant l'idéalisme subjectif, il rejette également l'idée de « réalité
absolue » qui « équivaut à un carré rond ». Et pourtant, il réintroduit cette épithète d'« absolu » au niveau
de la conscience pure : « Le monde lui-même a son

être complet sous la forme d'un certain "sens" qui présuppose la conscience absolue à titre de champ pour la donation de sens[28]. »

Cette *Sinngebung* est-il un référent baladeur servant éventuellement à justifier n'importe quoi, quand on en a besoin ? Descombes va même jusqu'à parler du « désastre de la phénoménologie husserlienne » à propos du § 131 des *Idées* où Husserl, visant « un *x* vide porteur de sens et attaché au sens » opère laborieusement la distinction entre le « sens noématique » et « l'objet déterminable ». Si Husserl est ici victime du concept traditionnel d'identité qui peut s'employer sans « le moindre critère d'identification », comme le soutient Descombes, il est à plus forte raison victime de la surdétermination du mot « sens ». Mais ne pourrait-on pas objecter qu'il n'y aurait point de philosophie sans l'affrontement de mots-signes surdéterminés ? Ainsi Aristote lui-même ne fut-il pas déjà, lui aussi, la victime (consentante) de l'homonymie du mot « être » ?

La question soulevée ici n'est pas négligeable : c'est à la fois celle du statut de la description en phénoménologie et celle du statut du métalangage qu'une philosophie s'accorde ou s'impose. Il est certain que, malgré tous ses efforts, Husserl n'a peut-être pas réussi à éviter de retomber dans la psychologie philosophique, lors même qu'il se croyait solidement établi dans la philosophie première ; et, d'autre part, le fait même d'avoir pensé la phénoménologie comme philosophie première le condamnait à des présuppositions dont les enchaînements n'étaient pas aussi maîtrisables qu'il l'avait cru.

On doit concéder à Descombes que la phénoménologie est débordée par le « sens » même auquel elle a recours. Il n'est cependant pas tout à fait justifié de lui objecter qu'elle se permette cette application « en dehors de toute condition d'un langage »[29], car, si laborieux que soient les efforts husserliens d'explicitation, ils ne sont pas inexistants[30]. À tout le moins une « intention » de clarification s'y exprime-t-elle ! En outre, le § 55 des *Idées* précise bien en quel sens le « sens » est alors convoqué : au niveau transcendantal ultime, horizon de tout sens possible pour la conscience transcendantale pure. On a le droit de contester ce recours, pour se rabattre sur la seule confrontation entre l'empirique et le logique ; mais, dès lors, la charge de la « preuve », ou de la justification préalable, devrait revenir au projet d'une « grammaire » philosophique se dispensant de la question transcendantale. Au demeurant, Descombes étend ses soupçons à toute épistémologie ou théorie de la connaissance et même à toute philosophie de l'expérience depuis le XVIIᵉ siècle[31]. Le travail de nécessaire clarification déborde donc très largement la phénoménologie !

Le soupçon portant sur le « sens » a pu, ou pourrait, être formulé à d'autres niveaux où se laissent déchiffrer, dans la phénoménologie husserlienne, d'autres « résidus » qui méritent d'être mis en question : en matière de téléologie, de subjectivité, de présence absolue, de métaphysique. Les ambiguïtés sédimentées dans l'immense corpus husserlien ne vont-elles pas, dès lors, réalimenter un feu croisé d'objections et de soupçons dont la réapparition même montre à quel point la phénoménologie a échoué dans son projet ou son rêve de scientificité ? Et ne retrouve-t-on pas, lovée au cœur le plus secret de la pensée de Husserl comme de Heidegger — quoique pour chacun d'une manière singulière —, cette ambivalence du sacré que Dufrenne veut décidément déloger, mais vis-à-vis de laquelle notre attitude sera quelque peu différente ?

UNE INÉLIMINABLE AMBIVALENCE ?
LA VOIE MINIMALISTE

« La vie de l'homme n'est rien d'autre qu'un chemin vers Dieu. J'ai essayé de parvenir au but sans l'aide de la théologie, ses preuves et sa méthode ; en d'autres termes, j'ai voulu atteindre Dieu sans Dieu. » Cette confidence de Husserl à Édith Stein en décembre 1935 est confirmée par un passage d'un manuscrit inédit du 6 novembre 1933 : « Si une telle science [la phénoménologie] conduit pourtant à Dieu, son chemin vers Dieu serait un chemin vers Dieu athée...[32] »

Il ne faut pas solliciter ces confidences qui sont néanmoins révélatrices. Comme le précise Jocelyn Benoist : « Dans les œuvres publiées, l'athéisme méthodologique se présente comme autosuffisant[33] » et les inédits où se révèle la religiosité personnelle de Husserl ne sauraient être utilisés pour prétendre qu'il y aurait déjà chez Husserl un « tournant théologique », en quelque sorte au premier degré. Le fait même qu'on ne puisse citer que ces inédits à l'appui d'un prétendu « tournant » husserlien renforce au contraire, y compris en la lettre de ces « confidences », le souci d'une méthode rigoureusement « athée » chez Husserl (au premier sens dégagé plus haut). La question rebondit cependant à un niveau plus subtil. Réapparaît en effet, d'une manière infiniment respectable mais qui n'aurait pas surpris Mikel Dufrenne, cette théologie négative qui semble accompagner la phénoménologie comme son ombre et qui peut passer, à la lumière des analyses critiques de Descombes sur les ambiguïtés du «sens» en phénoménologie, comme une sorte de sanction de ces ambiguïtés (et peut-être leur raison dernière).

Constatant l'existence d'inédits husserliens où Dieu est défini de manière aristotélicienne[34], Jocelyn Benoist pose à ce propos la question décisive : « Le Dieu des inédits, sous les traits aristotéliciens de l'entéléchie et du principe, ne réinstitue-t-il pas tout simplement ce qu'on appelle une onto-théologie[35] ? » Question d'autant plus délicate qu'elle fait intervenir, cette fois-ci, un soupçon d'origine heideggérienne sur l'architecture complexe de la phénoménologie husserlienne. On peut montrer à la fois, comme le fait Benoist, que la libération husserlienne de l'apparaître destitue le concept de Dieu de son rôle fondateur traditionnel[36] et que, d'autre part, c'est la subjectivité transcendantale — et peut-être même l'intersubjectivité — qui prend la place de Dieu dans ce qui reste, malgré tout, une structure métaphysique. Faisant l'expérience difficile de la limite de toute fondation, Husserl nous donne-t-il alors « la chance d'une pensée athée du sacré qui ne sombre pas dans l'idolâtrie esthétisante ou conceptuelle[37] » ? On hésite à suivre Jocelyn Benoist sur ce terrain, dans la mesure même où — comme il le perçoit lui-même fort bien — il faut respecter le caractère très aporétique et singulièrement personnel d'inédits qui ne sont ni des textes canoniques de la phénoménologie, ni peut-être les inspirations les plus stimulantes d'une «pensée athée du sacré».

Les difficultés, que nous allons retrouver pour finir avec Heidegger, pourraient être ainsi formulées : si ce questionnement a outrepassé les limites strictes de la phénoménologie, n'est-ce pas en suivant Husserl qu'il y a été conduit ? Dès lors, la phénoménologie, emportée par son projet même, ne semble-t-elle pas incapable de se cantonner à ses tâches spécifiques ? L'apparaître du phénomène ne se révèle-t-il pas justement en cet excès ? Heidegger en fournit une autre illustration. On se bornera ici à montrer l'extrême difficulté éprouvée par le Maître de Fribourg à respecter, à propos de la question théologique, les règles phénoménologiques initialement prescrites.

Dès l'automne 1922, Heidegger formule la position qui restera en principe la sienne tout au long de son œuvre : «... si la philosophie est fondamentalement athée [*grundsätzlich atheistisch*] et le comprend — alors elle a choisi décidément et retenu pour soi comme son objet la vie facticielle eu égard à sa facticité[38]. » La vie « facticielle » est l'existence humaine offerte au regard phénoménologique ainsi dégagé de toute présupposition théologique. Cette mise à l'écart de la foi et de la théologie sera confirmée et renforcée par des mises en garde réitérées contre toute « philosophie chrétienne », qualifiée de « fer en bois » ou de « cercle carré[39] ».

Retrouvant ici le premier sens de l'athéisme, sans aucun signe d'un athéisme militant (au second sens), nous ne pourrions que saluer la cohérence méthodologique de cette position et nous en tenir là, si nous ne découvrions point, par ailleurs, dans le corpus heideggérien, les traces et les témoignages d'une autre pensée du Sacré et du Divin, laquelle ne s'en tient nullement à la description de « la vie facticielle eu égard à sa facticité ». Après avoir pris ses distances vis-à-vis de la position classique du problème de l'existence de Dieu et après avoir rejeté tout « indifférentisme » à cet égard, Heidegger écrit dans la *Lettre sur l'Humanisme* : « Ce n'est qu'à partir de la vérité de l'Être qu'on peut penser l'essence du sacré. Ce n'est qu'à partir de l'essence du sacré qu'il faut penser l'essence de la Divinité. Ce n'est que dans la lumière de l'essence de la Divinité qu'on peut penser et dire ce que doit désigner le mot "Dieu"[40]. » Cette série de préalables rétablit *de facto* l'intervention de la pensée au cœur d'un souci théologique renouvelé. Un pas de plus est fait lorsque l'approche de la chose comme telle semble appeler, au sein d'une unité quadridimensionnelle, la découverte de ceux qui sont ainsi qualifiés : « Les Divins sont ceux qui nous font signe, les messagers de la Divinité. De par la puissance cachée de celle-ci, le dieu apparaît dans son être, qui le soustrait à toute comparaison avec les choses présentes[41]. » Dans les *Beiträge*, ce dieu est nommé « le dernier dieu » et est pensé au-delà de toutes les positions « théistes » ou « athées » comme la possibilité la plus initiale réservée en notre histoire[42].

Si la vigilance de Heidegger s'exerce sans défaillance envers la théologie et la dogmatique chrétiennes, son refus explicite de l'athéisme (au second sens) se double ainsi d'une disponibilité entière à l'égard du « dieu qui vient » et d'un Sacré se réservant dans le « manque du Dieu » rendu patent par la détresse du monde moderne. Cette thématique (qui ne se présente certes plus principalement ni toujours comme strictement phénoménologique) vient se loger dans l'espace même d'où avait été exclue la théologie chrétienne avec le cortège de ses variantes philosophiques.

Voilà qui donne formellement raison à Mikel Dufrenne, tout en laissant ouverte la question de la possibilité ou de l'impossibilité d'une phénoménologie non théologique. Peut-on au moins ébaucher quelles seraient les conditions d'une telle phénoménologie?

Il faudrait tout d'abord renoncer à identifier le projet phénoménologique avec celui d'une philosophie première qui serait en même temps « science rigoureuse » (cette ambition sans lendemain sous sa forme husserlienne réapparaît métamorphosée en une version plus subtile qui sera examinée au prochain chapitre). Accepter un pluralisme phénoménologique, c'est reconnaître d'ailleurs une situation de fait : il n'y a pas qu'une seule méthode descriptive, mais des styles fort différents les uns des autres, à la mesure de la richesse de la phénoménalité. Bien des degrés sont possibles entre le souci de fondation et les visées eidétiques, entre les champs d'étude aussi — de l'esthétique à l'herméneutique, de l'épaisseur perceptive ou imaginative aux idéalités logiques. Ce pluralisme implique qu'il n'y ait pas qu'une seule manière de se tenir phénoménologiquement dans la « double insécurité » dont parle Paul Ricœur, du côté de l'investigation des apparences ou apparitions, du côté de ce « dont il y aurait apparence ou apparition[43] ».

Une démarche conséquente, complémentaire de la première, consiste à maintenir délibérément le moment phénoménologique sur le « seuil[44] » de la philosophie et à distance des questions métaphy-

siques ultimes. Telle est l'orientation méthodologique minimaliste, dont nous devons dégager plus
complètement les possibilités[45]. Mais il faut, au préalable, s'assurer du respect d'un «athéisme méthodologique» dont Heidegger et déjà Husserl avaient
reconnu la nécessité. Il ne suffit pas d'y faire une
concession pour la forme et comme en passant[46]. Il
faut vérifier si les ambitions de la phénoménologie
comme philosophie première n'en compromettent
pas l'exercice.

3

LES AVATARS
DE LA PHILOSOPHIE PREMIÈRE

Que la phénoménologie soit une entreprise fonciè-
rement philosophique, qu'elle s'articule autour d'un
acte décisif de mise entre parenthèses de l'attitude
naturelle, voilà deux éléments essentiels de l'héritage husserlien que toute phénoménologie digne de
ce nom semble devoir réassumer aujourd'hui.
Cependant, Husserl était plus ambitieux: il s'était
fait le champion, grâce à la phénoménologie, d'une
refondation de la philosophie comme science rigoureuse et philosophie première tout à la fois. À quelles
conditions cette ambition peut-elle être réaffirmée
ou déplacée? et dans quelle mesure? À l'intérieur de
quelles limites?

Quelles que soient les intentions affichées, elles
doivent être confrontées avec leurs réalisations. Le
plus phénoménologue n'est pas forcément celui qui
se proclame tel; et, si notre enquête ne s'enferme
pas dans un concept tout fait de la phénoménologie,
elle ne doit pas soustraire celle-ci à l'examen critique
de ses mises en œuvre.

QUELLE PHILOSOPHIE PREMIÈRE?

Il est évident que le projet d'une philosophie première selon Husserl n'est pas à prendre au sens
aristotélicien. Quand on pose le problème du statut
métaphysique de la phénoménologie, il faut être
bien conscient de l'extraordinaire mutation inter-
venue à ce propos sous l'influence de Nietzsche et
surtout du second Heidegger. Husserl, pour sa part,
est persuadé d'avoir laissé de côté l'ancienne métaphysique et il n'entend pas restaurer ce qui est tombé
«en désuétude[1]». Ce qu'il met en œuvre, c'est une
«science des sources originaires» ou encore une
«science de la subjectivité transcendantale[2]». Cette
philosophie première (ou «dernière[3]») tombe, même
en tenant compte de cette mise au point, sous le
coup des analyses critiques adressées à la métaphysique par le second Heidegger. En quel sens
cette phénoménologie reste-t-elle métaphysique?
Non parce qu'elle aurait encore pour objets directs
et «transcendants» les idées de la raison (le moi,
le monde et Dieu), mais parce qu'elle entend toujours
constituer une intelligibilité fondamentale du réel en
fonction de la subjectivité transcendantale. Husserl
a donc à la fois raison de penser qu'il s'est affranchi
de la «vieille métaphysique», et tort de croire que
son projet est dégagé de toute présupposition métaphysique (en un sens heideggérien qu'il ne pouvait
admettre ni même sans doute concevoir). Cette analyse permet de montrer que le recours au concept de
métaphysique doit être différencié et que la distinction entre «métaphysique générale» et «métaphy-

sique spéciale » — qui peut paraître bien artificielle
et qu'il ne faut certes pas utiliser de manière méca-
nique — contribue à jeter un peu de clarté sur un
débat capital dont nous allons retrouver maintenant
des prolongements très actuels.

Afin d'aborder de front et de manière plus positive
le dernier livre de Jean-Luc Marion, *Étant donné*, il
est essentiel à notre propos de ne pas perdre le fil de
la philosophie première, car c'est ce fil qui nous
permettra de reposer sur des bases plus sûres la
question de la relation entre phénoménologie et métaphysique. Pour ce faire, arrêtons-nous brièvement à
un texte récent de Marion[4] où se trouve précisé,
dans cette perspective, le statut d'une phénoménologie de la donation.

Après y avoir inventorié les différents sens que la
philosophie première a revêtu traditionnellement,
Marion rappelle que Husserl reprend à son compte
cette ambition sur des bases nouvelles, exposées dans
son cours de 1923-24, *Erste Philosophie*. Le caractère métaphysique des principes husserliens[5] est
alors signalé avec une pertinence certaine, malgré
tout un peu hâtive, pour mieux dégager et mettre en
valeur un éventuel quatrième principe : « Autant de
réduction, autant de donation. »

Cette thèse ne saurait nous surprendre, puisqu'elle
a déjà été exposée par Michel Henry[6] et par Marion
lui-même dans *Réduction et donation*[7]. Ce qui nous
intéresse ici est de la réexaminer en fonction du
statut qu'elle va permettre d'assigner à la phénoménologie comme philosophie première. Une opération
assez subtile, mais éminemment discutable, est alors
entreprise : elle consiste à prétendre que le nouveau
principe peut être considéré comme principe « der-

196 de la page

nier» (parce qu'il suit toujours ce qui se donne). Mais un principe ultime n'est-il pas précisément premier, non pas empiriquement, mais en «dignité»? Marion en convient tacitement, puisqu'il admet que, sous cette forme, «la phénoménologie universalise le résultat cartésien[8]». De fait, le déplacement de la réflexion sur soi de la *cogitatio* vers la corrélation du donné à la conscience ne fait nullement quitter l'horizon cartésien (d'ailleurs formellement revendiqué par Husserl); au demeurant, la certitude est aussitôt reprise en compte en ces termes peu ambigus. «La donation s'érige donc, par sa certitude et son universalité de principe, en principe inconditionné[9].»

Cette démonstration ne va nullement de soi. Des «précautions[10]» sont nécessaires, concède-t-on. Il n'en reste pas moins que, grâce au renversement du principe — de premier devenant dernier —, la phénoménologie se trouve bel et bien réintronisée comme «l'autre philosophie première», projet qu'elle «assume et détruit à la fois[11]».

Beaucoup d'habileté pour un résultat ambigu! Quoi de plus louable de la part d'un phénoménologue que de rendre la priorité au phénomène? Mais cela l'autorise-t-il à prétendre que «la phénoménologie n'appartient pas elle-même à la métaphysique[12]»? Il faudrait alors préciser beaucoup plus rigoureusement les termes ainsi convoqués et, en particulier, ce qu'on entend par métaphysique.

Cette difficulté capitale se retrouve dans *Étant donné*. On y reproche à votre serviteur de ne pas avoir assez précisé son concept de métaphysique (ou, plus précisément, de «métaphysique spéciale») en termes historiquement assez documentés[13], mais le «compliment» peut être retourné à l'envoyeur. Il faudrait qu'on nous montre en quoi un principe dernier présenté comme inconditionné et universel, ainsi que comme «sans reste», n'est plus métaphysique. Que veut dire ici métaphysique ? Suffit-il, pour s'en débarrasser (à supposer qu'on y arrive), de mettre de côté le privilège transcendantal du *Je* ainsi que les apories de l'*ousia* et de la substance ?

C'est bel et bien l'immense question de la relation entre phénoménologie et métaphysique qu'il faut reprendre sur des bases aussi claires que possible, sans se contenter de distinguer «deux régimes». Peut-on passer à volonté du régime métaphysique au régime phénoménologique, comme s'il s'agissait de deux paliers d'un changement de vitesse ? Déjà, dans *Le tournant théologique*[14], avait été mise en question cette affirmation d'un texte déjà ancien de Marion : «La phénoménologie n'introduit pas à la métaphysique, elle en sort[15].» *Étant donné* vient-il apporter une réponse claire à notre interrogation (qui n'a rien d'une attaque polémique, mais réclame un éclaircissement essentiel à la cohérence même du projet de Marion) ?

Autant *Étant donné* se fait prolixe sur les ambitions spécifiques d'une phénoménologie de la donation (souvent confondue avec la phénoménologie tout court), autant ce livre reste elliptique sur la question de la métaphysique et son statut pour une phénoménologie renouvelée. Nous avons vu que cette phénoménologie revendique une certaine réactivation de la «philosophie première» comme «philosophie dernière». Demeure-t-elle ainsi métaphysique ou, au contraire, rompt-elle avec celle-ci, comme elle semblait le postuler ? Deux formules voisines d'*Étant donné* laissent perplexe : «La phénoménologie ne rompt décidément avec la métaphysique qu'à partir du moment et dans l'exacte mesure — qui reste le plus souvent flottante — où elle parvient à ne nommer et penser le phénomène *a)* ni comme un objet... *b)* ni comme un étant...[16]» Et le prière d'insérer du livre comporte un libellé voisin, toujours paradoxal. «La phénoménologie ne rompt avec la métaphysique que dans l'exacte et imprécise mesure où elle renonce à décrire les phénomènes comme des objets ou des étants pour les reconnaître, par une dernière réduction, dans leur pure donation[17].»

Pourquoi, sur une question aussi capitale, dont personne ne conteste la difficulté, faudrait-il admettre que la mesure soit à la fois «exacte et imprécise» ou «exacte et le plus souvent flottante»? Constatons qu'aucune justification ne nous en est fournie (en fait de donation...). On croit comprendre que la phénoménologie de la donation prétend rompre avec la métaphysique, dans la mesure où elle est d'autant plus strictement adonnée à la forme pure et inconditionnée de la donation elle-même: elle «en finit radicalement avec le "sujet"[18]» et elle congédie l'objectité aussi bien que l'étantité du donné.

Il y a là, de toute évidence, une reprise en compte — quelque peu schématisée — d'une intention de pensée venue du second Heidegger. Mais un insolite retournement est simultanément opéré contre celui-ci: distorsion de l'approche de l'*Ereignis*, insoutenablement réduit à un avènement ontique[19]; et, d'autre part, silence sur tous les textes avec lesquels une explication serait éclairante, en particulier sur le point suivant: Heidegger n'a jamais prétendu qu'il suffisait de se placer «en régime phénoménologique» pour rompre avec la métaphysique. En revanche, sa thèse, cette fois-ci très claire, est que la méditation de l'*essence* de la métaphysique permet une appropriation et une relative libération des présupposés et du langage de la métaphysique[20]. Cependant, cette «sortie» de la métaphysique ne saurait procéder seulement ni même principalement du bon vouloir humain: elle se reconnaît tributaire d'une motion destinale. On ne peut prétendre critiquer Heidegger ou prendre ses distances à son égard, sans s'expliquer sur ce point capital.

En effet, face à la difficulté de la question du «dépassement» de la métaphysique et compte tenu de la complexité du travail de déconstruction/appropriation effectué par le second Heidegger, un souci minimal de clarté doit imposer une distinction entre les intuitions personnelles, d'une part, et la situation effective de la pensée occidentale, d'autre part.

De toute évidence, il ne suffit pas de vouloir dépasser la métaphysique pour y parvenir effectivement. Et l'entreprise phénoménologique est à cet égard extrêmement ambiguë, puisque d'un côté elle renonce à rechercher l'au-delà des phénomènes en faveur de leur apparaître, de l'autre elle ne se débarrasse pas facilement — à supposer qu'elle y aspire, ce qui n'est pas le cas chez Husserl — de tout l'appareil conceptuel hérité du platonisme, à commencer par l'*eidos*, la vérité-adéquation, etc. Mettre en relation et *a fortiori* opposer globalement «la phénoménologie» et «la métaphysique», sans autre forme de procès, expose donc aux plus grandes confusions.

De plus, Heidegger a insisté sur une difficulté grandissime dans l'entreprise de dégagement par rapport à la métaphysique: le poids de nos langues occidentales: «Le nœud de la difficulté réside dans le langage. Nos langues occidentales, chacune à leur façon, sont des langages de la pensée métaphysique[21]. » Qu'on soit d'accord ou non avec ce qui est ici pointé, on ne peut avoir recours à des épithètes comme « pur », « absolu », « inconditionné » (ce que Marion fait abondamment), en feignant d'ignorer leurs connotations métaphysiques, sous prétexte qu'on a décidé de se placer « en régime phénoménologique ».

De même, le recours final à la « dignité du concept » devrait laisser songeur un lecteur déjà surpris qu'on ait, dès l'orée du livre, prétendu que la métaphysique « démontre », alors que la phénoménologie « montre ». Comme si toute grande métaphysique devait être de bout en bout conceptuelle et devait « démontrer » ! Est-ce le cas, par exemple, de la philosophie positive chez Schelling ? Et, du côté de la phénoménologie, la situation est-elle si simple que l'avance cette mise au point de la page 13 d'*Étant donné* : « Montrer implique de laisser l'apparence apparaître de telle manière qu'elle accomplisse sa pleine apparition, afin de la recevoir exactement comme elle se donne » ?

Cette réception exacte d'une pleine apparition régresse, dans ses termes les plus stricts, à une métaphysique de la présence pleine, verrouillée par une conception de la vérité comme adéquation. Et cette phénoménologie — conceptuelle, ajustée, impérieuse — prétend rompre avec la métaphysique ! Toute la méditation heideggérienne sur l'essence de la vérité, ainsi que sur l'historialité de la métaphysique, paraît ainsi annulée d'un coup (quelques traits de plume et de lourds silences).

Mais l'on n'efface pas la pensée de Heidegger comme un problème mal posé sur un tableau noir, quand par ailleurs on s'inspire si intimement d'elle.

Je n'oppose nullement ceci à Jean-Luc Marion par souci d'une «orthodoxie», mais pour le renvoyer à ses propres présupposés : que peut signifier «rompre avec la métaphysique», si l'on fait l'impasse sur les deux points essentiels qui viennent d'être rappelés ? Il faudrait au moins tenter de l'expliquer.

Quant à la question de savoir si l'on peut dissocier les deux faces de la structure onto-théologique[22], elle est tout à fait pertinente ; mais il faut la poser à fond et en assumer tous les attendus[23]. Dès les premières pages d'*Étant donné*, on affirme à la fois que «la phénoménologie s'excepte de la métaphysique», mais que cette assertion ne peut être soutenue «jusqu'au bout». Pourquoi ? Parce que «la frontière entre métaphysique et phénoménologie passe à l'intérieur de la phénoménologie — comme sa plus haute possibilité[24]». Cette mise au point bien elliptique exige une explicitation. Ce qui en ressort est le constat (ou l'aveu) que le dégagement hors de la métaphysique n'est pas aussi évident ni facile que certaines formules le laissent croire : toute une partie de la phénoménologie reste immergée dans la métaphysique ; Marion le reconnaît à propos de Husserl et de Heidegger : il ne devrait peut-être pas s'excepter trop facilement lui-même de ce lot. Dès lors, si les deux faces de la structure onto-théologique ne sont pas dissociables (d'après Marion lui-même affirmant suivre sur ce point Heidegger), est-il surprenant que la phénoménologie (dans la mesure où elle reste encore métaphysique) garde des rémanences théologiques ? En outre, si la phrase citée a un sens, elle signifie que la plus haute possibilité de la phénoménologie serait d'atteindre enfin la frontière avec la métaphysique et de la tracer le plus nettement possible. Cette

attente n'est guère comblée par *Étant donné* où
règne à ce propos le flou déjà déploré.

En tout cas, c'est une véritable contre-vérité que
de m'attribuer une interprétation «causaliste» de la
donation, introuvable dans *Le tournant théologique*[25].
Comment Jean-Luc Marion, dont je ne veux pas mettre
en cause l'honnêteté intellectuelle, est-il conduit à
un tel contresens? Des sinuosités des quelques pages
d'*Étant donné* qui prétendent me réfuter[26] on peut
du moins tirer une idée claire qui consiste à m'attribuer l'interprétation théologique de la donation, qui
serait donc purement imaginaire. Mais on a pu déjà
constater, et il faut le souligner, qu'à aucun moment
les mots causalité ou *causa sui* ne sont apparus sous
ma plume dans *Le tournant*. Qu'y ai-je écrit précisément et littéralement? Nullement que *Réduction et
donation* serait directement théologique, soit au sens
de la *sacra doctrina*, soit au sens de la théologie
rationnelle. Encore une fois, c'eût été faire perdre à
cette affaire tout son sel qui vient, au contraire, du
fait qu'on prétend strictement phénoménologiques
des énoncés dont l'ambiguïté est aisément utilisable
dans un autre contexte, théologique celui-là. En effet,
d'une part, Marion exploite l'ambiguïté de la notion
de donation; et cela il n'a pu vraiment le contester[27].
Deuxièmement, il est phénoménologiquement discutable d'attribuer à la donation une autoréférence
effective: les mots qui apparaissent à la page 51 du
Tournant sont «autosuffisance» et «autofondation»
(et c'est particulièrement ce dernier qui paraît relever
de la «métaphysique spéciale»). On m'oppose que je
n'aurais pas compris que la donation en question
«revient au seul donné» et qu'il s'y agit de «l'apparaître pur d'un phénomène[28]».

Je ne demande qu'à l'admettre, mais les arguments produits restent peu convaincants. D'une part, l'appel à Husserl[29] suppose, pour être pertinent, qu'on ait démontré que c'est bien la notion de donation (au sens de Marion) qui intervient dans la *Gegebenheit*; or nous allons établir que ce n'est pas le cas. D'autre part, le texte même d'*Étant donné* prétend exploiter à fond l'autoréférence de la donation, en pensant le «soi» du donner[30] jusqu'à vouloir, par exemple, rendre «à la donation le droit qu'elle exerce sur le donné[31]». Mais comment «l'apparaître pur» peut-il exercer le moindre droit sur le donné? Non seulement on unifie ainsi le donné à partir de l'autoréférence de la donation, mais on prête à cette donation une autorité de type juridique, quasi personnalisée (ou c'est bien le cas, ou la notion de droit n'a ici aucun sens). Je veux bien qu'il ne s'agisse pas de théologie; mais alors de quoi s'agit-il?

La poursuite de la discussion, portée cette fois-ci au cœur d'*Étant donné* et à propos de la «saturation» des phénomènes, permettra-t-elle d'y répondre? Avant d'en arriver là, et pour que la question de la «théologisation» de la phénoménologie soit reposée en toute clarté à partir de ses préalables, il est indispensable de préciser que l'ensemble de la théorie phénoménologique de la donation s'appuie sur des traductions et des lectures très personnelles de Husserl et de Heidegger.

DES TRADUCTIONS
AUX INTERPRÉTATIONS

Traduire est-il un acte indifférent? Si ce n'est déjà pas le cas pour un diplomate ou pour un homme d'affaires, que dire du philosophe? La difficulté semble bien plus prononcée pour Heidegger que pour Husserl. Et pourtant, les traductions qu'assume Jean-Luc Marion en matière husserlienne sont aussi révélatrices que contestables. Révélatrices parce qu'elles entendent démontrer que la définition husserlienne du phénomène « repose tout entière sur la donation[32] ». Contestables, tout simplement parce que, loin d'être littérales, elles sollicitent souvent mots et contextes.

Le mot-clé pour Marion est donation. Celle-ci, en bon français, est un acte juridique par lequel une personne transmet un bien à une autre personne[33]. Bien entendu, un philosophe a le droit de déplacer l'usage reconnu d'un mot en fonction de son inspiration originale. Encore faut-il qu'il justifie suffisamment ces déplacements et que, ce faisant, il ne reste pas insensible à sa propre langue (même s'il abstrait la donation de toute procédure juridique, il ne peut empêcher que le mot garde une connotation ontique et même personnalisée).

Ce qui paraît éminemment contestable n'est donc nullement l'appropriation du mot donation et le principe de sa greffe philosophique. Marion a d'ailleurs reconnu que j'avais posé une « juste condition pour approuver son entreprise[34] » : « mettre en question la notion de donation et s'interroger sur son sens phénoménologique[35] » me paraissait et me paraît toujours légitime. Pourquoi cependant trouver encore à redire dans *Étant donné*? En constatant, certes à regret, que la notion de donation y reste surinvestie, d'une manière qui fait particulièrement difficulté quand elle est rétrospectivement projetée sur des traductions de Husserl et de Heidegger. En effet, avant même d'examiner la cohérence propre de la phénoménologie de la donation telle que la soutient Marion, il s'agit de déterminer si certains textes de Husserl et de Heidegger — sur lesquels on prétend s'appuyer — veulent vraiment dire ce qu'on entend leur faire dire et si les traductions qui en sont proposées sont soutenables. Or traduire systématiquement la *Gegebenheit* husserlienne par «donation» et le *Geben* heideggérien par le même mot est non seulement inexact, mais conduit à de sérieuses distorsions. Nous allons sans tarder en produire quelques spécimens.

La *Gegebenheit* désigne littéralement le fait d'être donné, mais avec une ambiguïté — bien relevée par A. *Lowit* et par Marion lui-même[36] — entre ce qui est donné et le fait d'être donné. Cette dernière périphrase s'avérant trop lourde, les traducteurs de Husserl (en particulier, Ricœur, *Lowit*, Kelkel) préfèrent le plus souvent «le donné», «la donnée» ou même «la présence». Ces traductions ont leur légitimité suivant le contexte. En revanche, l'unification de cette aire sémantique sous le terme de «donation» s'impose-t-elle? Une donation en allemand se dit *eine Schenkung*. C'est tout différent. Marion argumente en faveur de sa traduction en faisant valoir que la donation comme «pli du donné» est un «concept consistant[37]». Justement! Il ne l'est que trop, uniformisant[38] sous sa propre polysémie — imposée bizarrement comme un fait sans «le moindre jeu[39]» — sa «pression» et son «autorité[40]» sur le paraître. Décidément la «traduction» de la *Gegebenheit* husserlienne a fait changer d'horizon.

Sans accabler le lecteur sous un trop grand nombre de références, citons quelques exemples de la lecture par Marion de passages décisifs de *Philosophie première* et surtout de *L'idée de la phénoménologie*.

La lecture de la 33e leçon de *Erste Philosophie* offre un exemple des coups de pouce opérés sur le texte. Le «strict mode phénoménologique» de Husserl n'y ferait pas référence à la nécessité[41]; or, non seulement cette allégation est littéralement contredite à plusieurs reprises[42], mais elle rend incompréhensible le projet même de cette 33e leçon, qui est de montrer que l'existence factuelle du monde — aussi confirmée soit-elle par l'expérience de ma conscience — reste lestée d'une irréductible contingence (ou non-nécessité). La connaissance de cette contingence est qualifiée bizarrement d'«arrivage» dans *Étant donné*. Fallait-il extraire cet «arrivage» du commerce des fruits et légumes pour l'élever à la dignité d'un concept philosophique? On l'eût plus facilement accepté si la problématique husserlienne en avait été clarifiée. C'est l'inverse qui se produit: on lit que «la contingence phénoménologique (l'arrivage) compose avec la donation en personne[43]». Or, chez Husserl, il n'y avait à proprement parler ni «arrivage», ni donation «en personne», ni donation de soi «en chair», ni même de «composition». La 33e leçon explicite le constat que Husserl fait d'emblée à propos de l'ambivalence de la perception de la chose comme «mixte d'autodonation propre et de co-intention»: il y a contemporanéité (et non pas composition) entre

mon expérience perceptive du donné lui-même et sa
constante contingence épistémique (*Erkenntnisskon-
tingenz*). Il faut penser ensemble la confirmation
intentionnelle de la présence du donné et la connaissance que tout cela (le monde) pourrait ne pas être.
Cette dernière connaissance — qui n'a rien d'un «arrivage» — est, d'ailleurs, formulée en une proposition :
«Le monde est». Husserl identifie une corrélation
dont les deux termes sont dits «traitables» (*verträ-
glich*) précisément parce qu'il y a tension entre eux.
Loin de permettre l'introduction d'une «contingence
supérieure» qui donnerait une sorte d'«initiative[44]»
au phénomène en le dégageant de la nécessité, on a
affaire dans ce passage à la coprésence de la certitude intentionnelle du donné et de la connaissance
de son irréductible contingence. La richesse du
donné ne fait point nécessité.

Si l'on se tourne maintenant vers *L'idée de la phénoménologie*, on constate que Husserl y écrit à propos
du deuxième stade de la réflexion phénoménologique : «Ce n'est pas le phénomène psychologique
saisi dans l'aperception et l'objectivation psychologique, qui est véritablement une donnée absolue,
mais seulement le phénomène pur, le phénomène
réduit[45].» Le sens est clair : c'est la réduction qui
«purifie» le phénomène pour lui donner le statut de
pur donné ; seul le phénomène réduit (et non le phénomène psychologique) est une donnée absolue.

À propos du même passage et grâce au coup de
pouce de la traduction de *Gegenbenheit* par «donation», Marion en vient à affirmer que «seule la réduction fait accéder à la donation absolue et n'a pas
d'autre but qu'elle[46]». Deux idées ont été introduites
par rapport à la lettre (et à l'esprit) du texte husser-

lien: la notion même de donation pourvue d'une ipséité (ce qui est signé Michel Henry et non Husserl, comme le confesse la note de la même page); l'idée que la donation serait le «but» de la réduction, alors que pour Husserl c'est *le statut du donné* qui est modifié par la réduction.

À la même page, la deuxième étape de la démonstration sollicite à nouveau le texte husserlien. Alors que Husserl affirme que la réduction phénoménologique, mettant de côté la question de l'existence du transcendant, exclut tout ce qui n'est pas «une donnée absolue de la vue pure», Marion y voit une définition du transcendant réglée par «ce que la réduction y maintient ou non de donation». En fait, Husserl ne se préoccupe plus ici d'une donation factuelle: il envisage le statut (absolutisé) du donné livré à la «vue pure».

N'ayant rien à objecter à la troisième étape, passons à la quatrième. Husserl aurait écrit, d'après *Étant donné*: «... la donation d'un phénomène réduit en général est une [donation] absolue et indubitable[47].» Or la phrase complète de Husserl est plus complexe et même littéralement opposée: «C'est-à-dire que, à propos du cas singulier d'une *cogitatio*, par exemple d'un sentiment, il nous serait peut-être permis de dire: ceci est donné, mais en aucun cas il ne nous serait permis de risquer la proposition la plus générale: le donné d'un phénomène réduit en général est absolu et indubitable[48].» Husserl ne dit pas, comme l'avance Marion, qu'il «revient à la seule donation d'établir le facteur commun» entre le phénomène réduit et son indubitabilité, il dit seulement, du moins dans cette phrase, qu'un donné singulier (un sentiment) ne permet pas de passer au caractère «absolu et indubitable» du phénomène réduit. Le texte et le contexte sont clairs chez Husserl : la réduction ne saurait se limiter aux «données phénoménologiques singulières de la *cogitatio*». Quant au privilège de la «seule donation», il n'en est point trace ici.

En ce qui concerne maintenant Heidegger, le «geben», pour une fois, ne recèle aucun «piège» : il s'agit bien du «donner», en sa force verbale, mais certainement pas du substantif, donation. Lorsqu'on traduit le verbe *geben* par le substantif «donation», cette force verbale du *geben* se trouve occultée, ainsi que la différence entre ce «donner» et le don (*Gabe*). Mais cette traduction contestable fait partie d'un ensemble et le dispositif interprétatif qu'elle permet s'appuie également sur les traitements imposés au mot *Ereignis* et à l'expression *Es gibt*.

Traduire *Ereignis* par «avènement» (sans autre forme de procès ni d'avertissement ou de précaution) conduit à effacer l'essentiel de ce que Heidegger veut faire entendre en cette pierre de touche de son ultime chemin de pensée[49]. En bon français, un avènement est toujours déterminé et a un objet : c'est l'arrivée (ou l'action d'arriver) du Rédempteur, d'une ère nouvelle, d'un roi[50]. Tel n'est justement pas l'*Ereignis*, encore moins lié à un étant ou à l'étant en général que l'être (de l'étant). Une lecture ontique de l'*Ereignis* fait violence à l'intention la plus expresse du penseur : penser, à partir de l'*Ereignis*, l'être sans l'étant[51]. À cet argument, qui n'est peut-être pas négligeable, ajoutons une objection d'apparence plus technique, mais non moins grave : la traduction par «avènement» fait perdre complètement le jeu de mots, si capital pour Heidegger, entre *Ereignis* et *eigen, eigens* avec tous leurs dérivés, c'est-à-dire avec toute la problématique du «propre» et de l'appropriation[52] (ce qui va s'avérer particulièrement dommageable à l'intelligence de la conférence «Temps et être» où l'émergence de l'*Ereignis* n'est compréhensible qu'à partir de la tentative de penser le «propre» de l'être et du temps)[53]. La traduction d'*Ereignis* par «avènement» occulte à tel point l'effort de pensée de Heidegger qu'il ne serait pas exagéré d'en conclure que c'est elle, non l'*Ereignis*, qui est «un recouvrement[54]»!

Quant à la traduction systématique de *Es gibt* par «cela donne», elle se veut plus fidèle à «la précision du concept». Mais c'est oublier d'une part que *Es gibt* n'est pas un concept, mais une expression détachée pour faire entendre ce qu'aucun concept ne peut saisir, d'autre part, que cette expression est l'une des plus courantes de la langue allemande. Certaines des occurrences heideggériennes, qui reprennent cet usage courant[55], deviennent littéralement incompréhensibles quand on jargonne avec «cela donne». Non qu'il soit absurde ni insignifiant de faire entendre ce que l'usage masque[56] et que Heidegger lui-même pointe (en majusculisant le *es* de *Es gibt*), mais une explicitation ne saurait s'imposer comme seule et unique traduction. En fait, rendre le *es gibt* plus actif et déterminé qu'il n'est le rabat (comme tout à l'heure l'*Ereignis*) sur l'ontique. Prétendre échapper à celui-ci mieux que Heidegger est une opération pour le moins acrobatique, puisqu'elle consiste à refaire du *es* un sujet actif (qu'on traduise par «il» ou par cela), alors que Heidegger y décèle le «temps propre» de l'*Ereignis*. Qui a pointé le danger que *Étant donné* prétend conjurer, sinon Heidegger lui-même ? Avoir l'ambition de faire mieux que lui sans prendre en compte sérieusement la question du temps et à partir d'un mot lui-même fortement connoté ontiquement (la donation) est une gageure difficilement soutenable.

À quoi aboutissent toutes ces traductions forcées ou sollicitées ? Un mauvais esprit répondra : à mettre en place un nouveau jargon post-heideggérien. Ce n'est que le résultat le plus superficiel de l'opération. Plus profondément, ces traductions s'inscrivent dans un dispositif interprétatif destiné à « neutraliser » un objet bien encombrant : la pensée même de Heidegger. La thèse est lumineuse : Heidegger a bien découvert « certaines propriétés de la donation », mais il a craint « d'avouer la prééminence de la donation » en privilégiant l'*Ereignis*. Ayant reculé devant cette découverte capitale, « il masque plus qu'il ne montre. Et masque surtout qu'il masque[57] ».

Quand on revient au texte, c'est-à-dire à « Temps et être », cette conférence extraordinairement dense, on constate qu'il en est tout autrement. Prenons un exemple très précis et tout à fait capital (car c'est le pivot de la lecture de l'*Ereignis* comme « recouvrement »). Heidegger écrit : « Die Gabe von Anwesen ist Eigentum des Ereignens. » Quelle « traduction » dans *Étant donné* ? « Le don de la présence revient à l'avènement[58]. » La réduction de l'*Ereignis* à l'ontique est ainsi parachevée par l'insoutenable schématisation de « ist Eigentum » que plaque la relation sèche du « revenir à[59] ». La correspondance sémantique entre « eigentum » et « Ereignis » est supprimée sans pitié et sans égard pour ce que veut dire Heidegger : non pas que le don de la présence est en quelque sorte subordonné à un quelconque avène-

ment, mais ceci : «Le don du présent est propriété
de l'appropriation qui advient[60].» Loin que le «donner»
(du temps) soit occulté par l'*Ereignis*, celui-ci en est
le déploiement le plus propre. Quant à l'être, dont il
est question dans la courte phrase qui suit et où
Marion décèle un «aveu» de Heidegger, il est paradoxal de voir l'auteur de *Dieu sans l'être* reprocher à
Heidegger de le faire «disparaître» dans l'«avènement». En fait, il n'y a ni abolition ni disparition
de l'être. La traduction de François Fédier est plus
juste : «L'être s'évanouit dans l'*Ereignis*[61].» L'être
comme présence n'est plus premier : il est à comprendre à partir de l'appropriation temporelle dans
son déploiement (qui reste un «donner»). À la fin de
la conférence, on lit en effet en toutes lettres que «le
temps aussi bien que l'être, en tant que dons de l'appropriation, ne sont à penser qu'à partir de celle-
ci[62]». L'appropriation, loin d'annuler ces dons, les
préserve et les déploie.

Il faudrait pouvoir relire l'admirable conférence de
Heidegger presque mot à mot pour montrer l'étroite
intrication entre le thème du «donner» et celui du
temps propre. On verrait alors — mais on le discerne
déjà — que le geste heideggérien n'a jamais consisté
à «abolir la donation dans l'avènement[63]» (il n'y a
chez lui, à proprement parler, ni l'un ni l'autre) et
qu'en revanche il refuse d'ériger en «principe» l'*Ereignis* lui-même : «*Ereignis* n'est pas le concept suprême
qui comprend tout...[64]» Car ériger un principe reste
une démarche métaphysique[65]. Dans «Temps et être»,
Heidegger n'a pas prétendu poser les principes d'une
phénoménologie générale, mais dégager un chemin
pour (donner à) penser le temps en ce qu'il a (ou

donne) de plus propre. Assurément il n'était pas maximaliste en phénoménologie.

UNE ÉTRANGE « SATURATION »

Il faut poursuivre l'épreuve d'une lecture attentive en abordant maintenant un texte de Jean-Luc Marion, intégré dans *Étant donné* et qui se présente comme « strictement phénoménologique » (significativement postérieur au *Tournant théologique*, il se prétend fort soucieux de rigueur méthodologique). Je crois être en droit de soulever d'abord une objection de caractère sémantique, concernant le titre même de ce texte, « Le phénomène saturé[66] ». L'idée d'infini chez Descartes sera citée, avec le sublime kantien, comme un exemple de phénomène saturé déjà « décrit » au sein de la tradition métaphysique[67]. Or, comme le rappelle Marion lui-même, l'idée d'infini déborde les cadres de la quantité, de la qualité, de la relation et de la modalité. « Il est de la nature de l'infini, que ma nature qui est finie et bornée ne le puisse comprendre » écrit Descartes en sa *Méditation III*[68]. Ce qui caractérise donc l'idée d'infini, c'est qu'elle excède infiniment mon entendement qui est fini et, comme tel, accoutumé à rendre compte des phénomènes de « droit commun ». Loin d'être ainsi « saturé » (c'est-à-dire repu, rassasié, satisfait), mon entendement est contraint de se dépasser, « ma connaissance s'augmente » sans pour autant rejoindre cet infini dont la réalité objective est infiniment plus riche que la visée que j'en ai. Bien que Dieu soit cet infini « actuellement et en effet », ma connaissance

« n'arrivera jamais à un si haut degré de perfection[69] ».
Dieu est-il « saturé », sous prétexte qu'il est en acte ?
Explicitons le sens de cette « saturation ».

Terme de chimie d'après le dictionnaire Robert, le
verbe *saturer* a une étymologie parfaitement claire
(*saturare, satis*) qui délimite nettement son aire
sémantique : « Rendre tel qu'un supplément de la
chose ajoutée soit impossible ou inutile[70]. » Non seulement Marion ne justifie pas le choix de l'épithète
« saturé » pour caractériser le type de phénomène
le plus riche possible (infini, sublime, etc.), mais il
semble bien que ce choix aille à rebours de l'intention affichée : ni l'infini ni le sublime ne me satisfont ;
ils sont au contraire en excès sur toute saturation.
En admettant même qu'on suive le fil de l'argumentation qui vise à renverser les conditions de possibilité du phénomène, telles qu'elles sont définies par
Kant et Husserl, il n'en résulte nullement qu'on ait
affaire, dans ces cas-limites, à des « saturations ». Ce
terme paraît aller à l'encontre des intentions de
l'auteur.

Bien que le contexte philosophique de cette « saturation » soit le « remplissement » husserlien, cette
référence ne lève pas toute difficulté. Ce qui est éventuellement rempli chez Husserl, c'est une visée
intentionnelle, une noèse ; ce n'est pas le phénomène
lui-même. Ou plutôt, la modalité du remplissement
dépendra du type de phénomène envisagé : l'objet
géométrique est, à ce propos, exemplaire ; l'idée
du triangle se laisse directement intuitionner (ou
construire, comme l'avait déjà vu Kant). Loin que
les idées mathématiques soient pauvres en intuition,
comme l'écrit Marion, elles constituent au contraire

la référence archétypique de l'intuitionnisme husserlien.

Ranger sous la bannière unique du «phénomène saturé» (et vouloir produire un «classement») des types de remplissement aussi différents que ceux qui sont censés affecter l'idée d'infini, le sublime, les «événements historiques purs», les «phénomènes de révélation» (idole, icône, théophanie[71]) relève-t-il du tour de force phénoménologique ou du coup de force conceptuel?

Coup de force, à notre avis, le seul fait d'unifier conceptuellement la phénoménalité, sous prétexte que le phénomène s'offre «de lui-même», selon Heidegger, alors qu'il faudrait préciser que, selon le § 7 d'*Être et temps*, le retrait n'est pas moins essentiel au phénomène que sa monstration[72]. L'amalgame entre l'horizon husserlien et l'analytique du *Dasein* s'opère ici au profit d'une conceptualité impérieuse (fort peu heideggérienne au fond) n'utilisant le cadre catégorial kantien que pour le renverser (phénoménologie négative qui ne s'avoue pas alors comme telle).

En examinant ce procédé de renversement, nous allons retrouver la «théologisation» déniée. Il consiste, en effet, à paraître concéder à Husserl d'une part et à Kant d'autre part que la donation des phénomènes est soumise à des conditions d'horizon. D'où sa dualité foncière (entre apparaître et apparaissant) chez le premier[73] et ses déterminations catégoriales chez le second[74]. «Des limites restent, par principe, irréfragables et sans doute indispensables[75].» Assurément. Jusqu'à ce point, comment ne pas acquiescer à cette reprise en compte des limites de l'expérience, terrain sur lequel Husserl se retrouve très largement en accord avec Kant?

Tout change subitement avec l'idée qu'il serait conforme à la vocation profonde de la phénoménologie (son «possible») de renverser ces conditions de l'expérience phénoménale (présentées comme limitatives du phénomène) pour libérer une donation absolue, inconditionnée, dégagée de l'horizon limité du phénomène de «droit commun». Tout lecteur tant soit peu averti de Kant sera surpris qu'on veuille réduire les catégories à des restrictions de l'expérience, alors que pour Kant elles sont évidemment la fixation d'une corrélation entre la subjectivité transcendantale et les conditions de l'objectivité de tout objet. En particulier, les catégories de la modalité (possible, réel, nécessaire) ne sont nullement forgées en fonction des exigences du seul *Je*. En outre, il est pour le moins surprenant de paraître ignorer le statut et le rôle du jugement réfléchissant, en faisant comme si Kant ne pouvait accéder à ce «phénomène saturé» qu'est le sublime que par le renversement pur et simple des conditions du jugement déterminant.

Au-delà de l'interprétation des textes de Kant, au-delà même des artifices rhétoriques de l'introduction du renversement dont il vient d'être question, le problème de fond est le suivant : quel est le statut du renversement complet des conditions de l'expérience phénoménale ? Marion concède lui-même, comme pour amadouer son lecteur, qu'il s'agit d'une «variation imaginaire[76]». Soit. Encore faut-il que cette opération ne change pas subrepticement de statut, et de carpe ne devienne subitement lapin. Il y a une différence grandissime entre renverser un horizon et se libérer des conditions de tout horizon, entre faire du bas un haut (ou l'inverse) et supprimer toute référence locale. Du fait qu'au sein de la phénoménalité se produisent des «excès» ou des «débordements» des conditions analysées par le jugement déterminant (ce que Kant a parfaitement reconnu et étudié en sa troisième Critique) s'ensuit-il qu'on ait licence de se libérer de la «condition d'un horizon»? L'excès du sublime, par exemple, est lui-même conditionné-inconditionné: il ne se produit nullement hors de tout horizon. Confondre ce type d'excès avec une «donation intuitive absolument inconditionnée[77]», c'est annuler d'un coup tout le travail critique et réintroduire sous l'étiquette de «phénomène saturé»... le noumène!

Une question capitale n'est pas posée en ce «renversement» hyperbolique: un phénomène qui s'excepte de toutes les conditions de la phénoménalité mérite-t-il encore le nom de phénomène? En ce qui s'avoue d'abord comme simple variation imaginaire, puis se donne subrepticement comme libération de la phénoménalité du phénomène en sa «saturation», on congédie d'un seul coup toutes les conditions qui ne correspondaient pas à ce phénomène «par excellence» qu'est censé être le «phénomène saturé».

La métaphysique n'a-t-elle pas justement pratiqué très largement cette opération du passage au «par excellence»? Est-il surprenant, dès lors, que Marion retrouve, au premier rang des phénomènes saturés, l'idée cartésienne d'infini? Voilà donc la métaphysique revenue par la grand-porte d'une «phénoménologie» qui aboutit au résultat exactement inverse des exigences méthodologiques et critiques qui paraissaient constitutives de l'expérience.

Une autre grande ambiguïté règne sur ce «phénomène saturé». Présenté d'abord comme phénomène «religieux», il paraît avoir regroupé sous son unité générique les attributs de Dieu, aussi bien que les différents visages de l'œuvre d'art plastique. Cette unité semble inclure aussi des «événements histo- riques purs[78]». Mais y a-t-il la moindre «pureté» dans un événement historique, quel qu'il soit, tou- jours lesté de l'opacité des circonstances et des situations humaines? Enfin, cette phénoménologie «stricte» semble accepter et même réclamer le pas- sage à l'herméneutique[79], tout en annexant celle-ci à son vaste empire[80]. Voilà un grand pas à faire, qui réclamerait quelque justification. Là encore, rien n'est si évident.

Nous n'en conclurons nullement que Jean-Luc Marion théologise tout ce qui lui tombe sous la main (ou le concept). Certes l'aboutissement théologique n'est nullement absent de la saturation du phéno- mène : il est même significatif que le texte s'achève — comme nous l'avons noté plus haut — par une référence au phénomène de révélation par excel- lence, explicitement théologique (et couronnant deux autres révélations, aux connotations également théo- logiques ou religieuses, l'idole et l'icône) : «La théo- phanie, où le surcroît d'intuition aboutit au paradoxe qu'un regard invisible visiblement m'envisage et m'aime[81]» — et que la conclusion nous invite à «penser sérieusement *aliquid quo majus cogitari nequit*», c'est-à-dire de nouveau l'infinité de Dieu.

Plus décisivement, ce qui se trouve en cause est ici plus que jamais la disparité entre l'intention affi- chée d'un projet phénoménologique de bout en bout rigoureux et l'immensité du champ phénoménal qu'on prétend maîtriser, mais qui échappe de tous côtés. Vouloir à toute force instituer un concept unique de «phénomène saturé» pour couvrir des réalités phénoménales extrêmement hétérogènes paraît être la monnaie du pari spéculatif le plus fragile de Husserl : constituer la phénoménologie en science rigoureuse et en philosophie première tout à la fois.

Constatons qu'il ne suffit pas de solliciter et d'assumer le caractère ultra-paradoxal d'une thèse pour réussir à transformer un ensemble de variations imaginatives (ou imaginaires) en théorie phénoménologique acceptable. Comment ne pas rester perplexe devant la définition même de la révélation ? « Redisons que par révélation, nous entendons ici un concept strictement phénoménologique : une apparition purement de soi et à partir de soi, qui ne soumet sa possibilité à aucune détermination préalable[82]. » Voilà effectivement des termes « simples[83] » ! Mais il serait plus clair et sans doute plus véridique de reconnaître d'une part que ces termes — profondément imprégnés de la tradition cartésienne de l'évidence — sont littéralement métaphysiques (seul l'absolu étant ainsi définissable) et que, d'autre part, ils constituent une épure excessivement abstraite par rapport à l'épaisseur empirique et symbolique des révélations historiques, esthétiques et religieuses effectives. Quant à savoir si une conception aussi « simple » peut convenir à la Révélation, sans référence ni à la contingence des circonstances, à leur incarnation, ni à un quelconque retrait, ni au mystère ni à l'écriture (avec ou sans majuscule), je laisse aux théologiens le soin d'en décider.

Loin d'avoir été désavoué par son auteur, « Le phénomène saturé » est repris pour l'essentiel dans *Étant donné*. La conception de la phénoménologie qui se dégage de tous ces textes est « maximaliste », en ce sens qu'on s'y efforce de réassumer les tâches de la philosophie première, tout en visant un dégagement de la métaphysique. Entreprise éminemment délicate et qui fait de la validité de ses paradoxes le fil sur lequel elle essaie d'équilibrer ses exercices risqués. Cette phénoménologie est-elle acceptable, dès lors qu'elle proclame avoir clarifié sa différence à l'égard de toute théologie[84]? Malgré notre désir de prendre acte de tout ce qui va dans un sens strictement phénoménologique, force nous a été de constater la réapparition de désaccords qui se situent pour la plupart, cette fois-ci, en amont du débat sur le «tournant théologique», mais ne laissent pas de nouer encore avec lui quelques fils. Ainsi à la page même où la spécificité de la phénoménologie est soutenue, on lit que: «La manifestation du Christ vaut donc comme paradigme du phénomène de révélation selon les quatre modes de saturation du paradoxe[85].» Malgré la différence formellement affirmée entre révélation et Révélation, voilà un voisinage paradigmatique qui n'a rien d'indifférent, surtout lorsqu'on confronte la neutralité phénoménologique sans cesse revendiquée avec une mise en perspective effective de la donation selon «l'appel et le répons», la «voix sans nom», «l'abandon[86]» et finalement l'amour, dont les connotations ne sont pas non plus indifférentes. Pour être fortement dénié, le «tournant théologique» est-il devenu indiscernable? Plutôt que d'en redessiner tous les traits, nous avons préféré faire porter le débat sur la question qui le conditionne: le statut philosophique de la phénoménologie[87].

Le «possible» de la phénoménologie ne peut-il pas

être tout différent ? C'est ce qu'une enquête sur les
délicates articulations (et désarticulations) entre phénoménologie et herméneutique, puis finalement sur
les différentes orientations d'une phénoménologie
minimaliste, permettra de vérifier.

4

ARTICULATIONS/DÉSARTICULATIONS

Ayant constaté et analysé les principales apories et les non négligeables malentendus qui découlent d'une volonté d'instituer (ou de restaurer) la phénoménologie comme philosophie première, il convient maintenant d'adopter un point de vue plus positif en abordant une inévitable question de confiance : le projet phénoménologique est-il amendable ?

Il est évidemment possible de répondre négativement à cette question et d'abandonner la phénoménologie à son rôle historiquement daté. Cette option, pour négative qu'elle soit, est à la fois compréhensible et respectable, pourvu que son rejet de la phénoménologie ne schématise pas à l'excès celle-ci. Or, sans vouloir dresser maintenant l'inventaire des rejets, on peut relever que beaucoup d'entre eux s'en tiennent à une conception restrictive ou limitée de la phénoménologie, faisant fi de ses possibilités. Ainsi Deleuze restreint-il la phénoménologie — «vulgaire», il est vrai — à la sphère intentionnelle (visée de la chose par une conscience qui «se signifie dans le monde[1]») préparant ainsi son assimilation à un spiritualisme apaisant et fade. Il s'agit toutefois de savoir s'il a raison de rabattre les recherches du der-

nier Merleau-Ponty sur un projet classique de refondation de la visibilité, alors qu'il s'agit pour celui-ci
bien plutôt de comprendre comment le visible advient
à sa visibilité, « cette prégnance de l'invisible dans le
visible, cette chair de l'imaginaire », émergence de
notre vision à partir de notre corps[2]. Faut-il absolument penser « l'épistémologie » contre la phénoménologie ? La distance est-elle si grande entre
Merleau-Ponty et Deleuze, s'il s'avère que le premier
se libère de la phénoménologie « vulgaire », exclusivement intentionnelle, et que le second exploite des
virtualités qui ne paraîtront finalement peut-être pas
inconciliables avec un déploiement de perspectives
phénoménologiques minimalistes ?

Sur l'autre voie, positive, qui exige que soit repensé
le statut philosophique du projet phénoménologique,
le recours à l'herméneutique se propose presque
naturellement et semble même s'imposer. Ce recours
ne préserve-t-il pas à la fois une certaine autonomie
des procédures phénoménologiques et leur dépassement (ou leur relais) au sein d'instances interprétatives ouvertes et complexes ? Il faut donc réexaminer,
d'abord à la lumière de leurs histoires respectives,
les jonctions et les disjonctions, les croisements et
les divergences, entre phénoménologie et herméneutique.

Cette question ne se réduit nullement à celle de la
relation entre deux « disciplines[3] ». Elle s'est déjà
glissée dans nos réflexions sur le statut philosophique
de la phénoménologie. Celle-ci est-elle d'emblée herméneutique de part en part ? ou doit-elle préserver
— grâce à la réduction et à ses visées descriptives — une spécificité et une autonomie complètes ?
Le souhait de dégager la meilleure articulation peut

aller de pair avec le constat que des désarticulations
— y compris jusqu'à l'extrême — sont inévitables.
Que veulent dire ici articuler et désarticuler? Et quelle
portée reconnaître au choc de leur antagonisme?

Depuis Platon, la philosophie est conçue comme
une activité apte à composer et décomposer, analyser
et synthétiser. Dans le *Phèdre*, Socrate montre que la
dialectique ne se borne pas à l'art de la *synopsis*,
mais qu'elle exige aussi l'habileté de la découpe,
c'est-à-dire : «... pouvoir diviser en espèces selon les
articulations naturelles, sans se mettre à mutiler
aucun morceau comme il arrive au cuisinier qui s'y
prend mal pour découper[4]». Monter et démonter,
construire et déconstruire sont des opérations utiles
et parfois difficiles; mais articuler et désarticuler
relèvent d'un art encore plus subtil, puisqu'il doit
«suivre les articulations naturelles» sans se borner à
des emboîtements ou des disjonctions mécaniques.

Ce qui vaut pour une question, une définition, par
exemple la définition de l'amour, s'applique à plus
forte raison aux articulations et aux différentes
membrures du savoir philosophique lui-même. La
métaphore du *corpus* circule à travers l'histoire de
ce savoir comme si elle devait en régler l'économie;
mais elle suppose, comme celle de l'arbre, que la
philosophie ait des attaches naturelles qu'il s'agit
seulement de redessiner. Si tel est le cas, la phénoménologie et l'herméneutique doivent trouver ou
retrouver un statut stable et les relations équilibrées
qu'impose un développement harmonieux du savoir.

Existe-t-il cependant, entre phénoménologie et
herméneutique, des «articulations naturelles»? Le
moins que l'on puisse dire est que le savoir philosophique actuel ne s'organise pas en un tout harmo-

nieux. S'il y a une harmonie, elle est encore plus cachée que «l'harmonie invisible» dont parle Héraclite! Un accord est d'autant plus difficile à dégager que des projets et des styles de pensée très différents les uns des autres viennent se ranger sous les bannières de la phénoménologie et de l'herméneutique, rendant encore plus complexe la question de leur articulation.

LE LEGS DE L'HISTOIRE

Avant d'envisager la situation actuelle en sa complexité, il est indispensable de se retourner vers l'histoire afin d'établir de quoi nous lui sommes redevables en la matière. L'héritage ne consiste pas seulement en une commune origine hellénique des termes en présence; il implique aussi deux histoires que nous ne pouvons reparcourir ici dans toute leur richesse, mais dont nous discernons déjà qu'elles ne sont nullement parallèles. Entre deux inspirations, qui ne sont pas encore des disciplines, la lecture de Platon révèle déjà une dissymétrie que l'histoire moderne ne va nullement rééquilibrer. Aussi bien en leur origine qu'en leur autonomisation relativement récente, la phénoménologie et l'herméneutique, sans être étrangères l'une à l'autre, s'avèrent plus disjointes que jointes. Articulation et désarticulation sont toutes deux en jeu; mais à quels niveaux, en quels sens?

S'il fallait décerner un prix d'ancienneté, c'est l'herméneutique qui le remporterait: non seulement l'*Ion* salue les poètes comme des «interprètes des dieux» (*hermènès tôn theôn*)[5], mais plusieurs autres occur-

rences[6] font émerger l'*herméneutikè* de façon autonome et dans un sens qui paraît, comme le note Jean
Grondin[7], surtout religieux ou sacral, bien que la
tâche d'explicitation d'une parole ou d'un oracle ne
soit encore que préparatoire par rapport à la saisie
philosophique de la vérité.

Pour la phénoménologie, la situation est inverse :
le mot résulte d'un montage moderne, datant seulement du XVIIIe siècle, mais l'inspiration s'avère résolument platonicienne et peut-être cn un sens plus
essentiellement philosophique que dans le cas de
l'herméneutique, si du moins l'on envisage la visée
eidétique de la méthode phénoménologique. Ne cède-
t-on pas ainsi cependant à une illusion rétrospective ?
Parler d'une phénoménologie chez Platon lui-même
serait littéralement un anachronisme. Pourtant, comment ne pas reconnaître l'origine platonicienne de
la vision des essences, même s'il faut se demander
si la dialectique platonicienne « sauve » vraiment les
phénomènes en les transcendant hyperboliquement.

Cette dissymétrie relevée dès l'origine n'empêche
pas les deux inspirations de partager une provenance
philosophique commune, sans aucune garantie de
jonction organique ni systématique.

En effet, lorsque chacune, beaucoup plus près de
nous, à partir du XVIIIe siècle, va commencer à revendiquer une autonomie disciplinaire, ce sont de nouveau les disjonctions qui vont sembler l'emporter
sur les convergences. Alors que Lambert fait de la
phénoménologie, conçue comme un inventaire critique des apparences, une simple phase préparatoire
de sa doctrine de la vérité, l'herméneutique dessine
un sillage plus singulier et plus prometteur à la fois :
son *ars interpretandi* s'autorise d'une tradition exé-

gétique qui s'ancre solidement chez Luther et se déploie dans la tradition exégétique protestante jusqu'à revendiquer le statut d'une discipline nouvelle chez Schleiermacher.

À l'aube du XIXe siècle, la présence simultanée à Berlin de deux maîtres qui campent sur leurs positions respectives, Hegel et Schleiermacher, symbolise les divergences entre le savoir de l'apparaître et l'interprétation de la Parole. Clôture du concept contre reprise incessante de l'écoute ? Il serait d'autant plus risqué de se borner à schématiser ainsi le malentendu entre le fondateur de l'herméneutique comme discipline et le penseur du Système que ce dernier, en écrivant la *Phénoménologie de l'esprit*, a exposé la science du «savoir apparaissant» (dont le rôle à l'intérieur du Système reste problématique), mais ne s'est pas présenté *avant tout* comme phénoménologue.

Bien que la situation se soit en principe clarifiée depuis, dans la mesure où toute phénoménologie accepte aujourd'hui peu ou prou la reprise en compte du projet formé par Husserl de faire table rase du psychologisme et du naturalisme pour constituer une visée spécifique des «choses mêmes», que d'orientations différentes sous la même bannière ! La fortune du mot *phénoménologie* (et des projets qu'il induit) ne doit pas tromper. La tension, déjà patente chez Husserl lui-même, entre le souci principiel de refonder la philosophie première et la quête d'une méthode de description rigoureuse des phénomènes en leur phénoménalité immanente, se retrouve et se déplace dans les recherches et les débats qui font la vitalité des phénoménologies actuelles.

Reconnaissons que le legs de l'histoire est plus

conflictuel qu'irénique. S'il est vrai que phénoménologie et herméneutique partagent toutes deux le souci du sens et nouent leurs destins au cœur de l'étonnement philosophique, leurs histoires sont différentes et même contrastées (l'herméneutique, travaillant sur les textes, surtout sacrés, semble presque toujours seconde par rapport à la phénoménologie qui a partie liée avec une reprise méthodologique radicale). Leur alliance éventuelle n'a donc nullement le caractère naturel et paisible de la jonction entre deux cours d'eau ayant suivi la même pente.

Comment comprendre, à partir de cette remise en perspective, les jonctions et les disjonctions qui s'offrent à nous dans le paysage contemporain ? Tout d'abord s'imposent deux articulations de styles différents : la phénoménologie herméneutique, telle que la propose Heidegger au début de *Sein und Zeit*, et son rééquilibrage soigneux dans l'œuvre de Paul Ricœur.

LE DIFFICILE ÉQUILIBRE
DE LA « PHÉNOMÉNOLOGIE
HERMÉNEUTIQUE »

Il vaut la peine de revenir à l'émergence d'une « phénoménologie herméneutique » au § 7 de *Sein und Zeit*. Deux points méritent d'être soulignés : l'un négatif, l'autre positif. En récusant d'emblée une approche disciplinaire de l'ontologie, puis de la phénoménologie (et implicitement de l'herméneutique), Heidegger se libère de toute allégeance inconditionnelle à Husserl aussi bien qu'à Dilthey : il affirme que l'expression «Phénoménologie» fait signe vers un «concept de méthode» et il se tourne résolument vers «le possible de la phénoménologie[8]», c'est-à-dire vers des tâches nouvelles par rapport aux acquis husserliens. Ce retour à la «chose même» appliqué à la phénoménologie se double rapidement et presque subrepticement d'un renouvellement aussi radical de l'écoute du mot «herméneutique», dans la mesure où la méthode de la description phénoménologique n'est pas eidétique, vision d'essences, mais *Auslegung*. Les traducteurs, pour une fois unanimes, traduisent ce mot par «explicitation», ce qui n'est pas faux, mais tend à réduire quelque peu l'ambiguïté de l'*Auslegung* du côté de la clarification. *Auslegen* signifie déplier, étaler; et, au sens figuré, expliquer, expliciter, interpréter (*die Auslegerei* veut dire la manie de tout interpréter). L'*Auslegung* est bien une explicitation, mais elle n'est pas forcément simple ni définitive, puisque l'être énigmatique qu'il s'agit d'interroger, le *Dasein*, se dérobe autant qu'il se montre : «La phénoménologie de l'Existant est herméneutique au sens originel du mot, lequel désigne le travail de l'interprétation[9].» En qualifiant ainsi l'analytique de l'Existant, Heidegger semble presque énoncer une évidence, car le *Dasein*, ne se livrant ni comme une chose ni comme une essence, réclame l'écoute spécifique et exigeante qui va élever sa compréhension ordinaire jusqu'au «sens propre de l'être» (*eigentliche Sinn von Sein*).

Cependant, la mise au point concernant cette dimension herméneutique s'avère singulièrement elliptique à la page 37 de *Sein und Zeit* et comporte plusieurs significations que Heidegger se borne à énumérer en un classement ternaire : premièrement, le sens originel de l'*Auslegung*; deuxièmement, «l'explicitation des conditions de possibilité de toute recherche ontologique» en général; en troisième lieu se dégage l'explicitation de l'existentialité de l'existence du *Dasein* — sens philosophiquement premier, précise Heidegger, dans lequel s'enracine le sens dérivé de l'herméneutique comme «méthodologie des sciences historiques de l'esprit».

Si l'on y prête attention, l'énumération faite par Heidegger est incomplète. Il n'y a pas trois significations de l'herméneutique, mais (suivant sa propre logique) cinq: les trois sens explicitement distingués par Heidegger, plus le sens philosophique originaire (qui ne se confond peut-être pas tout à fait avec le sens linguistique premier) et le sens plus récent, «dérivé», c'est-à-dire issu du travail de Dilthey. Curieusement, en ce passage crucial, Heidegger n'explicite rien, ni le sens originaire de l'*hermeneuïen*, ni l'intrication des autres significations. Il laisse même de côté tout ce qui concerne l'exégèse des textes sacrés, appliquant une sorte de tactique du «fait accompli».

Quel est le but de cette tactique? Soyons un peu herméneutes pour le découvrir. Immédiatement après le paragraphe si resserré dont nous venons de faire état, Heidegger revient à «l'être comme thème fondamental de la philosophie[10]». Pour nous exprimer en termes imagés, disons que Heidegger noue l'alliance entre phénoménologie et herméneutique grâce à l'anneau de l'ontologie! De fait, tout *Sein und Zeit* se laisse déchiffrer à la lumière de l'explicitation du «und» qui lie l'être et le temps: l'être comme tel se révèle temps, au fil d'une entreprise qui se présente à la fois comme analytique, interprétation et explication (les mots *Interpretation, Ausle-*

gung, Analyse, Analytik, Explikation voisinent sous la plume de Heidegger[11]).

L'herméneutique de cette herméneutique, l'explicitation de cette explicitation, exigeraient de plus amples développements. Relevons, quant à l'essentiel, à quel point l'articulation heideggérienne de la phénoménologie *et* de l'herméneutique, tout comme de l'herméneutique elle-même comme interprétation de l'être *et* du temps tourne autour de la conjonction de coordination «et», mais de telle sorte que cette conjonction n'ait pas un sens principalement additif ni distributif, mais une portée explétive qui en fait presque l'équivalent d'un «als» (en tant que).

Ainsi l'articulation heideggérienne entre phénoménologie et herméneutique se révèle-t-elle beaucoup plus cryptée que l'elliptique présentation de *Sein und Zeit* ne le laisse supposer au premier regard. La mise en lumière de cette articulation ne saurait être séparée de la tâche de «destruction» (ou déconstruction) de l'ensemble de l'ontologie.

Chez Ricœur, la situation se présente de façon sensiblement différente, plus clairement distribuée selon une logique architectonique. Certes, lorsque Ricœur expose la conception heideggérienne, il lui arrive d'écrire que «la phénoménologie ne peut être qu'une herméneutique, parce que le plus proche de nous est aussi le plus dissimulé»; mais lorsqu'il reprend le problème à son propre compte, Ricœur n'envisage plus une étroite intrication de la phénoménologie et de l'herméneutique sous le signe de l'ontologie, mais bien plutôt un passage de relais, une «greffe[12]», une «conversion[13]» entre deux phases méthodologiques aux rôles nettement délimités et finalement complémentaires. On le constate dans *Temps et récit* où la phénoménologie met en place la description aporétique des visées intentionnelles de la conscience temporelle, tandis que l'herméneutique de la narration vient recueillir et transposer, à un autre niveau, lesdites apories pour en enrichir l'intelligibilité. Cependant, ce schéma ne fonctionne pas dans un seul sens, puisque Ricœur a aussi tenu à souligner que la phénoménologie ne serait pas pensable sans l'herméneutique et, plus précisément, « la grande herméneutique des quatre sens de l'Écriture[14] ». Si la phénoménologie et l'herméneutique croisent ainsi leurs présuppositions en une « grande querelle, qui est aussi un long cheminement côte à côte[15] », c'est qu'elles partagent une même présupposition ou une même option explicite ou implicite en faveur de la signifiance : « le choix pour le sens[16] ».

Cette connivence entre phénoménologie et herméneutique est compensée par le fait que Ricœur marque fortement, par ailleurs, les limites de la phénoménologie et laisse donc un vaste domaine ouvert à un autre type de méthode. Ces limites de la phénoménologie, précise Ricœur, sont « celles de son style eidétique[17] ». En bien d'autres passages de *Temps et récit*, une autre limite se manifeste aussi : le fait que la phénoménologie s'en tienne au temps de la subjectivité, au temps intentionnel, en négligeant le temps cosmologique ou naturel.

Précisément, la découverte de ces limites fait atteindre explicitement la dimension herméneutique qui était déjà présupposée par la circularité entre compréhension et précompréhension : « C'est en effet lorsque la phénoménologie du temps accède aux aspects de la temporalité qui sont d'autant plus dissimulés qu'ils nous sont les plus proches, qu'elle découvre sa limite externe[18].» L'herméneutique et la poétique du récit ne dissoudront pas les apories du temps : elles offriront une «réplique» qui les approfondira.

On le constate : sur la question de l'articulation entre phénoménologie et herméneutique, Ricœur a une vision nettement plus méthodologique et systématique que Heidegger, chez qui l'accent se déplace au fil de son avancée pour faire s'effacer finalement toute méthode générale et toute «distribution des rôles» devant «ce qui est à penser». Mais il faudra se demander si les gains méthodologiques de Ricœur ne sont pas payés d'un prix trop élevé : la postulation même d'un sens unifié, restaurant discrètement un noyau métaphysique, commun à l'herméneutique et à la phénoménologie.

Quant à Heidegger, bien qu'il ait, sur le tard, tenté de renouer les fils de sa pensée avec la phénoménologie[19] ainsi qu'avec l'herméneutique[20], on peut se demander s'il n'a pas aussi contribué à désarticuler ces deux orientations d'abord complémentaires, à la mesure de sa mise en question de la métaphysique. De fait, lorsque, dans son «Dialogue avec le Japonais», Heidegger fait référence à un sens encore plus originaire de l'*hermeneuïen* que toute interprétation — annoncer et faire connaître (*das Bringen von Botschaft und Kunde*) —, il oppose ce sens à la «manière de la métaphysique» et il fait signe vers le *Bezug* herméneutique, dimension où la langue nous requiert décisivement et plus originairement encore que dans la représentation du «cercle herméneutique[21]».

Heidegger a certes précisé qu'il préférait que son chemin de pensée reste «sans nom[22]», laissant ainsi ouverte la question de l'articulation entre sa «phénoménologie de l'inapparent» et la dimension herméneutique ultime de sa pensée. Mais il n'a jamais pensé que la phénoménologie, pas plus que toute démarche philosophique digne de ce nom, pût faire l'économie d'un questionnement sur ses fondements et d'un débat avec sa langue, c'est-à-dire d'une herméneutique, fût-elle *in nuce* et quel que soit son degré d'élaboration thématique ou méthodologique.

Comment ne pas lui en donner acte et s'étonner qu'on puisse aujourd'hui refuser toute herméneutique, tout en se prétendant philosophe ? Si surprenant que cela puisse paraître à tous ceux qui ne dissocient pas la philosophie d'un travail incessant d'interprétation, il existe en effet des refus radicaux de l'herméneutique. Examinons deux sortes de disjonctions : aussi bien celles qui, travaillant phénoménologie et herméneutique de l'intérieur, remettent en cause leurs présuppositions respectives, que celles qui les attaquent de l'extérieur, à savoir à partir de traditions ou de projets qui contestent principiellement les deux traditions.

DÉSARTICULATION ET DÉCONSTRUCTION

Peut-on concevoir une phénoménologie sans herméneutique ? une déconstruction de la métaphysique qui en fasse également l'économie ? Que penser de ces dénégations de l'herméneutique ? S'enferment-elles dans une querelle purement verbale qui masque leurs véritables implications herméneutiques ?

Il paraît, à première vue, surprenant que l'exercice de la déconstruction conduise à contester l'her-

méneutique. Si la métaphysique dogmatique est morte
et s'il n'y a plus que des interprétations, comme
l'avait suggéré Nietzsche, ne reste-t-il pas à mieux
comprendre la logique interne des concepts consti-
tutifs de la philosophie, ainsi que la complexité de
leurs sédimentations textuelles? Une déconstruction
bien comprise ne devrait-elle pas s'accepter comme
herméneutique, sans jeter la suspicion sur le mot et
ses connotations? Nous avons en effet plus affaire à
des soupçons qu'à une opposition frontale. Lorsque
Derrida rencontre Gadamer, il lui demande si l'appel
herméneutique à la bonne volonté, présenté comme
un «axiome inconditionnel», ne présuppose pas
«que la *volonté* reste la forme de cette incondition-
nalité, le recours absolu, la détermination de dernière instance[23]». C'est ainsi l'ensemble de l'horizon
herméneutique comme espace de dialogue, possibilité d'appropriation de la parole d'autrui, espoir
d'entente intersubjective, qui est récusé (ou du moins
suspendu, puisque soupçonné de rester métaphysique), sous le prétexte que s'y réserve encore un
projet réconciliateur et une sorte de retour de la
synopsis platonicienne, peut-être même une version
douce de la réconciliation hégélienne. On devine
que le même type d'objection serait élevé contre
l'herméneutique de Ricœur, puisqu'elle entend préserver les mêmes présupposés d'intersubjectivité
dialogique et pratique que chez Gadamer et dans la
mesure où Ricœur assume franchement — tout en
repoussant la «tentation hégélienne» et en se dégageant d'une onto-théologie thématique — une reviviscence de la «fonction méta» au sein du projet
métaphysique[24].

Si la déconstruction récuse ainsi la compréhension comme l'ultime horizon de l'herméneutique de même que l'unité d'un *corpus* phénoménologique, ne désarticule-t-elle pas tout recours au Sens au profit du texte et de la textualité ? Ne déplace-t-elle pas le travail herméneutique en fonction de la présupposition de la « mort de Dieu » afin de traquer dans leurs derniers retranchements toutes les rémanences suspectes de métaphysique et même de religiosité ? Si ces questions valent la peine d'être posées, cela ne justifie pas forcément leur utilisation condescendante. Gadamer a répondu sereinement à Derrida, alors que ce dernier avait lancé un soupçon sous la forme d'un titre étrangement accusateur : « Bonnes volontés de puissance », comme si l'appartenance à la métaphysique était toujours le fait d'autrui et comme si la récusation de la « bonne volonté » de compréhension suffisait à régler le compte de l'herméneutique.

Certes, non seulement la « bonne volonté » peut paraître un peu courte, mais elle est susceptible de masquer ses présuppositions (en particulier, langagières) ainsi que ses intentions (pas toujours explicites). Cependant, revenant à nouveau sur sa rencontre parisienne si décevante avec Jacques Derrida, Gadamer a fait de pertinentes remarques[25] qui permettent d'approfondir le débat. Il discerne la principale pomme de discorde : la critique du logocentrisme à partir de la déconstruction de la métaphysique de la présence. L'herméneutique reste-t-elle prisonnière du logocentrisme et de la métaphysique de la présence ? Gadamer le conteste en faisant valoir d'une part qu'il assume la critique heideggérienne du privilège de la vue chez les Grecs et même une certaine « destruction » heideggérienne de la métaphysique, mais non comme une fin en soi : comme une ouverture au dialogue vivant, aux continuités comme aux ruptures de tout partage linguistique.

L'enjeu est de taille : à partir d'une mise en question d'une attitude jugée (par Derrida) trop orientée vers l'entente et l'accord[26], c'est toute la question du «dépassement» de la métaphysique qui est reposée. Alors que Derrida pratique la déconstruction comme une tâche inlassable, traquant toutes les rémanences métaphysiques, Gadamer ne craint pas de s'interroger sur la pertinence de la référence constante et obsédante au «langage de la métaphysique[27]».

Gadamer a littéralement raison en son interprétation de la *Destruktion* heideggérienne qui était effectivement différente de ce qu'en a fait la pratique derridienne : elle ne visait que l'ébranlement de la tradition sclérosée pour rendre «à nouveau parlantes[28]» ses expériences de pensée. Mais son concept de métaphysique semble insuffisant, si on le confronte avec l'ensemble du parcours critique effectué par le second Heidegger à partir de ses cours sur Nietzsche. Gadamer a une conception restrictive de la métaphysique, qui la limite à une «ontologie de l'étant-subsistant[29]», c'est-à-dire au noyau de l'onto-théologie. C'est, au fond, une conception classique, et d'ailleurs parfaitement respectable du problème. Derrida, en revanche, suit Heidegger jusque dans les derniers retranchements et jusqu'aux ultimes conséquences (qu'il retourne contre Heidegger lui-même) d'une contestation beaucoup plus radicale de la métaphysique à travers ce que Nietzsche identifiait comme notre «croyance à la grammaire» (mise en question que Derrida ira jusqu'à appliquer à la «politique du nom propre[30]»).

Comment un tel débat peut-il être tranché? Doit-il même l'être? Quel que soit son intérêt, notre lecteur ne sera-t-il pas également en droit de nous faire revenir sur nos pas: quel rapport avec la phénoménologie? Entre-temps, celle-ci n'a-t-elle pas été quelque peu oubliée?

En fait, elle a été moins oubliée qu'exposée à la désarticulation de la présence et du sens par la déconstruction, car celle-ci rend finalement intenable tout logocentrisme, donc toute stabilisation de la phénoménologie. S'il paraît en aller différemment de l'herméneutique, c'est en raison d'une certaine pratique tolérante et ouverte de celle-ci par Gadamer et Ricœur; mais nous avons vu que l'herméneutique ontologique du premier Heidegger s'accompagnait d'une «destruction» de la tradition sclérosée et mettait en question le privilège de la présence du présent. L'entreprise menée par *Sein und Zeit* a bel et bien fait éclater le projet phénoménologique au sens husserlien. Rien n'oblige donc en principe l'herméneutique à légitimer la phénoménologie ni même à chercher un mode d'articulation avec elle (sinon précisément la «bonne volonté» gadamérienne, contestée par Derrida). L'enjeu du débat entre Gadamer et Derrida concerne, au fond, moins le passé de la phénoménologie que son possible. La radicalisation par Derrida de la mise en question heideggérienne de la métaphysique peut être plus ou moins opposée à tel ou tel style herméneutique. Mais l'essentiel est-il là? Gadamer et Derrida ne partagent-ils pas (même si le second serait peut-être réticent à en convenir) le même héritage heideggérien d'ébranlement du privilège de la présence du présent? Dès lors, ni l'un ni

l'autre ne peuvent plus être *stricto sensu* des phénoménologues au sens husserlien.

La distance entre herméneutique et déconstruction est-elle infranchissable? Comme s'il convenait
tacitement que ce n'est pas le cas, Derrida a pu
admettre récemment (et certes sans parler uniquement en son nom propre): «... est-ce un hasard si
nous avons tous, un jour, été tentés à la fois par une
certaine dissidence à l'égard de la phénoménologie
husserlienne et par une herméneutique dont la discipline doit tant à l'exégèse du texte religieux[31]?» De
fait, si aucun héritage n'est univoque, nous avons vu
à quel point le legs heideggérien d'une «phénoménologie herméneutique» est surdéterminé. C'est
pourquoi Derrida ne peut honnêtement s'abstraire
de ce réseau complexe à partir duquel et sur lequel
sa pensée s'est greffée et a travaillé; c'est peut-être
aussi pourquoi, l'herméneutique, inspiration plus
secrète et moins astreinte aux contraintes de la mise
en évidence que la phénoménologie, ne cesse de
réapparaître chez Derrida, y compris peut-être sous
la forme d'une subtile sacralisation (alors que, pourtant, la déconstruction ne pose pas de limites à ses
désappropriations): celle du texte comme tel.

En définitive, ce qui différencie et situe réciproque-
ment (sans les articuler à proprement parler) phénoménologie et herméneutique, c'est la délimitation de
la première au sein d'un horizon d'éclaircissement
ou de mise à jour (la stabilisation d'un horizon
de mise en présence/absence[32]), l'illimitation de la
seconde dans les méandres de la lecture et de l'interprétation de textes de référence (dont le lien au
sacré n'est peut-être jamais totalement inexistant).
À cet égard, les hommages rendus à Emmanuel

Lévinas sont révélateurs : si compréhensibles et légitimes soient-ils, surtout compte tenu de la date encore récente du décès de cette éminente figure de la pensée française, ils ne laissent guère percevoir une différence insurmontable entre le style de la déconstruction et celui de l'herméneutique : Paul Ricœur signale tout au plus des « difficultés » dans un texte infiniment estimé[33] ; Jacques Derrida — donnant à son adieu la forme d'un « à-Dieu » — ne formule plus en définitive qu'une « question-prière[34] » en saluant une œuvre dotée du privilège de nous combler d'une « dette légère et innocente », mise ainsi à part, sacrée et consacrée éthiquement (surtout par opposition à Heidegger). N'y a-t-il pas là un retour discret (fort respectable certes, mais digne de question) du religieux, du moral (et du « théïologique ») au sein même d'un geste philosophique en principe toujours critique, mais en fait gagné par la révérence envers l'altruisme et la hauteur de vues d'une œuvre consacrée ? Certes *Adieu*, allocution prononcée lors des obsèques d'Emmanuel Lévinas, offre un caractère de recueillement propre à la circonstance ; mais sa publication lui donne une portée plus définitive, sans que « Le mot d'accueil », conférence prononcée un an plus tard, vienne briser ce « recueillement » et rompre le fil conducteur de « l'à-dieu[35] ». On pourrait même, si l'on voulait renouer avec le point de vue critique du *Tournant théologique*, mettre en question le déplacement de la thématisation intentionnelle vers un accueil éthique — sinon religieux — en termes d'*hospitalité*[36].

Ainsi, même si la divergence des styles est avérée, déconstruction et herméneutique partagent un même lien au texte et à la textualité, à la tradition, à ses

traces et à ses strates. Aux articulations et réarticulations des textes répondent les désarticulations et
réarticulations interprétatives, fussent-elles suspen-
dues, illimitées.

Y a-t-il alors encore place pour un horizon phénoménologique de mise en présence/absence ?

NOUVELLE DÉSARTICULATION

Le retour à la mise en lumière crue, à la vigueur
descriptive, à l'ouverture de perspectives clairement
découpées sur un plan d'immanence exclut toute
complicité avec l'herméneutique (ou même avec la
déconstruction). Brisant la référence révérente au
texte, on revient aux choses mêmes dans la brutalité
de leur apparaître, mais non principalement sous
leurs figures eidétiques : bien plutôt en leurs procès,
leurs devenirs, leurs lignes de fuite.

En ce sens, Deleuze lui-même, s'il fallait à tout
prix céder à la tentation dangereuse des rapproche-
ments, serait plus phénoménologue qu'il n'est her-
méneute. Avec le panache de la provocation, il ne
mâche pas ses mots pour s'attaquer à ce qu'il considère comme des restaurations crypto-religieuses et
moralisantes sous couvert de l'interprétation, mais
il attaque ainsi la psychanalyse tout autant, et sans
doute même plus, que l'herméneutique : « Signifiance et interprétose sont les deux maladies de la
terre, le couple du despote et du prêtre[37]. » Si outran-
cière soit-elle, cette appréciation polémique a sa
logique, qui se situe dans le sillage du Nietzsche de
L'Antéchrist et qui entend pousser l'athéisme bien

au-delà d'une neutralité méthodologique : jusqu'à
traquer tout jugement de Dieu, tout système théologique fonctionnant en ces trois grandes strates :
organisme, signifiance et subjectivation[38]. Mais même
le devenir-rhizome s'expose, se justifie, même le livre-
racine reste un livre, même le corps sans organe
s'oppose à l'organisme et doit s'expliquer — malgré
ses fuites et ses percées — avec des dualismes récurrents, même la nomadologie reste une « logie ». De
ce fait, n'a-t-on pas toujours affaire à du sens (mais
non pas au « sens » unifié choisi par Ricœur), à de
l'interprétation (sans « interprétose ») ? Et n'avons-
nous pas commencé à discerner que Deleuze lui-
même — par un curieux effet de boomerang — peut
être (à certaines conditions) qualifié de phénoménologue ? Ce qui, n'étant pas une injure, peut revêtir
une certaine pertinence sous un angle d'attaque
qu'il faut encore préciser.

Il serait évidemment ridicule de vouloir « annexer »
l'œuvre de Deleuze au mouvement phénoménologique, comme on ajoute une rallonge le dimanche à
la table de famille. Il s'agit, à l'inverse, de mieux
comprendre pourquoi c'est une certaine incompatibilité (à la fois avec la phénoménologie et l'herméneutique) qui est venue au premier plan.

Incompatibilité d'« humeur » ou divergence radicale des présupposés ? La question vaut la peine
d'être posée, précisément parce que nous travaillons
maintenant aux frontières de la « phénoménologie
éclatée ». Alors que Deleuze lie la figure du prêtre à
« l'interprétose », c'est celle du despote qui vient à
son esprit à propos de la phénoménologie. Étrange
dramatisation, qui s'éclaire cependant si l'on songe
au caractère tyrannique et paranoïaque que revêt le

visage chez Deleuze et à l'étroite intrication entre *eidos*, figure, mise en lumière.

Comment l'apparaître se donne-t-il sans signifiance ni interprétose? Selon ses lignes de fuite. Ne pouvant entrer ici dans les détails, choisissons un exemple, un «plateau» entre mille et justement: la visagéité, le visage, cette machine «à défaire[39]».

Le visage se dessine à la rencontre des axes de signifiance et de subjectivation: c'est le système «mur blanc-trou noir». Deleuze exclut tout champ et toute position phénoménologiques (mais aussi toute «intégration structurante») pour rendre compte de l'émergence du visage et à plus forte raison pour annoncer sa dissolution. Pourtant, ce qu'il fait, à sa manière attachante ou racoleuse (suivant les moments et selon les goûts), c'est bien une description typologique d'un invariant, le système de la visagéité et du visage. Et, en le présentant comme essentiellement chrétien, en isolant le Christ comme le visage par excellence, n'est-il pas lancé en pleine interprétation? La phénoménologie bannie (parce que, comme chez Sartre, elle baigne dans l'intentionnalité), l'herméneutique honnie (à cause de son côté bondieusard) ne hantent-elles pas encore le plateau de la visagéité — et plus d'un autre? Certes, rien n'est plus uniquement eidétique; tout est dynamisé en régimes d'intensités; mais pour mesurer un écart-type, il faut un type; et les concepts sont encore les principaux repères de la méthode «rhyzomatique».

Si cette excursion vers la corporéité «sans organe» paraît nous éloigner de notre propos, elle permet de reposer la question des limites des désarticulations entre apparaître et textualité, entre l'émergence du visage (ou de l'*eidos*) et sa remise en perspective, sa critique ou sa dissolution.

Dans quelle mesure l'acte d'*envisager*, si essentiel à toute phénoménologie, doit-il se stabiliser au sein d'un horizon de signifiance, ou — au contraire — peut-il s'inscrire dans une dynamique perspectiviste ? Portées ainsi à l'extrême, les désarticulations entre phénoménologie et herméneutique vont jusqu'à brouiller leurs limites, mais elles nous obligent à renouveler l'acuité de la vue et de l'ouïe au sein d'un étonnement philosophique renouvelé : celui du solitaire nietzschéen discernant « derrière chaque caverne une autre qui s'ouvre, plus profonde encore, et au-dessous de chaque surface un monde souterrain plus vaste, plus étranger, plus riche, et sous tous les fonds, sous toutes les fondations, un tréfonds plus profond encore[40] ».

ÉPILOGUE

Après avoir constaté à quel point une « phénoménologie herméneutique » postule un équilibre difficile à tenir, tandis que le rejet brutal de toute phénoménologie et de toute herméneutique n'exclut pas l'éventualité d'un retour inopiné et anarchique de l'une et/ou de l'autre, il reste à revenir sur un point qui nous a jusqu'ici partiellement échappé, ayant en quelque sorte glissé entre nos doigts ou nos lignes : il s'agit de cette divergence qui sépare radicalement Deleuze et Ricœur autour de ce que ce dernier a eu le mérite d'identifier comme « le choix pour le sens ». Il est évident que ce « choix » a une portée bien plus décisive que celle de savoir quelle sera la désarticulation ou, au contraire, la distribution des rôles entre deux quasi-disciplines (ou références méthodologiques) comme la phénoménologie et l'herméneutique. C'est toute la conception de la pensée philosophique qui se joue simultanément (et qui, du coup, ne manque pas d'impliquer la récusation ou la restauration du projet métaphysique). Avouons, sur ce terrain, une double insatisfaction.

Si les désarticulations deleuziennes ont permis de pulvériser une trop sage unité de signifiance et de démultiplier les perspectives (ou les «plateaux») sur des phénoménalités en devenir, elles ont laissé à l'arrière-plan l'interrogation sur le statut métaphysique d'une affirmation conceptuelle du hasard: Deleuze revendique hautement la dignité de «métaphysicien», mais se garde bien d'entrer sérieusement en dialogue avec la pensée heideggérienne sur la question du «dépassement» et de l'appropriation de la métaphysique — question qui lui est restée apparemment étrangère[41].

À l'inverse, Ricœur assume clairement et décidément une réappropriation de la «fonction méta» en sa double stratégie de hiérarchisation et de différenciation[42], de telle sorte que son «choix pour le sens» se réarticule — quoi qu'il en ait — selon le pli de la structure onto-théologique, la phénoménologie venant prendre la place de l'ontologie (sous la forme d'une ontologie de l'agir) et l'herméneutique venant se loger dans l'espace correspondant à la théologie. Le respect de la dimension «méta» comme espace de questionnement essentiel ne nous conduit pas à approuver cette entreprise de restauration de la métaphysique,

ni un partage trop symétrique et disciplinaire des
rôles entre phénoménologie et herméneutique[43].

Une phénoménologie doit-elle choisir une fois pour
toutes « le Sens » (en une acception évidemment
métaphysique) ? C'était jusqu'à présent la pente difficilement évitable de toute phénoménologie unifiée ;
mais ce n'est peut-être pas la contrainte inévitable
d'un style minimaliste en phénoménologie. Ainsi
s'ébauche notre divergence à l'égard de la position
de Paul Ricœur.

Par contraste, l'intrusion inattendue et dérangeante
de la contestation deleuzienne n'avait-elle d'autre
propos que de réintroduire l'esprit de contradiction
et de venir miner tout essai de restauration de la
métaphysique spiritualiste sous le couvert de la phénoménologie et/ou de l'herméneutique ? Ce fut l'occasion d'une trop brève « expérience de pensée » aux
limites et dont la conclusion toute provisoire paraît
être la suivante : il n'est décidément pas facile de se
débarrasser de tout sens, de toute interprétation, de
toute métaphysique. Et d'ailleurs le faut-il absolument ? Sympathique, puisqu'elle va dans le sens de
l'inventivité et d'une exploration toujours plus
poussée du virtuel, la réponse deleuzienne entretient
une certaine confusion et reste insatisfaisante sur le
terrain qui nous occupe ici, celui de la méthode. Si
elle est phénoménologique, ce n'est pas du tout
parce qu'elle restaure une ontologie, mais parce
qu'elle tente la gageure d'une « nomadisation » des
descriptions. Phénoménologie paradoxale, qui n'est
peut-être pas incompatible avec le minimalisme que
nous recherchons, à condition d'admettre en celui-ci
une pluralité de styles.

Le chapitre suivant va préciser ces perspectives. On

verra alors dans quelle mesure, sur le front contigu
de l'herméneutique, notre enquête ne nous place
pas en désaccord avec ce qu'il ne serait peut-être
pas déplacé d'appeler un «minimalisme herméneutique[44]». Selon celui-ci, le concept heideggérien de
compréhension (*Verstehen*), revendiqué comme un
«existential» sous-jacent à tous les actes d'explicitation, est lui-même encore soumis à des équivoques
et doit par conséquent passer sous les fourches
caudines du travail grammatical et linguistique.
L'herméneutique de l'histoire de l'efficience s'avère
dépendante d'une herméneutique des jeux de langage[45]. On conteste ainsi moins l'herméneutique en
son sens heuristique que ses versions historicistes et
son éventuelle propension à se replier sur une «auto-
interprétation» dispensant d'une clarification de ses
concepts et de sa syntaxe.

Toutes ces contestations et ces mises au point
peuvent, en une sorte de contraste salutaire, nous
obliger à réfléchir sur les présuppositions minimales
et les limites que phénoménologie et herméneutique
doivent assumer pour trouver un *modus vivendi et
cognoscendi*. À moins qu'il ne faille accepter de travailler dans l'espace de leur désarticulation et dans
le «sans nom»...

Il reste, de toute façon, encore beaucoup à faire
pour préciser les modes possibles et effectifs d'articulation ou de désarticulation entre phénoménologie
et herméneutique, en faisant nôtre ce mot de Wittgenstein : «Lorsque j'interprète, je progresse de degré
en degré sur le chemin de la pensée[46].»

5
POUR UNE PHÉNOMÉNOLOGIE MINIMALISTE

LA FIN DES SURENCHÈRES

En se posant comme philosophie première, en prétendant occuper à elle seule l'horizon de la «vraie» philosophie à venir, une certaine phénoménologie nous a paru présumer de ses forces. Cette présomption consiste à vouloir restaurer l'antique privilège régalien de la philosophie sur les sciences particulières, à spéculer excessivement sur son propre «possible», à pratiquer même une tactique de l'hyperbole pour obtenir écoute et reconnaissance de la part du gros des philosophes non positivistes. Qu'il s'agisse d'une opération menée à dessein, d'une foi authentique dans la mission de la philosophie ou d'une illusion sincèrement entretenue pour stimuler une recherche personnelle, le risque pris par ce type de phénoménologie est évident et se révèle d'emblée dans l'ambition qu'elle revendique plus ou moins hautement (parfaire à elle seule «la» phénoménologie!) et qui risque de lui faire gommer à la fois la fragilité et le pluralisme indissociables de toute enquête abordant l'apparaître phénoménal.

Sur ce front de la philosophie première, mais aussi sur celui de l'herméneutique, il est apparu que la phénoménologie ne peut vouloir occuper une position dominante et impérieuse sans payer un prix élevé : plus ses ambitions s'étendent, moins sa spécificité est assurée. Le phénomène est sacrifié à ses conditions transcendantales ou même transcendantes. La restauration du caractère à la fois fondateur et ultime de la philosophie suppose l'unification de son objet par excellence : ainsi la donation sera-t-elle désormais considérée comme la clé de toute phénoménalité. Dès lors, cette phénoménologie n'arrive pas à clarifier ses relations avec la métaphysique ; elle se trouve, au contraire, reprise dans les rets de celle-ci et contrainte de maintenir le flou sur l'écart qui subsiste entre le projet affiché, purement phénoménologique, et les résultats ambigus.

Du côté de l'herméneutique également, la phénoménologie ne gagne vraiment rien de solide à se vouloir dominante ou omniprésente. Car si celle-ci s'annexe celle-là comme un canton de son vaste empire, elle lui fait perdre son sens propre et son rôle spécifique : le jeu interprétatif est d'emblée subordonné à la fixation des visées sur le phénomène et la phénoménalité. Et si, au contraire, la phénoménologie s'accepte comme herméneutique de part en part, ce sont ses conceptions du phénomène et de la phénoménalité qu'elle doit voir sans cesse remises en question. La solution est-elle à chercher, avec Ricœur, dans un partage clairement distribué des rôles, l'herméneutique prenant le relais d'une phénoménologie conçue comme accueil des phénomènes ? Nous avons marqué l'intérêt de cette perspective, mais aussi les difficultés qu'elle nourrit. Il s'agit maintenant, dans le droit fil de nos essais de réorientation de la phénoménologie, d'esquisser un «minimalisme» et d'en préciser le sens.

La fin des surenchères ne se réduit pas à une prudente modestie. Il faut tirer les leçons d'une expérience déjà lourde de toute une tradition de recherches, de Husserl et Heidegger à Merleau-Ponty et ses émules. Il s'agit aussi de ne pas rester sourd aux critiques, souvent parfaitement justifiées et argumentées, qui ont été adressées «de l'extérieur» au discours phénoménologique. Il s'agit, plus positivement, de féconder les virtualités, les incitations, les suggestions dont le mouvement phénoménologique a été porteur.

N'oublions pas que la tradition phénoménologique est lestée, depuis Husserl, d'une ambiguïté constitutive et apparemment insurmontable entre son idéal scientifique et son questionnement philosophique : la réorientation ébauchée à la fin du *Tournant théologique* s'est effectuée à partir de l'analyse de cette situation en grande partie conflictuelle[1]. Certes Husserl, tout en restant fasciné par le modèle géométrique, se met en quête d'une scientificité *sui generis* pour la phénoménologie, mais cette visée repose sur la présupposition d'origine platonicienne que la rationalité s'avère d'autant plus authentique qu'elle est plus radicale et plus unifiée. Malgré la pratique de l'*épokhè* et la mise de côté des questions métaphysiques ultimes, la phénoménologie se trouve ainsi rabattue vers une cohérence sans cesse idéalisée. Cette sublimation ne cesse de se réactiver grâce à une ardeur programmatique moins soucieuse d'articuler des résultats certains que d'intensifier sa propre recherche. Alors que les sciences exactes ont conquis

eurs «noyaux durs» grâce à une opérativité à la fois
critique et expérimentale toujours plus déterminée
et spécialisée, la phénoménologie husserlienne poursuit le rêve d'une téléologie de la raison, ce qui
explique que le thème de sa propre «scientificité»
reste en grande partie rhétorique.

Même si Heidegger n'apparaît pas rétrospectivement comme le mieux placé pour donner à Husserl
des leçons sur ce terrain, on comprend peut-être, à
la lumière de ce qui vient d'être rappelé, les critiques
corrosives qu'il confiait en 1923 à Jaspers : «Husserl
a complètement déraillé — s'il a jamais été dans le
coup — ce qui m'est apparu récemment de plus en
plus douteux — il oscille d'un côté à l'autre et dit des
trivialités, que c'est à faire pitié. Il vit de sa mission
de "fondateur de la phénoménologie", personne ne
sait ce que c'est...[2] »

Malgré le côté excessif d'un mouvement d'humeur
qui vise plus l'homme que l'œuvre (et, au sein de
celle-ci, moins l'inspiration proprement phénoménologique que ses sédimentations doctrinales), n'y
a-t-il pas du vrai dans cette critique des ambiguïtés
— voire des confusions — du projet husserlien ? Il
n'est pas surprenant que cette tension conflictuelle
ait explosé en tendances divergences. Les uns ont
pris Husserl au mot pour tenter de donner consistance à des phénoménologies régionales étayées par
des recherches méthodologiques, les autres ont seulement utilisé le thème de la rigueur phénoménologique au profit d'une restauration plus ou moins
avouée de la métaphysique.

Faut-il choisir dans le désordre ? Notre réorientation ne doit-elle pas plutôt bénéficier des leçons de
l'ensemble des expériences plus ou moins heureuses,

plus ou moins inspirées, qui constituent désormais
la riche tradition post-husserlienne ?

Afin de donner un contenu plus net à cette salutaire réorientation, précisons le caractère « minimal »
de certains travaux déjà effectués, réservant le « minimalisme » au type de phénoménologie que nous appe-
lons de nos vœux.

Le choix de cette épithète mérite quelques éclair-
cissements ou justifications.

Faisons droit, tout d'abord, à une distinction terminologique apparemment formelle : le minimalisme
— du moins tel que nous l'entendons — n'équivaut
pas à un minimal factuel. Ce dernier risque de se
réduire à une limitation systématique des objectifs
et à une résignation de principe sur la maigreur des
résultats : limiter les frais, en faire le moins possible,
ne pas prendre de risques. Dans la mesure même où
le minimalisme que nous prônons ne concerne que
le moment phénoménologique, il n'entend ni borner
ni brimer le questionnement philosophique comme
tel. Il faut plutôt l'entendre comme un recentrement,
une redélimitation à la fois terminologique (ne pas
se payer de mots) et méthodologique (permettre à la
phase phénoménologique de mieux s'insérer dans
un partage du travail philosophique).

D'autre part, faut-il retenir une analogie avec le
minimal art ? Bien qu'il ne nous soit venu à l'esprit
qu'après avoir perçu le sens d'un minimalisme
méthodologique, le rapprochement a déjà été opéré
par Allen Leepa plaçant la source d'inspiration dans
la phénoménologie, et non l'inverse : « L'artiste
minimal tente confusément de réaliser dans une
forme visuelle ce que les philosophes et les écrivains
ont verbalisé : l'étude des phénomènes [la phénomé-

nologie] est la base de l'expérience[3].» Quelle que soit la validité d'un tel jugement, il a le mérite d'attirer l'attention sur le dépouillement formel et le retour à des objets élémentaires qui semblent caractériser dans les deux cas le souci des «choses mêmes». Mais l'analogie s'arrête là : elle ne saurait être poussée plus avant ni historiquement ni méthodologiquement. Né aux États-Unis autour de 1965, relayé en France dans les années 1970 par le mouvement «support-surface», l'art minimal ne présente ni l'ancienneté ni la continuité de la tradition phénoménologique. Surtout, ni son domaine, ni son projet ni ses méthodes ne sont comparables terme à terme avec le mouvement phénoménologique, d'ailleurs si divers. L'art minimal représente-t-il un blocage positiviste de l'abstraction picturale et plastique ? Même si cette appréciation de Marcelin Pleynet paraît sévère, elle rappelle que ce courant esthétique n'est intelligible que comme un canton assez limité d'un art abstrait réfléchissant sur des conditions matérielles et formelles, au risque de friser (comme d'autres tendances relativement récentes) le «non-art» ou «l'anti-art». Le sens que prend le «minimalisme» en phénoménologie n'est nullement celui d'un arrêt définitif sur l'image ou sur l'objet, mais plutôt celui d'une stimulation de la recherche grâce à un retour aux origines de l'émerveillement devant l'apparaître.

À partir du moment où l'entreprise phénoménologique renonce à se poser comme philosophie première ou détentrice de la mission de la «vraie» philosophie, elle revient aux conditions de son propre accueil de la phénoménalité. Ce n'est point par feinte modestie, mais dans le souci de retrouver ce qui lui est le plus spécifique et qui s'avère irremplaçable : une attitude de neutralité, ayant éliminé les préjugés doxiques, permettant la description d'un certain type de phénomènes, en y recherchant des invariants caractéristiques. Travail volontairement préparatoire ou fin en soi ? Le minimaliste n'a même pas à se poser cette question ; il lui suffit d'être sûr d'avancer sur le terrain phénoménologique en traitant « comme un problème autonome la manière d'apparaître des choses[4] » (y compris au sein du psychisme).

Quelles que soient ses bonnes intentions et sa rigueur (assumant décidément le caractère limité d'une phénoménologie de la finitude), une phénoménologie minimaliste n'aura cependant, du seul fait des contraintes qu'elle entend assumer, ni à se prévaloir d'un surcroît de scientificité ni à s'approprier toutes les vertus du questionnement philosophique. Le minimalisme n'échappe pas à la tension entre les deux pôles qui conditionnent toute phénoménologie. Il se borne à assumer cette tension dans la plus grande clarté possible et sans préjuger des autres moments.

Quant à l'absence de surenchères, elle a pu se manifester dans d'autres circonstances et des contextes différents, à partir du moment où le projet phénoménologique se dépouillait de toute prétention métaphysique ou ultimement systématique. Mais plus qu'un constat de fin effective desdites surenchères, notre titre a exprimé un souhait, formulé surtout en fonction d'une situation bien française, toujours trop idéologique. Des pierres d'attente ont déjà été posées. Des distinctions s'imposent à leur propos.

Hors de la tradition husserlienne ou contre elle, transgressant — à dessein ou non — ses prescrip

tions, des tentatives ont déjà eu lieu, même si elles
ne portaient pas l'intitulé minimaliste. Nous exa-
minerons successivement, parmi ces tentatives phénoménologiques, celles qui se veulent positives,
expérimentales ou limitées (et qui paraissent essentiellement heuristiques), ensuite la recherche d'une
«phénoménologie de l'inapparent» qui, en ses percées les plus novatrices, relève d'une phénoménologie minimale dont la spécificité n'a pas encore
été assez reconnue. Ces premières différenciations
permettront d'expliciter et d'illustrer le type de minimalisme phénoménologique que nous entendons
prôner et pratiquer.

PREMIÈRE DIFFÉRENCIATION :
LA PHÉNOMÉNOLOGIE HEURISTIQUE

Au sens large, pourrait être dénommée heuristique toute entreprise phénoménologique renonçant
à se poser comme fin en soi ou unité systématique,
mais constituant une phase de recherche dans un
projet éventuellement plus vaste, en mettant à
l'épreuve une hypothèse de travail, au moyen de descriptions méthodiques. Le risque est ici de voir se
dissoudre la spécificité de la phénoménologie dans
une sorte d'empirisme de la description «tout terrain». C'est pourquoi une ligne de partage peut être
dessinée entre des descriptions de type littéraire (qui
peuvent, d'ailleurs, être fascinantes et tout à fait pré-
cieuses esthétiquement ou psychologiquement) et des
descriptions régulées par un idéal morphologique.
Dans ce dernier cas, la description ne s'opère nulle-

ment au hasard de la plume ou de l'inspiration, mais en fonction de la recherche d'une forme prégnante et significative. La description est génératrice de forme; et il n'est pas exclu que cette forme puisse revêtir une structure mathématique.

On voit ainsi se dessiner une différenciation, grâce au fourmillement du possible en matière de descriptions évocatrices. Celles-ci peuvent elles-mêmes se structurer de manière méthodique, comme en chimie, où la phase phénoménologique énumère les caractères de l'apparence physique d'un corps (ce qui suppose déjà que ce corps soit identifié et que se dessine le projet d'isoler ses propriétés constantes au-delà de ses transformations visibles et sensibles). Si la progression dans le sens morphologique correspond de toute évidence à un progrès dans le formalisme, on peut se demander si une description ne devient pas phénoménologique dès le moment où se dégage du jeu de l'apparaître la logique d'une constance isolable. Chez Husserl lui-même, la visée des essences à travers les variations imaginaires a déjà un caractère phénoménologique, quoique n'atteignant pas encore la radicalité de l'*épokhè* transcendantale. Cette première réduction devra, à son tour, être réduite; mais elle est amorcée; à ce titre, elle met en œuvre une phénoménologie heuristique.

Il faut toutefois reconnaître qu'il est impossible d'isoler une étape phénoménologique *purement* heuristique, laquelle ne ferait intervenir aucune idée préconçue, aucune hypothèse préalable, fût-elle totalement implicite. On retrouve ici le cercle à la fois herméneutique et épistémologique du fameux mot de Newton, *hypotheses non fingo*. Autant il est légitime de vouloir éliminer le foisonnement anarchique des hypothèses, autant il est inévitable que ce projet lui-même soit littéralement hypo-thétique, puisqu'il conditionne la progression rigoureuse du projet scientifique. Analysant ce conditionnement réciproque de la description et de l'explication dans le travail du scientifique, René Thom, prenant l'exemple de l'extraordinaire opérativité obtenue par la loi newtonienne de la gravitation, montre à juste titre que «le but essentiel de l'activité théorique du savant» n'est autre que «la réduction de l'arbitraire dans la description[5]». Mais, du coup, comme aucune description n'est «innocente», c'est-à-dire exempte de préconception, est-il légitime d'affirmer avec Thom que «toute science est l'étude d'une phénoménologie[6]», comme si l'antécédence de celle-ci s'imposait sans autre forme de procès? En fait, la phénoménologie en ce sens est d'emblée recherche d'une morphologie et même peut-être d'une herméneutique. Si l'on peut ici tracer une ligne de partage entre l'attitude réductionniste classique qui, nous dit Thom, «casse la boîte noire» et l'attitude phénoménologique qui décrit les nuages de points «tels qu'ils apparaissent[7]», il n'en reste pas moins que cet appel à la phénoménologie, réactivant du sens de la description, suppose un projet morphologique, en l'occurrence un certain type de formalisation mathématique des phénomènes.

Il n'y a aucune raison de dénier à ce type d'approche un caractère phénoménologique. En revanche, il est impossible de lui concéder qu'il soit exempt de préconception, ni qu'il soit le seul possible. On en trouvera une variante, méthodologiquement plus sophistiquée, dans l'hétérophénoménologie de Daniel Dennett.

VOYAGE EN HÉTÉROPHÉNOMÉNOLOGIE

Daniel Dennett est un homme d'esprit. Il a un sens de l'humour qui s'applique souvent à ses propres recherches. Ainsi, pour faire comprendre sa conception de la phénoménologie, il met en scène la fiction théorique suivante[8] : supposons qu'il existe une tribu qui adore un dieu jusqu'ici inconnu dénommé Phénhomme ; les membres de cette tribu, les Phénhommanes, attribuent toutes sortes de qualités, en grande partie contradictoires, à leur dieu. Que vont faire les savants face à leurs croyances ? Ils vont mettre entre parenthèses leurs propres croyances, se comporter en «savants agnostiques». Ils vont rassembler les descriptions des croyances des indigènes, les comparer, les confronter, les ordonner, en faire une analyse suivie. Phénhomme, devenu «objet intentionnel», est pour eux (Phénhomménologues) une construction parmi d'autres. Tel n'est pas le cas, bien entendu pour les croyants qui pensaient tout savoir sur leur dieu, mais se rendent compte qu'ils peuvent en apprendre plus au contact des Phénhomménologues Toute croyance est ambiguë, mais un indigène qui adopterait relativement à ses propres croyances l'attitude de «distance et de neutralité» des Phénhomménologues perdrait évidemment la foi. Conclusion de Dennett sur ce point : «La méthode phénoménologique ne met en question ni n'accepte entièrement les assertions des sujets, mais elle maintient une neutralité constructive et sympathique, dans l'espoir de parvenir à une *description* complète du monde selon les sujets[9].» Et cette description sera elle-même une étape dans la constitution d'une théorie explicative de tous les faits en question.

Nous voici bien loin de la philosophie première! La référence à la phénoménologie résulte-t-elle ici d'une pure et simple homonymie? La fiction théorique de Dennett ne saurait cependant complètement surprendre ni désarçonner un phénoménologue formé à l'école husserlienne et «continentale». Il y reconnaîtra une critique de la psychologie en première personne, devenue classique depuis Comte et relayée par l'école behavioriste. Non seulement cette critique a sa légitimité dans le cadre de la recherche de la plus grande objectivité possible dans ce secteur sensible des sciences humaines, mais elle peut être reprise en compte à partir d'un point de vue husserlien. En effet, Husserl a toujours voulu dépasser l'introspection aussi bien que les points de vue subjectifs particuliers dans l'approche de la «chose même».

Supposons qu'on accepte provisoirement la distinction faite par Dennett entre autophénoménologie et hétérophénoménologie: comment caractériser cette différence sans caricaturer les positions en présence? Il s'avère impossible de s'en tenir au point de vue de Dennett lui-même sur ce qu'il nomme l'autophénoménologie: il la réduit à la psychologie en première personne (fût-elle mise au pluriel[10]), ce qui constitue un contresens majeur sur la phénoménologie husserlienne, laquelle, de toute façon, ne se borne nullement à vouloir donner des descriptions aussi objectives que possible des objets intentionnels. S'il est ainsi évident que la qualité et la portée proprement philosophiques de la phénoménologie husserlienne échappent à Dennett qui, d'ailleurs, ne se prétend pas plus expert en la matière qu'il ne l'est[11], les choses se compliquent pour devenir plus intéressantes quand on envisage la mise en question par Dennett du Théâtre cartésien, c'est-à-dire du caractère fondamental du rôle du sujet. Dans cette perspective, en exploitant philosophiquement cet aperçu plus que Dennett n'a pu ou voulu le faire, il semble permis de soutenir que le maintien de la phénoménologie husserlienne dans l'horizon de la subjectivité transcendantale (joint à son mépris ou à sa négligence des données empiriques) l'empêche de dépasser un point de vue subjectif en quelque sorte sublimé, en tout cas une autoréférence qui interdit elle-même à l'« autophénoménologue » de sortir vraiment de la citadelle du Théâtre cartésien.

Cependant, cette objection inspirée par la fécondité d'un travail critique mené « en extériorité » peut être retournée : Dennett reste prisonnier d'une distinction rigide entre « l'hétéro » et « l'auto » qui l'empêche de réexaminer — au terme de son parcours hétérophénoménologique — la question philosophique du sujet[12]. Il en résulte que son concept de phénoménologie est moins intéressant que les recherches ingénieuses menées sur le terrain, qui conduisent à une théorie de la conscience humaine comme « machine virtuelle ». L'hétérophénoménologie a un intérêt essentiellement critique et reste en cela dans l'horizon de la phénoménologie heuristique.

Heidegger, quant à lui, a inventé un type d'approche tout autre, absolument inconcevable aussi bien à partir du projet husserlien que dans l'horizon et les termes de l'extension d'un savoir scientifique.

DEUXIÈME DIFFÉRENCIATION :
LA PHÉNOMÉNOLOGIE TAUTOLOGIQUE

Insolite, cette phénoménologie que Heidegger caractérise dans les dernières années de son activité l'est à plus d'un titre. On peut même se demander si le Maître ne l'a pas baptisée ainsi, à la fois pour répondre aux questions répétées de ses disciples et amis, déconcertés par sa rupture avec toute phénoménologie méthodique, et pour avoir le « dernier mot » vis-à-vis de Husserl en redessinant à sa manière, toujours singulière, son « chemin dans la phénoménologie[13] ».

Quoi qu'il en soit, cette « phénoménologie de l'inapparent[14] » mérite d'être considérée comme minimale, en ce sens qu'elle renonce à tout ce qui haussait l'ambition husserlienne à l'étiage maximal : faire de la phénoménologie une science rigoureuse à sa façon et qui pût se constituer comme philosophie première. Nous venons d'établir qu'elle renonce également à s'insérer dans une entreprise scientifique au titre d'une recherche préliminaire dont le caractère aporétique préparerait une morphologie ou une étude à visée apodictique. Il y a même dans l'*unscheinbar*, l'inapparent au sens où Heidegger l'approche en ses exercices « phénoménologiques » ultimes, une nuance de discrétion, de modestie, d'imperceptibilité qui se veut le propre de la chose en ce qu'elle a de plus propre : « Cela seulement qui sans apparence naît de l'Anneau du monde devient un jour une chose[15]. » Se détacher de la chose comme objet pour regarder une rose ou un pichet en leur émergence, c'est

une manière habituellement négligée d'aborder ces
«choses» et de les resituer dans leur monde, en tant
que ce monde se donne comme tel. Et c'est à partir
de ce jeu où se tiennent, se reflètent et miroitent la
terre, le ciel, les divins, les mortels, que doit s'entendre ce mot étrange, à l'allure tautologique: «Le
monde se déploie dans la mesure où il se donne
comme monde[16].»

Vis-à-vis de la langue, tout comme de l'espace
et du temps, s'opère le même essai de restitution,
impliquant une conversion du regard à une «simpli-
cité» étrangère à la rationalité représentative: «Ces
rapports sont tellement simples qu'ils demeurent
inaccessibles à toute pensée qui calcule. Où ils sont
montrés, la représentation courante se ferme à ce
regard[17].»

Qu'il s'agisse de la temporalisation du temps (sur
laquelle nous allons revenir), de la spatialisation
de l'espace, toutes deux intimement liées au jeu du
monde, ce qui est ainsi montré comme le plus digne
d'être pensé relève du déploiement le plus essentiel
et originaire du dire (*die Sage*). Lorsque se trouve
précisé ce que veut dire cette *Sage*, on comprend
qu'il s'agit bien de la monstration «phénoménologique» (au sens tautologique): «Dire signifie: montrer, laisser apparaître, offrir le monde dans sa libre
éclaircie qui se réserve[18].»

On ne manquera pas d'objecter: que subsiste-t-il
de phénoménologique dans cette entreprise, une fois
que toute l'armature du projet de constitution a été
sacrifiée? La réponse ne saurait être séparée de celle
qui concerne la philosophie elle-même pour le second
Heidegger: c'est désormais la pensée (*Denken*) qui
est sollicitée et non plus l'activité philosophique au

sens réflexif. Le pas de recul (*Schritt zurück*) vis-à-vis du savoir philosophique et de la métaphysique ne garde du *logos* qu'un recueil minimal tout attentif à ce qui dans l'apparaître... n'apparaît pas.

Cette «phénoménologie de l'inapparent» nomme-t-elle un oxymore, un suprême paradoxe, une déconcertante impossibilité? Le Maître a-t-il malicieusement jeté à ses disciples un os à ronger pour les occuper? On comprend formellement en quel sens elle concerne le Même et mérite d'être appelée «tautologique»: elle consiste à revenir à des évidences premières de l'apparaître phénoménal: le temps temporalise, la parole parle, le monde se donne comme tel.

Est-ce sérieux? Ce que les normaliens de la rue d'Ulm nomment canular ne connaît-il pas une sorte d'analogue dans une raillerie, *das Kuinzige*, que pratiquent à l'est et au sud d'Ulm, de vieux souabes malins? Ce serait, en bonne part, une version «Forêt noire» de l'ironie socratique. En mauvaise part: l'aveu involontaire d'un piteux échec de la pensée philosophique. Et il suffirait d'en rire comme Gabriel Marcel nous y incite dans une comédie peu connue, *La dimension Florestan*, où le Maître (Heidegger aussi attendu que Tartuffe) joue à l'oracle presque silencieux jusqu'au moment où sa plus grande admiratrice cite cette pensée définitive: «La poire poire.»

Le rire est de bonne guerre. L'ironie socratique elle-même n'a pas été épargnée par le gros comique d'Aristophane. Une question subsiste cependant: le recours à la tautologie est-il, dans le cas présent, la position d'une pure et simple identité formelle ne «voulant rien dire»? Ou, ne voulant certes rien dire de plus sur le temps, la parole, le monde que les innombrables discours tenus *sur eux*? La phéno-

ménologie «tautologique» ne veut-elle pas dire (ou
plutôt laisser voir, laisser entendre) précisément ce
que tout dire transgresse? Dès lors, le Même qu'il
s'agit de serrer (d'habiter) au plus proche n'est autre
que le don même du temps, de la parole, du monde.
Accueillir non pas seulement tout ce qui apparaît
dans le temps, la parole, le monde, mais la manière
d'être, à la fois impérieuse et discrète, de l'apparaître et de ce qu'il réserve. Et, de fait, à propos du
temps, la conférence «Temps et être» précise bien
qu'il ne s'agit pas de déterminer ce qu'est le temps,
mais de porter au regard ce qui lui est le plus propre,
sa manière de se donner[19].

La phénoménologie husserlienne, prétendant
revenir aux «choses elles-mêmes», opérait ce retour
par la voie de la réduction de la subjectivité transcendantale purifiant sa relation aux essences des
choses en question. L'insolite phénoménologie du
vieil Heidegger invite à faire l'économie de la corrélation entre subjectivité transcendantale et essences,
afin de revenir au surgissement même de l'apparaître qui rend possible la relation aux choses. Un
lien subsiste chez Heidegger avec la choséité de la
chose : la phénoménologie authentique est censée
acquérir le regard qui sauvegarde le «comme tel»
de la phénoménalité. Se tenir auprès de..., écouter,
regarder d'un autre regard : tout cela, comme l'Éveil
bouddhique (mais là s'arrête sans doute l'analogie)
réclame temps, patience, endurance. Si ce n'est pas
une simple attitude correspondant à une formule à
l'emporte-pièce, qu'est-ce donc?

Presque plus une sagesse qu'un savoir. Apprendre
à habiter sobrement auprès du surgissement même
du temps, de la parole et monde, voilà un «pro-

gramme » qui n'a strictement plus rien à voir ni avec le progrès de la science ni même avec l'enrichissement du savoir. C'est bien plutôt une éthique du non-savoir, acquise grâce à une traversée herméneutique-critique de la visée épistémique et métaphysique en sa volonté d'objectivation. Est-ce un adieu à cette volonté de savoir ? Ni révolution ni changement de paradigme, cette discrète innovation est faussement modeste : elle entend amorcer, comme Heidegger lui-même l'a suggéré[20], une sortie hors de l'histoire occidentale.

Audace démesurée ou prémonition extraordinairement fine de nos possibles ? Quelle que soit la réponse, on mesure maintenant que le caractère minimal de ce projet (en termes phénoménologiques) a pour revers une considérable ambition de pensée. Et, même si on récuse celle-ci comme démesurée ou déplacée, on doit reconnaître qu'elle ne veut pas *rien* dire ni montrer. Cette « phénoménologie de l'inapparent » ne se réduit pas à un simple appendice de la pensée du second Heidegger. Si elle a un sens et si Heidegger ne s'est pas joué de son auditoire, elle est bien la mise en œuvre d'une nouvelle pensée méditante. S'y essaient des « travaux pratiques » de la pensée du second Heidegger (au même titre que dans les exercices de *Daseinanalyse* du séminaire de Zollikon). Qualifier cette insolite phénoménologie de « minimale » n'est pas la rabaisser. C'est au contraire donner toute sa plénitude de sens à l'essai, si difficile, d'un apprentissage du regard et de l'écoute pour se tenir au plus proche de la phénoménalité. La « phénoménologie de l'inapparent » est une phénoménologie de la proximité. Si un rapprochement avec l'art pictural était éclairant, il faudrait

songer beaucoup moins au *minimal art* qu'à la
sobriété obstinée de Cézanne devant la montagne
Sainte-Victoire ou auprès des rochers de Bibémus.
Le «phénoménologue de l'inapparent» n'est plus un
spectateur idéal de la vérité du monde et de ses
essences : il apprend à habiter le monde à l'aune du
retrait des choses.

En ce sens, Heidegger a bien fait fructifier le «possible» de la phénoménologie, d'une manière tout à
fait imprévisible du point de vue husserlien, mais
également fort éloignée des ambitions de restauration de la philosophie première. Tout se tient chez
Heidegger : il n'y a pas à séparer cette phénoménologie tautologique et minimale de la déconstruction
de la métaphysique ; c'est la même œuvre qui se
poursuit et sans doute plus positivement du côté que
nous venons d'inspecter.

Dans quelle mesure cependant sommes-nous en
droit d'opérer une troisième différenciation, qualifiée par souci de clarté de «minimaliste»? N'y a-t-il
qu'un seul style phénoménologique possible, lors
même qu'il faut reconnaître l'inachèvement et la
complexité de la déconstruction de la pensée métaphysique? C'est ce qu'il faut maintenant préciser.

QUEL MINIMALISME ?

Venant d'établir qu'il n'y a pas qu'une seule
manière de dégager la recherche phénoménologique
d'ambitions récurrentes, fondatrices et/ou totali-
satrices, tentons maintenant d'ébaucher quelques
orientations significatives du minimalisme que nous

voudrions mettre en pratique. Il s'agira moins d'une méthode générale, armée de prescriptions nouvelles, que d'un style qui, tout en faisant sien les acquis des tentatives qui viennent d'être signalées, prolongerait leurs enseignements selon une orientation plus perspectiviste (au sens nietzschéen) que seulement heuristique.

Alors que la visée eidétique entend livrer la quiddité de la chose, en déployer l'essentiel sous l'inspection de l'esprit, et qu'elle voit son ambition généralisée par un projet de constitution universelle, une approche minimaliste des phénomènes recueillera les signes fragiles de leur surgissement et tentera de ne pas étouffer leurs dérobements et leurs singularités sous la recherche méthodique des invariants.

> *Un mot — éclat, vol, feu,*
> *jet de flammes, rayure d'étoiles —,*
> *et l'ombre de nouveau, immense,*
> *dans le vide espace autour du monde et de moi*[21].

Avant la saisie du concept (et sous elle) se joue cette vibration langagière que Gottfried Benn évoque en un bref poème qui ne peut qu'inspirer une phénoménologie de l'inapparent. Celle-ci ne doit-elle être que tautologique ? Lorsque tel est le cas, nous avons vu la volonté de savoir suspendue au profit d'une écoute d'une mêmeté logée au cœur de la temporalité et de son offrande langagière. En suspendant le jeu des différences, la tautologie radicalise l'*épokhè*, mais aussi la pétrifie : un don qui ne fait que donner, un temps qui temporalise, une parole qui parle... L'inapparent se réduit-il à cette pureté originelle du Même ? Ne faut-il pas aussi discerner et écouter le jeu des différences, en leurs dégradés, les articulations du temps, du langage, de la perception, de l'imagination ?

L'inspiration d'une phénoménologie de l'inapparent doit-elle conduire au pied du mur, avec pour seule alternative un « tout ou rien » ? Est-il possible de déployer une telle phénoménologie en un sens non tautologique, plus déterminé, plus articulé et renouant, par conséquent, avec l'intelligibilité et avec la connaissance ? Il n'y a pas là seulement une possibilité de principe : ce minimalisme semble avoir déjà été amorcé et pratiqué par Merleau-Ponty (et peut-être, en un sens plus crypté, par Wittgenstein[22]).

Le geste initiateur de Merleau-Ponty en la matière est la rupture avec une phénoménologie du Spectacle idéal et total du monde. En un sens, cette déchirure traverse et conditionne toute son œuvre, mais ses présupposés en sont explicités de mieux en mieux dans les derniers écrits. Dans la *Phénoménologie de la perception*, la fécondité de cette rupture est obérée par la fixation d'un concept général de perception et par l'essentialisme qui leste encore — malgré les efforts de Merleau-Ponty pour retrouver l'opacité du monde — les descriptions de la spatialité, du corps et du monde humain. « Le monde est là avant toute analyse que je puisse en faire...[23] » : cette remarque révélatrice entend compenser les défauts d'une phénoménologie excessivement intellectualiste par un *retour* aux visées constituantes, concrètes et incarnées de l'être-dans-le-monde. « À chaque moment mon champ perceptif est rempli de reflets, de craquements, d'impressions tactiles fugaces que je suis hors d'état de relier précisément au contexte perçu et que cependant je place d'emblée dans le monde...[24] »

Comment être attentif à ces « reflets », à ces « craquements » sans les étouffer sous le poids et la clarté des noèmes ? Il y a là un souci d'« inapparences » non négligeables auxquelles la pensée phénoménologique semble pouvoir rendre justice ; et, de fait, les recherches du dernier Merleau-Ponty sont ouvertes sur la dimension d'invisibilité du visible et sur ses émergences charnelles.

La vision ne se réduit pas à la saisie des éléments simples et des qualités qui affleurent à sa surface[25]. À cette conception cartésienne, Merleau-Ponty oppose une réappropriation de l'invisibilité charnelle et mouvante. Cette quête incessante et concrète des « formes mères[26] » et du chiffre du visible doit se poursuivre grâce à la saisie des empiétements corporels et des rumeurs sociales, autres « inapparences », culturelles cette fois-ci. Ce qui se dessine ainsi est assurément le programme d'une phénoménologie renouvelée, indirecte[27], dont l'inspiration constante et vivante sera moins la puissance mentale d'inspection ou de réduction, que l'intensité d'une attention sensible aux proximités d'abord inaccessibles qui font la richesse de notre être-au-monde. C'est un style d'écoute et de « voyance » qui s'ébauche en pointillé, grâce à un dialogue avec des peintres (Léonard, Cézanne), des poètes (Breton, Michaux) et des écrivains (Proust, Simon) — compagnons assurément inconnus de Husserl.

Style phénoménologique minimaliste en quel sens ? Loin de vouloir couronner ou refermer sur elle-même l'entreprise d'une universelle constitution (ou même d'unifier l'horizon à partir d'une notion-mère censée être la clé de la phénoménalité), il réinterroge l'expérience en ses émergences sensorielles

et langagières trop souvent inaperçues, recouvertes
aussi bien par la banalité quotidienne que par la
transparence conceptuelle. Minimaliste, non certes
en ce qu'il voudrait s'en tenir à une sorte de minimum
indispensable et définitif en matière de phénoménologie, mais bien plutôt parce qu'il sait qu'une
recherche de ce genre ne peut pas plus se donner
comme définitive qu'un travail artistique, lequel, loin
de l'épuiser ou de le réduire, *traduit* l'inapparent.
Ainsi Cézanne disait-il à Gasquet : « Ce que j'essaie
de vous traduire est plus mystérieux, s'enchevêtre
aux racines mêmes de l'être, à la source impalpable
des sensations[28]. »

Il n'est pas indifférent que Heidegger et Merleau-
Ponty aient été de grands admirateurs de Cézanne.
Lorsque celui-ci parle à Gasquet de son « sens infini
des nuances », de sa lecture de Lucrèce, de son
obsession des « assises géologiques[29] », il ne paraît
cependant pas replié sur une « tautologie » de style
heideggérien avant la lettre. Personne n'ayant le
monopole d'une puissante inspiration, reconnaissons seulement ce qu'une phénoménologie renouvelée peut apprendre d'une expérience sensorielle et
picturale aussi exceptionnelle que celle de Cézanne.

Ce n'est point un hasard si cette référence s'est
imposée et si d'étroites relations sont entretenues
entre l'esthétique et les orientations minimalistes de
la phénoménologie. Peut-il y avoir une stabilisation
du moment phénoménologique sans « tableau » —
fût-ce au sens transcendantal ? Terme qui n'est pas à
enclore dans des limites représentatives trop étroites[30]
(d'ailleurs, très largement déconstruites par l'art
pictural contemporain) : « tableau » signifie ici mise
en présence/absence, ouverture de perspectives et

de visées ou variations, dont l'eidétique n'est qu'une forme. Cela ne signifie pourtant pas qu'une méthode minimaliste ne doive pas se tourner aussi du côté de l'invisible idéel ou culturel, lequel — comme la «petite phrase» de la sonate de Vinteuil — ne se livre pas sans expérience charnelle et même échappe si nous voulons l'en isoler. Les idées, en ce sens, ne constituent pas un arrière-monde : elles offrent, de ce monde, les membrures et les articulations[31].

L'émergence, la délimitation et la tenue mobile d'un tel horizon étaient-elles déjà essentielles à l'entreprise husserlienne de constitution[32] ? Le foyer de la subjectivité transcendantale y était mis en perspective (selon la corrélation noético-noématique) tout en faisant place — à partir des *Ideen II* — aux conditions sensibles de ses présentifications (couches sensibles, «aistheta» dans leur relation au corps propre)[33]. La déconstruction du noyau réflexif (soupçonné d'idéalisme) par le premier Heidegger, par la proto-phénoménologie de Merleau-Ponty, puis par le travail critique du premier Derrida a-t-elle définitivement déstabilisé et même rendu impensable le projet phénoménologique lui-même ? Recueillant les leçons de ces mises au point et ces déplacements, l'orientation minimaliste préserve la possibilité — d'ailleurs diversifiée — de moments phénoménologiques dont l'autonomie de méthode ne devrait pas compromettre le souci d'articulations herméneutiques/critiques.

On a tenté d'y contribuer à propos de la temporalité[34], en critiquant la présomption d'un temps «pur» ou directement «ek-statique», en recueillant les temporalisations au ras de leurs surgissements (traces, gestes, monstrations), dégageant en ceux-ci la «chrono-fiction» transcendantale qui leur est constitutive, laissant enfin le regard phénoménologique ouvert sur les limites de l'apparaître temporel, sans que soient perdues de vue les questions où se noue l'énigme d'être, mais sans transgresser cette délimitation.

Comment poursuivre cette recherche? Plutôt que de vouloir dresser un programme — ce qui serait à la fois présomptueux et trop rigide —, indiquons encore une piste de recherche dans un domaine qui semble devoir constituer un des terrains de prédilection d'une phénoménologie minimaliste. Il s'agit de l'étroite intrication entre champ perceptif et champ affectif. Aucune chose, à plus forte raison aucune personne, ne se livre à nous dans un état de pure neutralité affective. Aucune phénoménologie du donné ne devrait se contenter de la sécheresse conceptuelle. D'ailleurs — alors que Husserl est plus attentif aux structures générales de la réceptivité perceptive qu'à l'affectivité elle-même[35] —, ni Heidegger, ni Lévinas n'ont ignoré cette coloration émotive de tout abord phénoménal[36]; mais il y a là encore matière à investigation, aussi bien dans l'écoute de la dimension «pathique» et des champs de tension des émotions[37] que dans l'intelligence des «clairs-obscurs» de l'affect où s'ébauche une saisie des valeurs[38]. Le style minimaliste pourrait être relayé, dans le premier cas, par une élaboration clinique et spéculative de la psycho-pathologie, dans le second cas par une réflexion sur la part respective du formel et du «matériel» (au sens de Max Scheler)[39] dans la vie éthique.

La voie minimaliste, ainsi trop brièvement esquissée[40], conjure-t-elle cette théologie (ou «théiologie»)[41] plus ou moins négative qui nous semblait accompagner la phénoménologie comme son ombre ou son destin ? Lève-t-elle définitivement cette hypothèque ? Elle ébauche, en tout cas, un retour aux sources de toute phénoménologie digne de ce nom : la redécouverte et l'interrogation de l'apparaître en ses visages comme en ses degrés[42].

S'il est vrai que c'est en s'imposant les contraintes phénoménales les plus strictes que l'œuvre d'art porte l'humain à ses plus hautes possibilités, le travail phénoménologique renouvelé ne devra-t-il pas se faire lui-même art ? Selon cette orientation, et à condition que cet « art » ne se coupe ni de la recherche intellectuelle ni de l'intelligence spéculative, ce ne seraient pas de piètres exigences que celles d'un minimalisme qui reprendrait à son compte, comme Hölderlin le fit en tête de son *Hyperion*, l'épitaphe d'Ignace de Loyola, délestée toutefois de sa chute théologique : « Ne pas être enfermé par le plus grand et n'en tenir pas moins dans les limites du plus petit...[43] »

BIENHEUREUX ÉCLATEMENT ?

Qu'une phénoménologie minimaliste soit possible sous les différentes formes et selon les différents styles qui viennent d'être esquissés (et qui n'excluent pas d'autres formes et d'autres styles), telle est donc la perspective que le présent essai a tenté de ménager.

Encore faut-il qu'une vigilance suffisante soit exercée pour que le projet minimaliste ne se laisse pas compromettre par une tentation dont nous avons

constaté la rémanence au sein de la phénoménologie : la réunification du champ d'étude en fonction
de la subjectivité transcendantale. Comment éviter
que l'immanence se réduise à une feinte ou à un
détour de la transcendance — du sujet transcendantal fini ou d'un infini plus ou moins « théolo-
gisé » ? Il faut prêter attention à une mise en garde
qui vient, de manière inattendue, aiguiser la critique
déjà adressée[44] au « principe de tous les principes » :
« quand l'immanence devient immanence "à" une
subjectivité transcendantale, c'est au sein de son
propre champ que doit apparaître la marque ou le
chiffre d'une transcendance comme cet acte renvoyant maintenant à un autre moi, à une autre
conscience (communication). C'est ce qui se passe
avec Husserl et beaucoup de ses successeurs, qui
découvrent dans l'Autre, ou dans la Chair, ce travail
de taupe du transcendant dans l'immanence elle-
même[45] ». Ici viennent se rejoindre et se dénouer les
fils du débat amorcé dans *Le Tournant théologique* et
poursuivi dans le présent essai : il s'agit d'envisager
que la phénoménologie puisse enfin et vraiment
échapper à cette tendance unificatrice et fondatrice
(nouvelle version de l'illusion transcendantale ?) qui
lui a fait surinvestir l'immanence par une transcendance qui n'est autre que celle de la subjectivité en
ses différents visages, à ses différents niveaux. Est-ce
l'inévitable destin de la phénoménologie que ce glissement — subreptice ou explicite, mais tenace — de
l'immanent au transcendant (et à la Transcendance)
du sens au Sens, de la révélation à la Révélation ?
Dès lors, le « vrai tournant » serait moins un détour-
nement théologique d'une phénoménologie exis-
tentielle que le retournement de l'immanence

phénoménologique sur sa «possibilité la plus accomplie[46]» : la transcendance primordiale (le Sujet —
moi ou/et Dieu — comme absolu). L'«impossibilité»
de la phénoménologie serait l'aveu de sa possibilité
la plus haute : l'accomplissement de l'intentionnalité
dans la visée absolue qui la dissout. Vue ingénieuse,
mais qui présuppose définitivement acquise et fixe
comme exclusive cette «idée de la phénoménologie»
que Sartre et Merleau-Ponty ont contribué — mais
sans doute incomplètement[47] — à ébranler, déplacer,
remettre en jeu : l'unité monumentale de *la* phénoménologie constitutivement condamnée à restaurer
l'idéalisme sous une forme plus ou moins explicite,
plus ou moins reconnaissable.

S'en tenir à cette unique «idée de la phénoménologie» : voilà qui convient à la fois aux tenants de la
phénoménologie comme philosophie première et à
leurs adversaires néopositivistes ou «analytiques»
(qui préfèrent ne pas y regarder de trop près dans
cette philosophie «impossible», c'est-à-dire à leurs
yeux fantaisiste et absurde). Réelle ou possible, la
phénoménologie ne sera jamais, et c'est heureux,
conforme à un modèle (ou à un contre-modèle) idéal.
À ceux qui seraient tentés d'oublier ou de sublimer
les limites phénoménales, il faudrait rappeler l'avertissement de Kant : «Vouloir réaliser l'idéal dans
un exemple, c'est-à-dire dans le phénomène, comme
c'est le cas par exemple du sage dans un roman, c'est
infaisable...[48]» Éclatée, la phénoménologie n'a ni
l'unité ni l'idéalité que d'aucuns lui avaient prêtées.

Mais si la phénoménologie est moins un idéal
qu'une pratique, moins une école qu'une inspiration,
si cette inspiration revêt une riche et peut-être iné-
puisable pluralité, il n'y a pas qu'un possible phéno-

ménologique. N'en mesurons pas l'avenir à l'aune de *notre idée* du possible si souvent démentie par l'expérience!

Si l'échec d'un regain minimaliste de la phénoménologie n'est pas plus fatal que la reconduction obstinée des avatars de la philosophie première, on peut espérer pour l'inspiration phénoménologique un avenir encore riche. L'éclatement effectif de possibilités diverses et inédites n'a pu qu'étayer notre hypothèse initiale et nous encourager à soutenir que la phénoménologie éclatée est la phénoménologie vivante en ses styles singuliers. L'orientation minimaliste ne prétend pas être plus qu'un sillon dans ce champ toujours ouvert.

APPENDICES

NOTES

Introduction

1. Raymond Klibansky et David Pears (éd.), *La philosophie en Europe*, Paris, Gallimard, coll. « Folio essais », 1993, n° 218.

2. Jean-Paul Sartre, *L'être et le néant*, Paris, Gallimard, 1943, p. 11

3. Nous soulignons.

4. Emmanuel Lévinas, *Totalité et Infini. Essai sur l'extériorité*, Paris, Kluwer-Le Livre de poche, 1990, p. I.

5. D. Janicaud, *Le tournant théologique de la phénoménologie française*, Combas, Éd. de l'Éclat, 1990, p. 16 [ici p. 55-56].

6. Michel Henry, *Généalogie de la psychanalyse*, Paris, P.U.F., 1985, p. 398.

7. Nous soulignons. Noté dans *La philosophie en Europe*, *op. cit.*, p. 180.

8. D. Janicaud, *Le tournant théologique de la phénoménologie française*, *op. cit.*, p. 30 [ici p. 71].

9. *Ibid.*, p. 44 [ici p. 92].

10. Jocelyn Benoist, « Vingt ans de phénoménologie française », *in* Yves Mabin (éd.), *Philosophie contemporaine en France*, Paris, Ministère des Affaires étrangères, p. 47.

11. Jean-François Courtine (éd.), *Phénoménologie et théologie*, Paris, Criterion, 1992, p. 127.

12. *Ibid.*, p. 158.

13. *Phénoménologie et théologie*, *op. cit.*, p. 93, note.

14. Jocelyn Benoist, « Husserl au-delà de l'ontothéologie », *Les Études philosophiques*, Paris, P.U.F., n° 4, 1991.

15. «Vingt ans de phénoménologie française», art. cité, p. 47.

16. Voir Paul Ricœur, *À l'école de la phénoménologie*, Paris, Vrin, 2000, p. 159.

17. *Ibid.*, p. 144.

18. René Thom, *Paraboles et catastrophes*, Paris, Flammarion, 1983, p. 5. Voir Alain Boutot, *L'invention des formes*, Paris, Odile Jacob, 1993.

19. Dominique Janicaud (éd.), *L'intentionnalité en question entre phénoménologie et sciences cognitives*, Paris, Vrin, 1995, Avant-propos.

20. Denis Fisette, *Lecture frégéenne de la phénoménologie*, Combas, Éd. de l'Éclat, 1994.

21. Édouard Pontremoli, *L'excès du visible. Une approche phénoménologique de la photogénie*, Grenoble, Millon, 1996.

22. Mikel Dufrenne, «Pour une philosophie non-théologique», in *Le Poétique*, Paris, P.U.F., 1973, p. 35.

23. Paul Ricœur, *Temps et récit*, Paris, Éd. du Seuil, 1985, 3, p. 251.

24. Gilles Deleuze et Claire Parnet, *Dialogues*, coll. «Champs», Paris, Flammarion, 1996, p. 58.

25. Jacques Bouveresse, *Herméneutique et linguistique*, Combas, Éd. de l'Éclat, 1991, p. 53.

26. Ludwig Wittgenstein, *Zettel*, § 234; cité *in* Jacques Bouveresse, *op. cit.*, p. 37.

27. Paul Valéry, *Cahiers*, Gallimard, Paris, coll. «Bibliothèque de la Pléiade», 1973, I, p. 87.

28. *Ibid.*, p. 382.

29. Jean-Paul Sartre, «Une notion fondamentale de la phénoménologie de Husserl: l'intentionnalité», 1939, in *Situations I*, Paris, Gallimard, 1948.

I. LE TOURNANT THÉOLOGIQUE
DE LA PHÉNOMÉNOLOGIE FRANÇAISE

1. Contours du tournant

1. En coopération avec l'UNESCO.

2. Vincent Descombes, *Le même et l'autre. Quarante-cinq ans de philosophie française*, Éditions de Minuit, Paris, 1979.

3. Dominique Janicaud, «Rendre à nouveau raison? Dix ans de philosophie française (1979-1989)», in *La philosophie en Europe*, Paris, Gallimard, 1993, p. 156-193.

4. Voir Jean-Paul Sartre, *Situations I*, Gallimard, Paris, 1947, p. 31-35. On trouve un témoignage de l'immense retentissement de ce texte dans un article de Jean Beaufret datant de 1945, où il écrit: «L'intelligence du sujet traité n'a d'égal que le bonheur de l'expression.» Voir Jean Beaufret, *De l'existentialisme à Heidegger*, Paris, Vrin, 1986, p. 41.

5. Voir le chap. 1 de *Matière et mémoire* auquel Sartre fait allusion (*Situations I, op. cit.*, p. 32).

6. Jean-Paul Sartre, *L'être et le néant*, Paris, Gallimard, 1943, p. 11.

7. *Ibid.*, p. 289.

8. Id., *La transcendance de l'ego. Esquisse d'une description phénoménologique*, Paris, Vrin, 1966, p. 25.

9. *Ibid.*, p. 13.

10. Maurice Merleau-Ponty, *Phénoménologie de la perception*, Paris, Gallimard, 1945, p. III.

11. *Ibid.*, p. I.

12. *Ibid.*, p. V.

13. Cité par Jean-François Lyotard, *La phénoménologie*, Paris, P.U.F., 1954, p. 112. Une critique marxiste de la phénoménologie husserlienne a été présentée avec finesse (mais en des termes que son auteur juge aujourd'hui dépassés) par Jean-T. Desanti dans son *Introduction à la phénoménologie*, Paris, Gallimard, coll. «Idées», 1976 (réédition d'un texte datant de 1963).

14. Paul Ricœur, Introduction à la traduction des *Idées directrices pour une Phénoménologie*, de Husserl, Paris, Gallimard, 1950.

15. *Ibid.*, p. XXV-XXX.

16. *Ibid.*, p. XXX.

17. Maurice Merleau-Ponty, *Le visible et l'invisible*, Paris, Gallimard, 1964, p. 195.

18. *Ibid.*

19. *Ibid.*, p. 175.

20. *Ibid.*, p. 181.

21. Renaud Barbaras, *De l'être du phénomène. Sur l'ontologie de Merleau-Ponty*, Grenoble, Jérôme Millon, 1991, chap. 1.

22. Voir *ibid.*, p. 279.

23. Emmanuel Lévinas, *Totalité et infini. Essai sur l'extériorité*, Paris, Kluwer-Le Livre de poche, Paris 1990, p. 14. Cf. Merleau-Ponty, *Le visible...*, *op. cit.*, p. 195.

24. M. Merleau-Ponty, *Le visible...*, *op. cit.*, p. 195.

25. E. Lévinas, *Totalité et infini*, *op. cit.*, p. 22.

26. *Ibid.*, p. 23.

27. *Ibid.*, p. 13.

28. Martin Heidegger, *Questions IV*, trad. J. Beaufret, F. Fédier, J. Lauxerois et C. Roëls, Paris, Gallimard, 1976 ; la traduction allemande a été faite par Curd Ochwadt et revue par Heidegger (*Vier Seminare*, Francfort-sur-le-Main, Vittorio Klostermann, 1977), en ce qui concerne les séminaires dont les «protocoles» ont été rédigés en français.

29. *Ibid.*, p. 309.

30. *Ibid.*, p. 322.

31. Husserl a été inspiré par la *Psychologie du point de vue empirique*, alors que Heidegger a «appris à lire la philosophie» dans *Des significations multiples de l'étant chez Aristote*. Voir Heidegger, *Questions IV*, *op. cit.*, p. 323.

32. Voir Jean-François Courtine, *Heidegger et la phénoménologie*, Paris, Vrin, 1990, p. 381-405.

33. Jean-Luc Marion, *Réduction et donation. Recherches sur Husserl, Heidegger et la phénoménologie*, Paris, P.U.F., 1989, p. 296.

34. *Ibid.*

35. *Ibid.*, p. 305 et p. 7-10.

36. Jean-Louis Chrétien, *La voix nue. Phénoménologie de la promesse*, Paris, Éd. de Minuit, 1990.

37. *Ibid.*, p. 60.

38. Michel Henry, *Phénoménologie matérielle*, Paris, P.U.F., 1990.

39. Voir *ibid.*, p. 61-136 («La méthode phénoménologique») et «Quatre principes de la phénoménologie», *Revue de métaphysique et de morale*, n° 1, 1991, p. 3-26.

40. Id., *L'essence de la manifestation*, Paris, P.U.F., 1963.

41. Voir *ibid.*, p. 38.

42. *Ibid.*, p. 860.

43. *Ibid.*, § 40, 49.

44. M. Merleau-Ponty, *Le visible...*, *op. cit.*, p. 198.

2. *L'embardée*

1. E. Lévinas, *Totalité et infini. Essai sur l'extériorité*, op. cit., p. 13.

2. *Ibid.*, p. 12.

3. *Ibid.*, p. 13.

4. Voir André de Muralt, *L'idée de la Phénoménologie. L'exemplarité husserlienne*, Paris, P.U.F., 1958, p. 338.

5. Jan Patočka, *Qu'est-ce que la phénoménologie?*, Grenoble, Jérôme Millon, 1988, p. 257.

6. E. Lévinas, *Totalité et infini*, op. cit., p. 89.

7. *Ibid.*, p. 12.

8. *Ibid.*

9. *Ibid.*, p. 286-298.

10. *Ibid.*, p. 43.

11. *Ibid.*, p. 288.

12. *Ibid.*, p. 289.

13. *Ibid.*

14. *Ibid.*, p. 43.

15. *Ibid.*, p. 61 ; voir aussi p. 67, 152.

16. *Ibid.*, p. 61.

17. *Ibid.*, p. 290.

18. Jacques Derrida, *L'écriture et la différence*, Paris, Éd. du Seuil, 1967, p. 224.

19. *Ibid.*, p. 218.

20. Jean-Paul Sartre, *L'être et le néant*, Paris, Gallimard, 1943, p. 435.

21. Maurice Merleau-Ponty, *Phénoménologie de la perception*, Paris, Gallimard, 1945, p. 180-202.

22. Michel Haar, «L'obsession de l'autre : l'éthique comme traumatisme», in *Lévinas*, Cahier de l'Herne, Paris, 1991, p. 451.

23. E. Lévinas, *Totalité et infini*, op. cit., p. 23.

24. Emmanuel Lévinas, *Autrement qu'être ou au-delà de l'essence*, Paris, cf. Le Livre de poche, 1990, p. 10.

25. Id., *ibid.*, p. 141.

26. Marc Richir, «Phénomène et infini», in *Lévinas*, Cahier de l'Herne, op. cit., p. 256.

27. E. Lévinas, *Totalité et infini*, op. cit., p. 292-293.

28. *Ibid.*, p. 293.

29. «Le visage signifie par lui-même, sa signification précède la *Sinngebung*», *ibid.*, p. 292.

30. E. Lévinas, *Autrement qu'être...*, *op. cit.*, p. 282.

31. Voir Paul Ricœur, *Soi-même comme un autre*, Paris, Éd. du Seuil, 1990, p. 387-393.

32. *Ibid.*, p. 390, 393.

33. E. Lévinas, *Autrement qu'être...*, *op. cit.*, p. 283.

34. Id., *Totalité et infini*, *op. cit.*, p. 13.

35. Id., *Autrement qu'être...*, *op. cit.*, p. 280.

36. Voir dans *Autrement qu'être...*, *op. cit.*, le début du chap. IV («Principe et Anarchie») et dans le chap. V, «La gloire de l'infini».

37. E. Lévinas, *Autrement qu'être...*, *op. cit.*, p. 283.

38. Id., *La théorie de l'intuition dans la phénoménologie de Husserl*, Paris, Vrin, 1930; *En découvrant l'existence avec Husserl et Heidegger*, Paris, Vrin, 1949.

3. Virages

1. Emmanuel Lévinas, *De Dieu qui vient à l'idée*, 2e éd., Paris, Vrin, 1986, p. 8.

2. Wassily Kandinsky, *Du spirituel dans l'art*, tr. fr. P. Volboudt, Paris, Denoël-Médiations, 1969, p. 59-60. Cf. M. Henry, *Voir l'invisible. Sur Kandinsky*, Paris, François Bourin, 1988. Pour Michel Henry, l'abstraction de la «nécessité intérieure» que libère Kandinsky n'a rien à voir avec l'abstraction géométrique. Nous reviendrons sur cette thèse et sur l'intérêt phénoménologique de ce livre au chapitre 5.

3. J.-L. Marion, *L'idole et la distance*, Paris, Grasset, 1977; *Dieu sans l'être*, Paris, Fayard, 1982.

4. Sous la dir. de J.-L. Marion et G. Planty-Bonjour, *Phénoménologie et métaphysique*, Paris, P.U.F., 1984.

5. *Ibid.*, p. 7.

6. J.-L. Marion, *Réduction et donation*, *op. cit.*, p. 7.

7. J.-L. Marion et G. Planty-Bonjour (éd.), *Phénoménologie et métaphysique*, *op. cit.*, p. 7.

8. M. Heidegger, *Vorträge und Aufsätze*, Pfullingen, Neske,

1954, p. 71 ; *Essais et conférences*, trad. A. Préau, Paris, Gallimard, 1958, p. 81.

9. *Ibid.*, trad. citée (modifiée) p. 81.

10. J.-L. Marion, *Réduction et donation*, op. cit., p. 7.

11. J.-L. Marion et G. Planty-Bonjour (éd.), op. cit., p. 10-11.

12. *Ibid.*, p. 10.

13. M. Heidegger, *Chemins*, tr. fr. W. Brokmeier, Paris, Gallimard, 1962, p. 165 ; *Holzwege*, Francfort-sur-le-Main, Klostermann, 1957, p. 184. Heidegger ajoute même : « Diese Wahreheit ist das Wesen der Metaphysik. »

14. J.-L. Marion et G. Planty-Bonjour (éd.), op. cit., p. 11.

15. Voir *ibid.*, p. 12.

16. *Ibid.*

17. J.-L. Marion, *Réduction et donation*, op. cit., p. 305.

18. *Ibid.*

19. *Ibid.*, p. 304 et p. 97-103, 289-296.

20. *Ibid.*, p. 304.

21. E. Husserl, *Idées directrices...*, trad. citée, p. 108-109.

22. *Ibid.*, p. 116.

23. E. Husserl, *Méditations cartésiennes*, tr. fr. G. Peiffer et E. Lévinas, Paris, Vrin, 1969, p. 21.

24. E. Kant, *Kritik der reinen Vernunft*, A 341-B 399 sq.

25. *Ibid.*, A 346-B 405.

26. J.-L. Marion, *Réduction et donation*, op. cit., p. 90.

27. M. Heidegger, *Die Grundprobleme der Phänomenologie*, in *Gesamtausgabe*, Bd. 24, p. 29 ; *Les problèmes fondamentaux...*, tr. fr. J.-F. Courtine, Paris, Gallimard, 1985, p. 39-40.

28. *Ibid.*, trad. citée, p. 40.

29. J.-L. Marion, *Réduction et donation*, op. cit., p. 110.

30. *Ibid.*, p. 99.

31. Dans *Réduction et donation*, op. cit., p. 65-118.

32. M. Heidegger, *Die Grundprobleme...*, op. cit., p. 29 ; trad. citée, p. 40 (nous soulignons).

33. J.-L. Marion, *Réduction et donation*, op. cit., p. 111.

34. M. Heidegger, *Prolegomena zur Geschichte der Zeitegriffs*, *Gesamtausgabe*, Bd. 20, p. 137.

35. J.-F. Courtine, « L'idée de la phénoménologie et la problématique de la réduction », in *Phénoménologie et métaphyique*, op. cit., p. 226.

36. J.-L. Marion, *Réduction et donation*, op. cit., p. 108.

37. *Ibid.*, p. 117.

38. *Ibid.*, p. 305.

39. *Ibid.*, p. 296.

40. *Ibid.*, p. 297.

41. *Ibid.*, p. 305.

42. *Ibid.*, p. 303.

43. *Ibid.*, p. 297.

44. *Ibid.*, p. 302.

45. *Ibid.*, p. 301.

46. *Ibid.*, p. 302.

47. Citation du *Deutéronome* 6, 4 à la p. 295 de *Réduction et donation, op. cit.*

48. Voir *Revue de métaphysique et de morale*, n° 1, 1991, p. 65.

49. *Ibid.*, p. 68.

50. *Ibid.*

51. *Ibid.*, p. 69.

52. *Ibid.*, p. 67.

53. J.-L. Chrétien, *La voix nue. Phénoménologie de la promesse, op. cit.*, p. 8.

54. *Ibid.*, p. 13.

55. *Ibid.*, p. 60.

56. J.-L. Marion, *Réduction et donation, op. cit.*, p. 295.

57. E. Husserl, *Idées directrices...*, trad. citée, p. 191.

58. *Ibid.*

59. E. M. Cioran, *Précis de décomposition*, Paris, Gallimard, 1949, p. 196.

4. *Les surprises de l'immanence*

1. E. Lévinas, *De Dieu qui vient à l'idée, op. cit.*, p. 127.

2. M. Henry, *L'essence de la manifestation*, Paris, P.U.F., 1963, p. 349.

3. Michel Henry, «La méthode phénoménologique», *Phénoménologie matérielle*, Paris, P.U.F., 1990, p. 61-136.

4. Id., *L'essence de la manifestation, op. cit.*, p. 242.

5. *Ibid.*, p. 279-280.

6. *Ibid.*, p. 859.

7. *Ibid.*, p. 323.

8. *Ibid.*, p. 160.

9. *Ibid.*, p. 858.
10. *Ibid.*, p. 597.
11. *Ibid.*, p. 354.
12. *Ibid.*, p. 355.
13. *Ibid.*
14. Xavier Tilliette, « Michel Henry : la philosophie de la ′ie », *Philosophie*, n° 15, p. 20.
15. Voir Hegel, *L'esprit du christianisme et son destin*, Paris, ′rin, 1948.
16. Sur Eckhart, voir les § 39, 40, 49 de *L'essence de la manifestation*, *op. cit.* ; sur le jeune Hegel, voir les pages 359-•60, 367, 511.
17. Voir M. Heidegger, *Der Feldweg*, Francfort-sur-le-Main, ′lostermann, 1956, p. 4 (*Questions III*, Paris, Gallimard, 1966, •. 12).
18. Sur ce dernier point, voir *L'essence de la manifestation*, •p. cit.*, p. 538.
19. *Ibid.*, p. 553.
20. Citation donnée par Michel Henry, *ibid.*, p. 542.
21. *Ibid.*, p. 897.
22. Hegel, *L'esprit du christianisme et son destin*, trad. citée, •. 103.
23. M. Henry, *Phénoménologie matérielle*, *op. cit.*, p. 6.
24. *Ibid.*, p. 8.
25. *Ibid.*, p. 61-136.
26. E. Husserl, *L'idée de la Phénoménologie*, trad. A. Lowit, ′aris, P.U.F., 1970.
27. M. Henry, *Phénoménologie matérielle*, *op. cit.*, p. 100.
28. *Ibid.*, p. 120.
29. Voir *ibid.*, p. 122-123.
30. *Ibid.*, p. 129.
31. *Ibid.*, p. 134.
32. *Ibid.*, p. 127.
33. *Ibid.*, p. 131.
34. *Ibid.*, p. 133.
35. *Ibid.*, p. 132-133.
36. *Ibid.*, p. 132.
37. *Ibid.*, p. 122.
38. *Ibid.*, p. 132.
39. *Ibid.*, p. 108.
40. *Ibid.*, p. 109.

41. Martin Heidegger, *Sein und Zeit*, Tübingen, Niemeyer, 1967, p. 28, 34, 357.

42. *Ibid.*, p. 35 et l'ensemble du § 7.

43. *Ibid.*, p. 38 : « Comprendre la phénoménologie veut dire : saisir ses possibilités. »

44. M. Henry, *Phénoménologie matérielle*, op. cit., p. 120.

45. *Ibid.*, p. 82.

46. Voir, de Husserl, le § 76 des *Idées directrices pour une phénoménologie*, trad. citée, p. 242.

47. Voir id., *Méditations cartésiennes*, trad. citée, p. 61.

48. *Ibid.*, p. 26.

49. M. Henry, *Phénoménologie matérielle*, op. cit., p. 134.

50. Id., *Voir l'invisible*, op. cit., p. 226.

51. Id., *Phénoménologie matérielle*, op. cit., p. 122. Nous soulignons.

52. *Ibid.*, p. 61, mais aussi dès l'Avant-propos, p. 5. Le texte le plus récent est « Quatre principes de la phénoménologie », *Revue de métaphysique et de morale*, n° 1, 1991, p. 3-26. Ce texte manifeste, une fois de plus, l'aboutissement théologique de la pensée de Michel Henry. Deux citations : l'apparaître originel est « cette Vie infinie qui ne cesse de nous donner à nous-mêmes et de nous engendrer en tant qu'elle s'engendre elle-même dans son auto-affection éternelle » (p. 11) ; « Ainsi n'y aurait-il rien sans cette irruption triomphale d'une révélation qui est celle de l'Absolu » (p. 20). Quel sens phénoménologique les notions d'infinité, d'éternité et d'absolu peuvent-elles recevoir ? Aucun. À moins d'inverser la première règle analysée (« Autant d'apparaître, autant d'être ») pour mener à une position totalement contraire à son esprit néo-kantien : l'apparaître ontique ne livre rien de l'Archi-révélation ontologique et vitale. La deuxième règle méthodologique, qui concerne l'intuition, est également rejetée : qualifiée (comme la première) de « meurtre » (p. 12), elle ne bénéficie d'aucune attention positive, sous prétexte que la vie se soustrait « par nature » aux types d'évidence isolés par Husserl. Le commentaire du troisième principe (*Zu den Sachen selbst*) feint de croire qu'il vise des « choses en soi » (p. 6), ce qui permet de le disqualifier sans avoir démontré ce point. Trois règles essentielles de la phénoménologie « historique » sont donc, et pour cause, abandonnées au profit du principe formulé récemment par J.-L. Marion : « D'autant plus de réduction, d'autant plus de donation ». Tout

en affirmant que, dans ce principe, tout est phénoménologique, (p. 23), Michel Henry reconnaît le caractère «stupéfiant», (p. 20) de la problématique de l'appel chez Marion, sans masquer l'écart entre «la forme pure de l'appel» et l'ivresse pathétique de la vie.

Il était intéressant de commencer à montrer les contradictions et indéterminations des principes de la phénoménologie «historique». Mais force est de constater que le principe de la «nouvelle» phénoménologie reste totalement injustifié, surtout quant à la relation de proportionnalité à laquelle il se suspend et dont on peut dire exactement ce que Michel Henry écrit à propos du premier principe. Les termes en présence ne sont plus l'apparaître et l'être, mais la réduction et la donation ; la question reste cependant la même : «Quel sens donner à la relation de proportionnalité qui les unit et qui devient une proportion à jamais énigmatique entre deux termes également inconnus ?» (p. 9).

5. Réorientation

1. Edmund Husserl, *La philosophie comme science rigoureuse*, trad. Q. Lauer, Paris, P.U.F., 1954, p. 125.

2. Henri Bergson, *Mélanges*, Paris, P.U.F., 1972, p. 488.

3. *Ibid.*

4. E. Husserl, *La philosophie comme science rigoureuse*, *op. cit.*, p. 93.

5. *Ibid.*, p. 125.

6. Voir M. Heidegger, *Prolegomena zur Geschichte der Zeitbegriffs*, *Gesamtausgabe*, Bd 20, § 13.

7. E. Husserl, *La crise des sciences européennes et la phénoménologie transcendantale*, trad. G. Granel, Paris, Gallimard, 1976, p. 9.

8. «It is my personal opinion that *qua* First Philosophy Phenomenology is at present heading for bankruptcy and disaster and will end either in self-ruinous subjectivism or in a windy Mysticism»: Gilbert Ryle, cité par H. Spiegelberg, *The Phenomenological Movement*, La Haye, 1965, I, p. 347.

9. Vincent Descombes, *Grammaire d'objets en tous genres*, Paris, Éd. de Minuit, 1983, p. 56.

10. E. Husserl, *La philosophie comme science rigoureuse*, trad. citée, p. 53.

11. Voir la note de Quentin Lauer *in* Husserl, *ibid.*, p. 127 n. 8.

12. *Ibid.*, p. 124.

13. Voir Paul Ricœur, *À l'école de la phénoménologie*, Paris, Vrin, 1987, p. 8 ; Descombes (citant Spiegelberg), *Grammaire... op. cit.*, p. 56. Dans son livre fondamental, *Le sens du temps et de la perception chez E. Husserl* (Paris, Gallimard, 1968) Gérard Granel a également insisté sur ce point : « La phénoménologie est une réflexion sur le perçu » (p. 104).

14. P. Ricœur, *À l'école de la phénoménologie*, *op. cit.* p. 156.

15. Voir Vincent Descombes, « La phénoménologie pour nous », in *Critique de la raison phénoménologique*, sous la dir de J. Poulain, Paris, Le Cerf, 1991, p. 34-35.

16. Martin Heidegger, *Zur Sache des Denkens*, Tübingen Niemeyer, 1969, p. 16 sq. ; *Questions IV*, trad. F. Fédier, Paris Gallimard, 1976, p. 35 sq.

17. M. Henry, *Voir l'invisible*, *op. cit.*, p. 26-42, 68-80.

18. Voir Jean-Luc Marion, *La croisée du visible*, Paris, La Différence, 1991, *passim* et p. 31-35. L'intérêt phénoménologique de ce livre ne saurait cependant, on le devine, nous laisser approuver la subordination explicite de la phénoménologie à la théologie, formulation la plus nette — à ce jour — du tournant théologique : « La théologie devient, dans cette situation, une instance irrécusable de toute théorie du tableau » (*op. cit.*, p. 8).

19. P. Ricœur, *À l'école de la phénoménologie*, *op. cit.* p. 77.

20. *Ibid.*, p. 159.

21. Martin Heidegger, *Phänomenologie und Theologie* Francfort-sur-le-Main, Klostermann, 1970 ; trad. fr. in *Archives de Philosophie*, XXXII, 1969, p. 356 sq. (réédité *in* Cassirer Heidegger, *Débat sur le kantisme et la philosophie*, Paris Beauchesne, 1972, p. 101-131).

22. *Ibid.*, p. 32. Dans un livre remarquable, au titre trop modeste (*Note sur le temps*, Paris, P.U.F., 1990), Jean-Yves Lacoste nous semble avoir travaillé selon cet esprit : il y défend et illustre une pensée théologique mettant en place un « sys

tème de différences» phénoménologiquement «inévident»
(*op. cit.*, p. 125), mais respectueux de la finitude de l'être-au-
monde.

23. Jacques Derrida, *La voix et le phénomène. Introduction
au problème du signe dans la phénoménologie de Husserl*, Paris,
P.U.F., 1967. Voir aussi *Le problème de la genèse dans la philosophie de Husserl*, Paris, P.U.F., 1990. Nous sommes bien
conscient que l'apport de Jacques Derrida aux études phénoménologiques françaises ne se limite pas à ces deux titres. La
question se pose également de déterminer si, et dans quelle
mesure, cette œuvre excède la phénoménologie — ce qui, à
coup sûr, outrepasse le propos de cet essai.

24. Jean Greisch, «L'herméneutique dans la phénoménologie comme telle», *Revue de métaphysique et de morale*, nº 1,
1991, p. 63. Cette question est, en fait, posée à la pensée heideggérienne, à travers le travail de J.-L. Marion.

25. Martin Luther, *Erl. Ausg.*, WW. 46, p. 287, cité par
Heidegger, *Phänomenologie und Theologie*, *op. cit.*, p. 19.
Nous reprenons la traduction française adoptée *in* Cassirer-
Heidegger, *Débat sur le kantisme...*, *op. cit.*, p. 107.

26. Goethe, *Maximes et réflexions*, nº 993, cité par Heidegger,
Zur Sache des Denkens, *op. cit.*, p. 72.

II. LA PHÉNOMÉNOLOGIE ÉCLATÉE

1. De la polémique au débat

1. De Gilbert Ryle à Vincent Descombes plus récemment, on
n'a pas manqué de souligner à la fois l'ambiguïté des concepts-
clés de la phénoménologie et le flou de son programme de
travail, ouvrant la voie à bien des déplacements et des dérives.
Les critiques de Descombes seront examinées au chap. 2. Sur
la position de Ryle, plus complexe que ne le laissent supposer
des formules isolées de leurs contextes, on consultera avec profit
l'excellente livraison des *Recherches husserliennes*, Bruxelles,
Facultés universitaires Saint-Louis, 1997, vol. 7.

2. Dominique Janicaud, *Le tournant théologique de la phé-
nomènologie française*, Combas, Éd. de l'Éclat, 1990.

3. Dominique Janicaud, «Rendre à nouveau raison?», *La
philosophie en Europe*, sous la dir. de Raymond Klibansky et
David Pears, Paris Gallimard, coll. «Folio essais» n° 218
1993, p. 156-193. On notera que ce rapport, répondant à une
commande de l'Institut international de philosophie, a été
rédigé plus de trois ans avant sa publication. D'autre part, il se
bornait à analyser la production philosophique française des
dix années 1979-1989. La phénoménologie y était abordée aux
pages 175-181 sous le titre: «Une phénoménologie théolo
gique?».

4. En m'objectant, lors de la discussion du 4 avril 1992 au
Collège international de philosophie: «Je ne connais rien à la
théologie», Michel Henry détournait l'attention du cœur du
débat, diversion qui lui permettait de ne pas prendre sérieuse
ment en considération les objections qui lui avaient été faites

5. À la p. 84 du *Tournant théologique* [ici p. 143].

6. Comme l'ont suggéré Raymond Klibansky et David Pears
(*La philosophie en Europe, op. cit.*, p. 12-13).

7. Voir Emmanuel Lévinas, *Quatre lectures talmudiques*
Paris, Éd. de Minuit, 1968; *L'au-delà du verset. Lectures et dis
cours talmudiques*, Paris, Éd. de Minuit, 1982. Comme le pré
sent essai porte surtout sur les développements les plus récents
du mouvement phénoménologique, on n'y reviendra pas sur
les objections méthodologiques qui ont été présentées au
chap. 2 du *Tournant théologique* et qui n'entendaient, d'ailleurs
nullement méconnaître la stature philosophique d'un authen
tique penseur. Lévinas lui-même a précisé: «Je fais toujour
une distinction claire, dans ce que j'écris, entre les texte
confessionnels et les textes philosophiques. Je ne nie pas qu'il
puissent finalement avoir une source d'inspiration commune.
(«De la phénoménologie à l'éthique. Entretien avec E. Lévinas»
Esprit, juillet 1997, p. 126).

8. On retiendra plus particulièrement, à cet égard, la phé
noménologie poétique de la corporéité que J.-L. Chrétien
dégage paradoxalement le mieux dans les belles pages où il
affronte Nietzsche (voir *De la fatigue*, Paris, Éd. de Minuit
1996, p. 134-152).

9. S'en tenir à nouveau pour l'essentiel à l'aire francophon
ne revient pas à méconnaître la vitalité et la diversité du mou

vement phénoménologique hors de ces limites linguistiques, en particulier en Allemagne, en Italie, aux États-Unis et même en Grande-Bretagne.

10. Sans doute n'était-il pas opportun d'aller jusqu'à employer l'expression suivante, incontestablement trop polémique et partant injuste : « les spéculations ou les rêves de nos nouveaux visionnaires » (*Le tournant théologique…*, *op. cit.*, p. 80 [ici p. 136]).

11. Citons la matinée organisée au Collège international de philosophie, le 4 avril 1992, avec la participation de Jacques Colléony, Jean Greisch, Michel Haar, Michel Henry, Élisabeth Rigal et, d'autre part, le débat du 7 avril 1993 à la Faculté de philosophie de l'Université catholique de Lyon, avec la participation d'Emmanuel Gabellieri, Xavier Lacroix, René Virgoulay. Voir aussi l'article d'Emmanuel Gabellieri, « De la métaphysique à la phénoménologie : une *relève* ? », *Revue philosophique de Louvain*, nov. 1996, p. 625-645. Cf. également Jacques Colette, « Phénoménologie et métaphysique », *Critique*, janvier 1993, p. 56-76. À la p. 63 de cet article, J. Colette écrit que « D. Janicaud, "lecteur perplexe" de Lévinas, aurait pu éprouver la même perplexité face à Husserl lui-même ». Remarque admissible, à la condition de ne pas oublier d'une part que la notion de « tournant » s'ancrait, dans mon essai, à une situation bien précise de la phénoménologie *française*, d'autre part que l'inévitable et légitime perplexité philosophique ne saurait être exactement la même dans les cas de Husserl et de Lévinas : celui-ci déplace *explicitement* la méthode phénoménologique dans un sens métaphysique, alors que la « théologie » husserlienne — pour autant que ce concept fasse sens — serait à *décrypter* dans le retournement même de l'immanence de la subjectivité absolue. Dieu (y compris dans les inédits où apparaît le mot) reste un concept-limite d'une phénoménologie au sein de laquelle la mise entre parenthèses de toutes les transcendances et la « neutralisation » du regard ont été pratiquées avec une extrême rigueur.

12. *Phénoménologie et théologie*, présentation de Jean-François Courtine, Paris, Criterion, 1992.

13. Sauf en une brève allusion sous forme de dénégation, de la part de Jean-Luc Marion (*Phénoménologie et théologie*, *op. cit.*, p. 122) sur laquelle nous allons revenir.

14. Jocelyn Benoist, « Vingt ans de phénoménologie fran-

çaise», *Philosophie contemporaine en France*, Paris, Ministère des Affaires étrangères, 1994, p. 47.

15. Sans oublier Jean-Louis Chrétien dont le texte «La parole blessée» a pour sous-titre «Phénoménologie de la prière» et tient les promesses de ce sous-titre (voir *Phénoménologie et théologie*, *op. cit.*, p. 41-78).

16. *Phénoménologie et théologie*, *op. cit.*, p. 127.

17. *Ibid.*, p. 158.

18. *Ibid.*, p. 15-39.

19. Michel Henry, *C'est moi la vérité. Pour une philosophie du christianisme*, Paris, Éd. du Seuil, 1996.

20. *Ibid.*, p. 90.

21. *Ibid.*, p. 39.

22. *Ibid.*, p. 116.

23. *Ibid.*, p. 158.

24. *Ibid.*, p. 338.

25. «Le phénomène saturé ne doit pas s'entendre comme un cas-limite, exceptionnel, vaguement irrationnel, pour tout dire "mystique" de la phénoménalité. Il marque au contraire l'accomplissement cohérent et conceptuel de la définition la plus opératoire du phénomène...» (*Phénoménologie et théologie*, *op. cit.*, p. 123-124). Ce souci de l'argumentation se manifeste aussi dans le choix du titre du livre le plus récent de Jean-Luc Marion, *Étant donné* (Paris, P.U.F., 1997): même si les «Réponses préliminaires» n'insistent pas sur ce recours à la démonstration, il est significatif que le style de l'auteur soit souvent plus démonstratif que «monstratif», c'est-à-dire — dans les termes mêmes des p. 13-14 — plus métaphysique que phénoménologique.

26. *Phénoménologie et théologie*, *op. cit.*, p. 122.

27. Voir *Étant donné* (*op. cit.*, p. 91) où compte est tenu d'une remarque du *Tournant* (p. 51) sur «l'ambiguïté de la notion de donation». Plus significativement, le contresens qui m'est imputé (p. 108), après plusieurs pages de discussion de mes critiques (p. 104-107), est attribué à une «réelle difficulté»: le terme même de *donation* ne risque-t-il pas de reconduire au «modèle métaphysique de la production, de l'efficience et de la causalité»?

28. *Étant donné*, *op. cit.*, p. 8.

29. À ce propos, un étrange reproche est fait à la «métaphysique classique de Spinoza à Nietzsche»: «prétendre interdire

la phénoménalité à ce qui la revendiquait» (*Étant donné*, p. 10). Outre que Spinoza a accordé la plus grande attention aux phénomènes de la Révélation dans son *Traité des Autorités politique et religieuse*, on reste confondu de voir Nietzsche inclus de cette façon expéditive dans la «métaphysique classique», alors que le statut métaphysique de sa pensée est un enjeu toujours si discuté.

30. Lors d'un débat organisé à Paris au Centre Sèvres sur «Phénoménologie et théologie», le 10 juin 1994. Je remercie Jocelyn Benoist de m'avoir communiqué ce texte passionnant qui — fait surprenant — n'a pas encore été publié.

31. Jean-Luc Marion, *L'idole et la distance*, Paris, Grasset, 1977.

32. «Ainsi déterminez-vous votre apologétique dans sa nature ambiguë de "phénoménologique"...» (Benoist, texte inédit cité *supra*, note 30).

33. Plus nettement qu'une seule allusion à Schelling (*L'idole et la distance, op. cit.*, p. 15).

34. Benoist (p. 5 du texte inédit cité *supra*) fait finement état du «primat paradoxal du concept (ou du "noétique") [chez Marion] dans sa négation même...»

35. Une première version de ce chapitre était destinée à un numéro spécial de la *Revue d'esthétique*, sous la responsabilité de Nicolas Tertulian. Cette livraison ayant été reportée à une date ultérieure, Nicolas Tertulian a accepté que le texte prenne place au sein du présent essai. Je l'en remercie vivement.

36. En particulier chez Renaud Barbaras, Jacques Garelli et Marc Richir.

37. Les revues *Études phénoménologiques*, *Epokhè* et *Alter* y ont activement contribué, ainsi que la collection «Krisis» dirigée par Marc Richir chez Millon et la collection «Phaenomenologica» dirigée par Rudolf Bernet aux éditions Kluwer (Dordrecht). C'est également le cas de la revue *Philosophie* animée d'abord par Didier Franck, puis plus récemment par Claude Romano.

38. Voir la traduction par Nathalie Depraz de la *Sixième méditation cartésienne* (Grenoble, Jérôme Millon, 1994).

39. Voir en particulier Jan Patočka, *Introduction à la phénoménologie de Husserl*, trad. E. Abrams, Grenoble, Jérôme Millon, 1992.

40. Voir Erwin Strauss, *Du sens des sens*, trad. G. Thinès et J.-P. Legrand, Grenoble, Jérôme Millon, 1989.

41. Nous reviendrons sur ce point au chap. 4.

42. Voir Denis Fisette, *Lecture frégéenne de la phénoméno-logie*, Combas, Éd. de l'Éclat, 1994.

43. Voir *Phénoménologie et politique. Mélanges offerts à Jacques Taminiaux*, Bruxelles, Ousia, 1989.

44. Cette voie, magistralement ouverte par Merleau-Ponty dans *L'œil et l'esprit* et dans ses écrits sur Cézanne, a été enrichie par les travaux de Henri Maldiney et plus récemment par ceux d'Éliane Escoubas et de Michel Haar. Voir, entre autres, *L'art au regard de la phénoménologie*, textes réunis par É. Escoubas et B. Giner, Toulouse, Presses universitaires du Mirail, 1994. Citons également un essai remarquable d'Édouard Pontremoli, *L'excès du visible. Une approche phéno-ménologique de la photogénie*, Grenoble, Jérôme Millon, 1996.

45. Nous pensons particulièrement aux travaux de l'École française de *Daseinanalyse*.

46. Chez Jean-Yves Lacoste, *Expérience et absolu*, Paris, P.U.F., 1994.

47. Voir l'excellent recueil portant ce titre : *La phénoméno-logie aux confins*, textes de R. Cobb-Stevens, J. Taminiaux, G. Granel, E. Rigal, Mauvezin, TER, 1992.

48. Éric Alliez, *De l'impossibilité de la phénoménologie. Sur la philosophie française contemporaine*, Paris, Vrin, 1995.

2. Une phénoménologie athée ?

1. Mikel Dufrenne, *Le Poétique*, Paris, P.U.F., 1973, p. 7-57.

2. *Ibid.*, p. 24.

3. *Ibid.*, p. 35.

4. Voir la conclusion du texte de Dufrenne, *ibid.*, p. 56-57.

5. Dominique Janicaud, *Le tournant théologique de la phé-noménologie française, op. cit.*

6. Dufrenne signale cependant (*Le Poétique, op. cit.*, p. 12) que la «référence à la phénoménologie doit... aussi subir la "rature"».

7. Dufrenne, *ibid.*, p. 56.

8. «On ne peut être matérialiste que poétiquement» (*ibid.*, p. 38).

9. Dufrenne, *ibid.*, p. 56.

10. C'est Daniel Charles qui attira son attention sur ce texte. Malgré tout, le nom de Dufrenne est cité à la p. 7 du *Tournant* [ici p. 42].

11. Voir Platon, *Apologie de Socrate*, 26 c, et Paul, *Épître aux Éphésiens*, 2, 11. Dans le premier cas, Socrate se défend, face à son accusateur Mélétos, d'être *atheos* sous prétexte qu'il n'enseigne pas la croyance aux seuls dieux de la Cité ; dans le second cas, Paul rappelle à ses frères d'Éphèse que, sans Christ, ils étaient *atheoï* (privés de Dieu dans le monde).

12. André Lalande, *Vocabulaire technique et critique de la Philosophie*, Paris, P.U.F., 1956, art. «Athéisme».

13. Descartes, *Œuvres*, éd. Adam-Tannery, IX, p. 220.

14. *Ibid.*, p. 230.

15. Edmund Husserl, *Méditations cartésiennes*, trad. Peiffer et Lévinas, Paris, Vrin, 1969, p. 20.

16. Id., *Idées directrices pour une phénoménologie*, Husserliana, III, 1, p. 111 (trad. Ricœur, p. 192).

17. E. Husserl, *Idées...*, *op. cit.*, § 32, p. 56 ; trad. citée, p. 102.

18. Id., *L'idée de la phénoménologie*, trad. A. Lowit, Paris, P.U.F., 1990, p. 69 ; *Die Idee der Phänomenologie*, Husserliana, II, p. 45.

19. Nous avons marqué ce point dans *Chronos*, Paris, Grasset, 1997, p. 142.

20. E. Husserl, *L'idée de la phénoménologie*, trad. citée, p. 45 ; Husserliana, II, *op. cit.*, p. 23.

21. Voir id., *L'idée de la phénoménologie*, trad. citée, p. 54 ; *op. cit.*, p. 31.

22. Jean-Paul Sartre, *L'être et le néant*, Paris, Gallimard, 1943, p. 11.

23. «Philosophie als strenge Wissenschaft... der Traum ist ausgeträumt.» Quentin Lauer précise bien, en citant cette phrase célèbre, qu'elle ne signifie pas, de la part de Husserl, la renonciation à «l'idéal de la connaissance rigoureusement scientifique en tant que telle, mais à l'ambition d'achever la totalité de la science» (Introduction à *La philosophie comme science rigoureuse, op. cit.*, p. 7).

24. Voir, en particulier, Maurice Merleau-Ponty, *Notes de cours 1959-1961*, Paris, Gallimard, 1996.

25. Voir nos remarques sur ce point dans *Le tournant théologique...*, *op. cit.*, p. 81-83 [ici p. 137-140].

26. Paul Ricœur, *À l'école de la phénoménologie*, Paris, Vrin, 1987, p. 77.

27. Vincent Descombes, *Grammaire d'objets en tous genres*, Paris, Éd. de Minuit, 1983, p. 57.

28. E. Husserl, *Idées...*, § 55, p. 107, trad. Ricœur, p. 184.

29. V. Descombes, *Grammaire d'objets en tous genres*, *op. cit.*, p. 56.

30. On peut ajouter que, s'il est vrai que « l'extension inusitée » donnée par Husserl au concept de sens est « peu expliquée », elle est quand même assumée comme telle à la note de la p. 107 des *Idées* que discute justement Descombes (trad. Ricœur, p. 184). Cf. Descombes, *ibid.*, p. 57.

31. Voir V. Descombes, *Grammaire d'objets en tous genres*, *op. cit.*, p. 69.

32. Ces deux textes sont cités en tête du bel article de Jocelyn Benoist, « Husserl au-delà de l'onto-théologie ? », *Les Études philosophiques*, octobre-décembre 1991, p. 433. La suite du second passage fait état d'un « chemin athée vers l'humanité authentique absolument universelle ».

33. J. Benoist, art. cité, p. 434.

34. En particulier, le manuscrit F 24, « Formale Ethik und Probleme der praktischen Vernunft », cité par Benoist, art. cité, p. 439.

35. J. Benoist, art. cité, p. 436.

36. *Ibid.*, p. 435.

37. J. Benoist, art. cité, p. 437.

38. Martin Heidegger, *Interprétations phénoménologiques d'Aristote*, trad. J.-F. Courtine, Mauvezin, TER, 1992, p. 27.

39. M. Heidegger, *Einführung in die Metaphysik*, Tübingen, Niemeyer, 1957, p. 6 ; *Introduction à la métaphysique*, trad. G. Kahn, Paris, P.U.F., 1958, p. 14.

40. M. Heidegger, *Lettre sur l'Humanisme*, trad. R. Munier, Paris, Aubier, 1957, p. 130-131 : « Erst aus der Wahrheit des Seins lässt sich das Wesen des Heiligen denken. Erst aus dem Wesen des Heiligen ist das Wesen der Gottheit zu denken. Erst im Lichte des Wesens von Gottheit kann gedacht und gesagt werden, was das Wort "Gott" nennen soll. »

41. Id., *Essais et conférences*, trad. A. Préau, Paris, Gallimard, 1958, p. ¿12 ; *Vorträge und Aufsätze*, Pfullingen, Neske, 1954, p. 177 : « Die Göttlichen sind die winkenden Boten der Gottheit. Aus dem verborgenen Walten dieser erscheint der

Gott in sein Wesen, das ihn jedem Vergleich mit dem Anwesenden entzieht.»

42. Id., *Beiträge zur Philosophie, Gesamtausgabe*, 65, p. 411.

43. P. Ricœur, *À l'école de la phénoménologie, op. cit.*, p. 144.

44. En se référant de nouveau à Paul Ricœur, *ibid.*, p. 159.

45. Voir *infra*, chap. 5.

46. Bien que Jean-Luc Marion ait eu le mérite de rappeler la réduction husserlienne du Dieu fondateur et l'exigence heideggérienne d'un «athéisme de méthode» (cf. *Étant donné, op. cit.*, p. 57 et les renvois à Husserl — § 58 des *Idées* — ainsi qu'à Heidegger, *Gesamtausgabe*, 20, p. 177 et 211), on verra au prochain chapitre pour quelles raisons il y a encore lieu de douter que ces bonnes intentions méthodologiques aient été complètement suivies d'effets.

Les avatars de la philosophie première

1. Edmund Husserl, *Philosophie première*, trad. A. Kelkel, Paris, P.U.F., 1972, 1, p. 3 et l'Avant-propos du traducteur, *ibid.*, 2, p. XVI.

2. *Ibid.*, 2, p. 4.

3. *Ibid.*, 2, Avant-propos du traducteur, p. XLVI.

4. «L'autre philosophie première et la question de la donation», *Philosophie*, n° 49, mars 1996, p. 68-83.

5. Ces trois principes sont: «Autant d'apparaître, autant d'être»; «Retour aux choses mêmes!»; enfin, le privilège de l'intuition originaire.

6. Voir Michel Henry, «Quatre principes de la phénoménologie», *Revue de métaphysique et de morale*, n° 1, 1991, p. 3-26.

7. Jean-Luc Marion, *Réduction et donation. Recherches sur Husserl, Heidegger et la phénoménologie*, Paris, P.U.F., 1989.

8. Id., «L'autre philosophie première...», art. cité, p. 78.

9. *Ibid.*, p. 80.

10. *Ibid.*, p. 82.

11. *Ibid.*, p. 83.

12. *Ibid.*, p. 75.

13. Voir *Étant donné, op. cit.*, p. 106-107. Marion utilise alors un passage de *La puissance du rationnel* (Paris, Gallimard,

1985, p. 340) où j'assumais un certain reste de métaphysique générale sous la forme du «désir d'intelligibilité». Mais d'une part, il est étrange de me reprocher de ne pas donner une «définition» de la métaphysique spéciale dans un contexte qui n'a rien d'une étude d'histoire de la philosophie; d'autre part et surtout, je n'avais alors nullement le projet de «m'inno-center». Il s'agissait, au contraire, de reconnaître la difficulté de se libérer de tout présupposé métaphysique (au sens du «rendre raison», tel que Heidegger en analyse la puissance, en particulier dans *Der Satz vom Grund*), y compris dans une généalogie critique de la rationalité. Au demeurant, je n'ai jamais cru ni prétendu que le «désir d'intelligibilité» fût «simple».

14. *Le tournant théologique…, op. cit.*, p. 42 [ici p. 148].

15. *Phénoménologie et métaphysique*, sous la dir. de G. Planty-Bonjour et J.-L. Marion, Paris, P.U.F., 1984, p. 10-11.

16. *Étant donné, op. cit.*, p. 439.

17. *Ibid.*, 4e p. de couverture.

18. *Ibid.*, p. 440.

19. *Ibid.*, p. 54 sq.

20. Voir Martin Heidegger, «Le retour au fondement de la métaphysique», *Questions I*, Paris, Gallimard, 1968, p. 25-26; *Was ist Metaphysik?*, Francfort-sur-le-Main, Klostermann, 1960, p. 9.

21. *Ibid.*, p. 307; *Identität und Differenz*, Pfullingen, Neske, 1957, p. 72.

22. *Étant donné, op. cit.*, p. 106-107, n.

23. Sans prétendre avoir répondu complètement à cette exigence, *La puissance du rationnel* pose la question de savoir si, malgré sa déthéologisation, une autoréférence inéliminable (alors dénommé Nouveau Sens) n'assure pas une rémanence de l'absolu au sein du développement scientifico-technique contemporain, rendant ainsi la structure onto-théologique méconnaissable sans toutefois l'annuler (voir le dialogue «La rationalité comme partage», *La puissance du rationnel, op. cit.* p. 297-304). Selon Heidegger lui-même, si la structure onto-théologique est encore décelable dans la métaphysique de Nietzsche, elle ne semble pas pouvoir être identifiée si littéralement dans un monde technique marqué par l'*Entgötterung*.

24. *Ibid.*, p. 9.

25. On lit à la p. 115 d'*Étant donné*: «… le don se résume à

'effet d'une cause efficiente (D. Janicaud)». Aucune citation précise ne permet d'étayer, et pour cause, cette allégation déjà formulée dans «L'autre philosophie première...», art. cité, p. 80, n. 18.

26. *Étant donné, op. cit.*, p. 104-107.

27. Tout en prenant en compte ma remarque, il ergote sur le verbe «exploiter», en prétendant qu'il n'a fait que reconnaître cette ambivalence comme un «fait» (*Étant donné*, p. 91, n.). Pourtant, le moindre épistémologue sait de nos jours que les faits purs n'existent pas. Et pourquoi nier que la donation permette du «jeu», puisqu'on s'efforce par ailleurs d'en déployer le Pli?

28. *Étant donné, op. cit.*, p. 107.

29. *Ibid.*, p. 105.

30. *Ibid.*, p. 102.

31. *Ibid.*, p. 103.

32. *Ibid.*, p. 34.

33. Plus précisément, pour le dictionnaire Robert, un «contrat solennel par lequel le donateur (ou disposant) se dépouille actuellement et irrévocablement de la chose donnée en faveur du donataire qui l'accepte».

34. J.-L. Marion, *Étant donné, op. cit.*, p. 60, n.

35. D. Janicaud, *Le tournant théologique*, p. 51 [ici p. 102].

36. J.-L. Marion, *Étant donné, op. cit.*, p. 98.

37. *Ibid.*, p. 97.

38. Uniformisation reconnue et assumée: voir *ibid.* «... notre choix de traduire uniformément par donation...»

39. Voir *ibid.*, p. 91, n. Cette conception de l'ambivalence sémantique comme un «fait» excluant tout «jeu» semble soudain étrangement positiviste (et de même, l'idée que la donation pourrait être «l'équivalent français» de la *Gegebenheit* — voir *ibid.*, p. 97 —, comme si une traduction philosophique n'était qu'un mécanisme d'équivalences).

40. Ces expressions se trouvent littéralement à la p. 102 d'*Étant donné*.

41. Ce qui est affirmé à la p. 192 d'*Étant donné*.

42. À la fois dans le texte de Husserl (*Erste philosophie 1923/24*), II, Husserliana, VIII, p. 44, 49) et chez Marion lui-même (*Étant donné*, p. 194-195; et p. 196: «ce qui, en termes métaphysiques, se nomme une contingence»).

43. *Étant donné, op. cit.*, p. 193.

44. Ces deux expressions se trouvent à la p. 196 d'*Étant donné*.

45. E. Husserl, *L'idée de la Phénoménologie*, trad. A. Lowit, Paris, P.U.F., 1970, p. 108; Husserliana, II, p. 7: «Nicht das psychologische Phänomen in der psychologischen Apperzeption und Objektivation ist wirklich eine absolute Gegebenheit, sondern nur das reine Phänomen, das reduzierte.» À la p. 24 d'*Étant donné*, *wirklich* n'est pas traduit.

46. J.-L. Marion, *Étant donné, op. cit.*, p. 24. Une faute d'impression non corrigée prive d'ailleurs de sens les 3e et 4e lignes du 2e alinéa de cette page.

47. *Ibid.*, p. 25.

48. E. Husserl, *L'idée de la Phénoménologie*, trad. citée, p. 76; Husserliana, II, p. 50: «Nämlich für den singulär vorliegenden Fall einer *cogitatio*, etwa eines Gefühls, das wir gerade erleben, dürften wir vielleicht sagen: das ist gegeben, aber beileibe dürften wir nicht den allgemeinsten Satz wagen: *die Gegebenheit eines reduziertes Phänomens überhaupt ist eine absolute und zweifellose.*»

49. On m'opposera que, sur ce point, le «mauvais exemple» a été donné par Roëls et Lauxerois qui adoptaient déjà cette traduction dans *Questions IV* (voir p. 55 sq.). Mais je note que déjà, dans ce volume, François Fédier, plus avisé, préfère ne pas traduire *Ereignis* (voir sa note *ibid.*, p. 51). Heidegger ayant très explicitement marqué qu'il détache l'*Ereignis* de l'usage commun, en tant que *singulare tantum*, il faut — pour respecter son intention de pensée — ou ne pas traduire ce hapax, ou adopter une traduction qui mette l'accent sur l'appropriation, comme l'a fait Reiner Schürmann en proposant «l'événement d'appropriation», tout en marquant la tension qu'occulte cette traduction elle-même (voir *Des hégémonies brisées*, Mauvezin, TER, 1996, p. 697, 727).

50. Voir le dictionnaire Robert, art. «Avènement».

51. Martin Heidegger, «Zeit und Sein», *Zur Sache des Denkens*, Tübingen, Niemeyer, 1969, p. 25.

52. Sans compter qu'il faut y entendre aussi le «rendre visible» du vieil allemand *er-äugen* auquel Heidegger rattache également explicitement le sens singulier qu'il entend donner à l'*Ereignis*. Voir Heidegger, *Questions I*, Paris, Gallimard, 1968, p. 270; *Identität und Differenz*, Pfullingen, Neske, 1957, p. 28-29.

53. M. Heidegger, *Questions IV*, trad. citée, p. 18, 33, 35, 2 ; «Zeit und Sein», *op. cit.*, p. 5, 15, 16, 21.

54. Voir J.-L. Marion, *Étant donné, op. cit.*, p. 54 sq.

55. C'est en particulier le cas des citations de *Sein und Zeit* données en note à la p. 53 d'*Étant donné*. Heidegger met «es gibt» entre guillemets parce qu'il se réfère à l'usage courant de l'expression, qui n'est évidemment pas à la hauteur du questionnement proprement ontologique. Cf. *Sein und Zeit*, p. 212, 230, 316.

56. D'ailleurs, François Fédier ne le prétend pas dans sa mise au point (voir Heidegger, *Questions IV*, trad. citée, p. 49).

57. J.-L. Marion, *Étant donné, op. cit.*, p. 59.

58. *Ibid.*, p. 58.

59. Même en tenant compte de l'ambiguïté du verbe « revenir».

60. François Fédier préfère ne pas traduire *Ereignen* : «La donation de présence est propriété de l'*Ereignen*» (*Questions IV*, trad. citée, p. 44).

61. M. Heidegger, *Questions IV*, trad. citée, p. 44 ; «Zeit und Sein», *op. cit.*, p. 22 : «Sein verschwindet im Ereignis.»

62. M. Heidegger, *Questions IV*, trad. citée, p. 46 ; «Zeit und Sein», *op. cit.*, p. 24 : «Insofern Zeit sowohl wie Sein als Gaben des Ereignens nur aus diesem her zu denken sind...»

63. *Ibid.*

64. M. Heidegger, *Questions IV*, trad. citée, p. 43-44 ; «Zeit und Sein», *op. cit.*, p. 22 : «Ereignis ist nicht der umgreifende Oberbegriff...»

65. À la p. 59 d'*Étant donné*, il lui est reproché de ne pas reconnaître «la fonction phénoménologique de principe» de la donation.

66. Publié d'abord aux pages 79-128 du recueil *Phénoménologie et théologie*, ce texte est repris et amendé (sans que l'auteur en prévienne ses lecteurs) dans *Étant donné*. À chaque fois que le passage cité a été ainsi repris en compte, nous donnons la pagination dans les deux versions.

67. Voir *ibid.*, p. 124-125 ; *Étant donné, op. cit.*, p. 305-307.

68. «Est enim de ratione infiniti, ut a me, qui sum finitus, non comprehendatur» (Descartes, *Meditationes de prima philosophia*, éd. G. Lewis, Paris, Vrin, 1960, p. 47).

69. Voir *ibid.*

304 La phénoménologie dans tous ses etats

70. Paul Robert, *Dictionnaire alphabétique et analogique de la langue française*, art. «Saturer».

71. Voir la récapitulation in *Phénoménologie et théologie, op. cit.*, p. 126-127.

72. Martin Heidegger, *Sein und Zeit*, Tübingen, Niemeyer, 1967, p. 36.

73. «Le mot phénomène a ce double sens en vertu de la corrélation essentielle entre *l'apparaître et ce qui apparaît*» (E. Husserl, *L'idée de la phénoménologie*, trad. citée, p. 116). Cf. *Phénoménologie et théologie, op. cit.*, p. 90, n. 1.

74. Ces déterminations suivant la quantité, la qualité, la relation et la modalité sont reprises et analysées par Marion «en mode négatif» (*Phénoménologie et théologie, op. cit.*, p. 106 sq.; *Étant donné, op. cit.*, p. 280 sq.).

75. *Phénoménologie et théologie, op. cit.*, p. 89.

76. *Ibid.*

77. Ce sont les termes mêmes de Marion, en particulier à la p. 89 de *Phénoménologie et théologie, op. cit.*

78. *Phénoménologie et théologie, op. cit.*, p. 126.

79. *Ibid.*, p. 127.

80. Voir *Étant donné, op. cit.*, p. 441.

81. *Phénoménologie et théologie, op. cit.*, p. 127.

82. *Ibid.*

83. *Ibid.*

84. C'est en particulier le cas de la n. 1 de la p. 329 d'*Étant donné*.

85. *Ibid.*

86. Titres des paragraphes 28, 29 et 30 d'*Étant donné*.

87. À cet égard, on ne peut que déplorer l'absence chez Marion d'un examen sérieux et approfondi de la critique heideggérienne du «principe de tous les principes» formulé par Husserl au § 24 des *Idées* («toute intuition originairement donnante [est] une source de droit pour la connaissance...»): voir M. Heidegger, *Questions IV*, trad. citée, p. 124; *Zur Sache des Denkens, op. cit.*, p. 70; cf. aussi le § 20 des *Prolegomena*, *Gesamtausgabe*, 20, où Heidegger procède à une «situation critique» des quatre déterminations husserliennes de la «conscience pure». Suffit-il de proclamer qu'on en a fini avec le sujet (*Étant donné*, p. 441)? Ériger la donation en «principe *phénoménologique*» (*ibid.*, p. 59), n'est-ce pas reconduire, sinon tout l'intuitionnisme husserlien, du moins certains de

ses présupposés ? Marion pourra faire valoir qu'il a minutieusement discuté le fameux «principe de tous les principes» (*Étant donné*, p. 20 sq., 257-264) en marquant les limites de l'intuition (ainsi que du *Je* et du principe d'un horizon) par rapport à sa «saturation» par le donné, pour aboutir finalement à reconnaître des donations sans intuition (le temps, la vie et la mort, la parole, le regard de l'icône). Si tel est le cas, pourquoi avoir persisté à nommer ces paradoxes ultimes des «phénomènes saturés d'intuition» (*ibid.*, p. 9) ? On ne saurait se satisfaire de la réponse selon laquelle l'excès de donation rend la relation avec l'intuition «indécidable» (*ibid.*, p. 340), car la nouvelle corrélation établie par le principe «Autant de réduction, autant de donation» réinstaure un privilège méthodologique inconditionnel qui semble bien être celui de la subjectivité absolue. La donation pure et autoréférée restaurerait ainsi subtilement cette subjectivité dans le rôle principiel et métaphysique que Heidegger avait su mettre en cause.

4. Articulations/désarticulations

1. Pour mieux mettre en valeur la spécificité du travail de Foucault (voir Gilles Deleuze, *Foucault*, Paris, Éd. de Minuit, 1986, p. 116).

2. Voir Maurice Merleau-Ponty, *Notes de cours (1959-1961)*, Paris, Gallimard, 1996, p. 173.

3. Le premier noyau de ce chapitre a été une communication faite au colloque européen Erasmus tenu à Nice les 10 et 11 mai 1996 sur le thème «Phénoménologie et herméneutique : comment penser leur articulation ?».

4. Platon, *Phèdre*, 265 e (trad. L. Guillermit).

5. Platon, *Ion*, 534 e.

6. Id., *Politique*, 260 d; *Epinomis*, 975 c; *Definitiones*, 414 d.

7. Jean Grondin, *L'universalité de l'herméneutique*, Paris, P.U.F., 1993, p. 8.

8. Voir M. Heidegger, *Sein und Zeit*, p. 27 : «Der Ausdruck "Phänomenologie" bedeutet primär einen *Methodenbegriff*» et p. 38 : «Das Verständnis der Phänomenologie liegt einzig im Ergreifen ihrer als Möglichkeit.»

9. *Ibid.*, p. 37 : « Phänomenologie des Daseins ist Herme neutik in der ursprünglichen Bedeutung des Wortes, wonach es das Geschäft der Auslegung bezeichnet. »

10. « das Sein als Grundthema der Philosophie… » (*Sein und Zeit*, p. 38).

11. En particulier à la p. 41 de *Sein und Zeit*.

12. « … je parle volontiers de greffe de l'herméneutique sur la phénoménologie, non sans observer que l'on pourrait, en un autre sens, parler de greffe de la phénoménologie sur l'herméneutique » (Paul Ricœur, *Réflexion faite. Autobiographie intellectuelle*, Paris, Éd. Esprit, 1995, p. 58).

13. Paul Ricœur, *Temps et récit*, Paris, Éd. du Seuil, 1985, 3, p. 170.

14. Id., *Réflexion faite, op. cit.*, p. 58.

15. *Ibid.*, p. 59.

16. *Ibid.*, p. 58.

17. P. Ricœur, *Temps et récit, op. cit.*, 3, p. 251.

18. *Ibid.*, 3, p. 170.

19. Voir M. Heidegger, « Mein Weg in der Phänomenologie », *Zur Sache des Denkens*, Tübingen, Niemeyer, 1969, p. 81-90.

20. Id., *Unterwegs zur Sprache*, Pfullingen, Neske, 1959, p. 95-98, 120-128, 150.

21. *Ibid.*, p. 150.

22. *Ibid.*, p. 121.

23. Voir Jacques Derrida, « Bonnes volontés de puissance », *Revue internationale de philosophie*, n° 151, 1984, p. 341-343. Cf. Jean Grondin, *L'universalité de l'herméneutique, op. cit.*, p. 218.

24. Voir P. Ricœur, *Réflexion faite, op. cit.*, p. 88 sq.

25. Hans-Georg Gadamer, « Dekonstruktion und Hermeneutik », *Gesammelte Werke*, 10, p. 138-147 ; « Déconstruction et herméneutique », *La philosophie herméneutique*, trad. J. Grondin, Paris, P.U.F., 1996, p. 155-167.

26. Voir id., *Philosophie herméneutique, op. cit.*, p. 161.

27. *Ibid.*, p. 162.

28. *Ibid.*, p. 164.

29. Voir *ibid.*, p. 157.

30. Voir Jacques Derrida, *Otobiographies. L'enseignement de Nietzsche et la politique du nom propre*, Paris, Galilée, 198. Dans le recueil *Text und Interpretation* (Ph. Forget éd., München, Fink Verlag, 1984), la contribution de Jacques Derrida n

vient pas, malgré son titre (*Guter Wille zur Macht — II*), prolonger directement la discussion avec Gadamer, mais présenter deux objections contre l'interprétation heideggérienne de Nietzsche, l'une concernant la nomination unifiante de Nietzsche, l'autre sur le concept de totalité que Heidegger appliquerait à tort à la pensée multiforme de la vie. Quant au recueil *Dialogue and Deconstruction. The Gadamer-Derrida Encounter* (édité par Diane Michelfelder et Richard Palmer, SUNY Press, 1989), il comporte — outre la traduction du recueil de Ph. Forget — d'intéressantes précisions de H.-G. Gadamer et une quinzaine d'essais sur la «rencontre».

31. Jacques Derrida, «Foi et savoir», in *La religion*, Paris, Éd. du Seuil, 1996, p. 16.

32. Derrida a noté ce lien: «... une certaine phénoménologie (encore la lumière)» (*La religion*, op. cit., p. 5).

33. Paul Ricœur, *Autrement*, Paris, P.U.F., 1997.

34. Jacques Derrida, *Adieu à Emmanuel Lévinas*, Paris, Galilée, 1997, p. 26.

35. J. Derrida, *Adieu...*, op. cit., p. 41, 113, 177.

36. *Ibid.*, p. 50: en écho à ce passage de *Totalité et infini*, op. cit., p. 276: «Elle [l'intentionnalité, la conscience-de] est attention à la parole ou accueil du visage, *hospitalité* et non pas thématisation.»

37. Gilles Deleuze et Claire Parnet, *Dialogues*, Paris, Flammarion, 2ᵉ éd., coll. «Champs», 1996, p. 58.

38. Voir Gilles Deleuze et Félix Guattari, *Mille plateaux*, Paris, Éd. de Minuit, 1980, p. 196-197.

39. G. Deleuze et F. Guattari, *Mille plateaux*, op. cit., «7. Année zéro — Visagéité», p. 205-234.

40. Friedrich Nietzsche, *Par-delà bien et mal*, § 289. Nous reprenons la traduction proposée par Michel Haar (*Nietzsche et la métaphysique*, Paris, Gallimard, 1993, p. 77-78).

41. En présentant Alfred Jarry comme «un précurseur méconnu de Heidegger» (*Critique et clinique*, Paris, Éd. de Minuit, 1993, chap. XI), Deleuze ne vise-t-il qu'à ridiculiser celui-ci? Ce serait méconnaître son immense sympathie pour tout exercice ubuesque et sa complicité envers Heidegger en tant que poète (*ibid.*, p. 123). Reste à penser l'enjeu du «sérieux» en ce jeu...

42. P. Ricœur, *Réflexion faite*, op. cit., p. 88 sq.

43. Sur l'intelligence du «méta» et les divergences entre

nos vues et celles de Ricœur sur ce point, voir *Chronos, op. cit.*
p. 266, et notre article, «Métaphysique et histoire» (*Revue de
synthèse*, n° 2, 1993, p. 248-253).

44. Position qui nous paraît défendue, même si ce n'est pas
exactement en ces termes, par Jacques Bouveresse, dans
Herméneutique et linguistique, Combas, Éd. de l'Éclat, 1991.

45. J. Bouveresse, *op. cit.*, p. 53.

46. Ludwig Wittgenstein, *Zettel*, § 234, cité par J. Bouveresse
Herméneutique et linguistique, op. cit., p. 37.

5. *Pour une phénoménologie minimaliste*

1. Voir *Le tournant...*, *op. cit.*, p. 81 [ici p. 137] : «le projet
phénoménologique n'a acquis, avec Husserl, une consistance
propre qu'en inventant un nouveau mode d'intersection entre
deux aires qui n'ont cessé, depuis l'instauration grecque, de se
chevaucher, mais aussi de redéfinir conflictuellement leur
topologie : le questionnement philosophique et la recherche
scientifique d'invariants.»

2. Martin Heidegger et Karl Jaspers, *Briefwechsel 1920-
1963*, Francfort et Munich, Klostermann-Piper, 1990, p. 42
trad. fr. modifiée, Paris, Gallimard, 1996, p. 36.

3. Citation donnée par Marcelin Pleynet dans l'article «Art
minimal» de l'*Encyclopædia Universalis*, vol. 12, p. 321.

4. Expression de Paul Ricœur, dans *À l'école de la phénoménologie*, Paris, Vrin, 1987, p. 77. Voir notre *Tournant théologique...*, *op. cit.*, p. 85 [ici p. 143-144].

5. René Thom, *Modèles mathématiques de la morphogenèse*
Paris, U.G.E., 1974, p. 20.

6. *Ibid.*, p. 7.

7. Voir Alain Boutot, *L'invention des formes*, Paris, Odile
Jacob, 1993, p. 63 et la présentation de la théorie des catastrophes comme une «herméneutique phénoménologique»
(*ibid.*, p. 60).

8. Voir Daniel Dennett, *La conscience expliquée*, trad. Pascal
Engel, Paris, Odile Jacob, 1991, p. 110-112.

9. *Ibid.*, p. 111-112.

10. *Ibid.*, p. 91-95.

11. Il est significatif qu'aucun titre de Husserl n'apparaisse
dans l'abondante bibliographie de *La conscience expliquée* et

que, par ailleurs, la seule source précise à cet égard citée dans *Brainstorms* (Brighton, Harvester Press, 1978, p. 333) soit un article de Richard Schacht, «Husserlian and Heideggerian Phenomenology», *Philosophical Studies*, XXIII (1972), p. 293-314, référence un peu maigre, même si l'on ne met pas en cause sa qualité.

12. On peut se demander s'il ne continue pas à traiter les partenaires de ses recherches cognitives en sujets, même si ce n'est plus en un sens substantialiste ni absolu.

13. Voir le texte tardif et de circonstance qui porte ce nom (hommage à l'éditeur Niemeyer pour son quatre-vingtième anniversaire, le 16 avril 1963): «Mein Weg in der Phänomenologie», *Zur Sache des Denkens*, *op. cit.*, p. 81-90; *Questions IV*, trad. citée, p. 161-175.

14. Sur les trois sens de cette expression, voir notre mise au point dans *Chronos*, *op. cit.*, p. 159. L'inapparent, au sens le plus essentiel, y a été caractérisé comme cette «phénoménalité par excellence qui, ni immédiate ni ontique, ne se laisse pas non plus réduire à une visée eidétique».

15. *Nur was aus der Ring der Welt unscheinbar entspringt wird einmal Ding*, cité par André Préau (trad. d'*Essais et conférences*, Paris, Gallimard, 1958, p. 218) avec cette précision de Heidegger: «"sans apparence" (*unscheinbar*) désigne ce qui, étant simple, n'attire pas l'attention et qui pourtant n'est pas pure illusion.»

16. M. Heidegger, *Essais et conférences*, trad. citée (modifiée), p. 214; *Vorträge und Aufsätze*, Pfullingen, Neske, 1954, p. 178 («*Welt west, indem sie weltet*»).

17. Martin Heidegger, *Unterwegs zur Sprache*, Pfullingen, Neske, 1959, p. 213; *Acheminement vers la Parole*, Paris, Gallimard, 1976, p. 198.

18. *Ibid.*, p. 214; trad. citée (modifiée), p. 200.

19. «.. wie es Zeit gibt» («Zeit und Sein»), *Zur Sache des Denkens*, *op. cit.*, p. 5 (on constate aussi, *ibid.*, p. 3 que le projet entend «porter proprement au regard» et, en ce sens, reste phénoménologique); *Questions IV*, trad. citée, p. 18, 13.

20. M. Heidegger, *Zur Sache des Denkens*, *op. cit.*, p. 53-54; «Protocole d'un séminaire sur la conférence *Temps et être*», *Questions IV*, trad. citée, p. 87.

21. Gottfried Benn, 2e strophe du poème «Le mot» (*das Wort*), trad. Dominique Pierson, citée *in* Martin Heidegger,

Acheminement vers la parole, trad. F. Fédier, Paris, Gallimard, 1976, p. 161.

22. Du moins si l'on adopte une version phénoménologique minimaliste de sa grammaire philosophique. Voir, dans cette direction, les suggestions de Gérard Guest dans son essai, «L'image dans le tapis. De l'ockhamisme subtil des *Dictées* à la "phénoménologie" de Wittgenstein», vol. II des *Dictées de Wittgenstein à Waismann et pour Schlick*, éd. A. Soulez, Paris, P.U.F., 1997, p. 127-210.

23. Maurice Merleau-Ponty, *Phénoménologie de la perception*, Paris, Gallimard, 1945, p. IV.

24. *Ibid.*

25. Voir Maurice Merleau-Ponty, *Notes de cours (1959-1961), op. cit.*, p. 219.

26. Voir Léonard de Vinci, *Traité de la peinture*, éd. Chastel, Paris, Club des libraires de France, 1960, p. 148.

27. Voir Claude Lefort, Préface à M. Merleau-Ponty, *Notes de cours, op. cit.*, p. 7.

28. Joachim Gasquet, *Cézanne*, Grenoble, Cynara, 1988, p. 134; cité par M. Merleau-Ponty, *Notes de cours, op. cit.*, p. 167.

29. *Ibid.*, p. 135-136.

30. L'âge moderne (et hypermoderne) est bien celui de la *représentation*, mais sans cesse déplacée, «mobilisée» (au double sens de la mobilité et de la mobilisation), sans cesse relancée par les recherches des plasticiens non moins que par les mutations techniques (l'écran en ses nouvelles fonctions multimédiatiques).

31. Voir les belles pages inspirées par Proust dans «L'entrelacs — le chiasme» et particulièrement cette mise au point «La littérature, la musique, les passions, mais aussi l'expérience du monde visible, sont non moins que la science de Lavoisier et d'Ampère l'exploration d'un invisible et, aussi bien qu'elle, dévoilement d'un univers d'idées. Simplement cet invisible-là, ces idées-là ne se laissent pas comme les leurs détacher des apparences sensibles, et ériger en seconde positivité» (Maurice Merleau-Ponty, *Le visible et l'invisible*, Paris, Gallimard, 1964, p. 196).

32. Dont Merleau-Ponty a subtilement analysé le caractère paradoxal en ses *Notes de cours, op. cit.*, p. 69.

33. Voir E. Husserl, *Recherches phénoménologiques pour le*

constitution, trad. É. Escoubas, Paris, P.U.F., 1982, en particulier la première section.

34. Dans notre ouvrage *Chronos. Pour l'intelligence du partage temporel*, *op. cit.*

35. E. Husserl, *Expérience et jugement*, 1ʳᵉ section; voir aussi l'étude des kinesthèses dans le Cours de 1907, *Chose et espace*, trad. J.-F. Lavigne, Paris, P.U.F., 1989, p. 189 sq. (Husserliana, XVI, p. 154 sq.) Sur le corps et la «somatologie», cf. *Ideen III* (Husserliana V), § 2.

36. Voir, entre autres, chez Heidegger, le § 29 d'*Être et temps* sur la *Befindlichkeit* (la disponibilité affective), chez Lévinas, les pages de *Totalité et infini*, *op. cit.*, p. 142-149 sur la sensibilité.

37. Voir, dans cette direction, le livre de Henri Maldiney, *Penser l'homme et la folie*, Grenoble, Jérôme Millon, 1991.

38. Je fais ici écho à l'article très fin et suggestif de Jean-Yves Lacoste, «Du phénomène de la valeur au discours de la norme», *Freiburger Zeitschrift für Philosophie und Theologie*, Bd 44 (1997), Heft 1-2, p. 87-103. Il n'est sans doute pas indifférent que l'attention phénoménologique du même auteur se porte sur «l'homme minimal» (*Expérience et absolu*, *op. cit.*, § 69), dénudant l'humanité de l'homme et maintenant «l'écart par rapport à l'initial comme principe herméneutique» (*ibid.*, p. 123 sq.).

39. Max Scheler, *Le formalisme en éthique et l'éthique matériale des valeurs*, trad. M. de Gandillac, Paris, Gallimard, 1955; et id., *Nature et formes de la sympathie*, trad. M. Lefebvre, Paris, Payot, 1950 (en particulier la «Phénoménologie de l'amour et de la haine», p. 221-241).

40. Il faut aussi signaler la convergence de cette orientation avec les recherches de Marc Richir sur le caractère *inchoatif* du langage phénoménologique ressaisi en ses temporalisations symbolisantes. Comme l'écrit Richir (*L'expérience du penser*, Grenoble, Jérôme Millon, 1996, p. 13): «Rouvrir les temps et les angles morts pour les aperceptions n'est donc possible que parce que leurs entre-aperceptions sont du même coup entre-aperceptions de langage offrant la ressource de nouvelles transpositions ou de nouveaux passages en enchaînements nouveaux d'aperceptions de langue.» Il paraît toutefois douteux qu'une architectonique générale de l'institution symbolique puisse échapper à toute métaphysique.

41. La différence entre les deux termes — suggérée par Jacques Derrida (in *La religion, op. cit.*, p. 24) — sépare un discours portant sur «Dieu, la foi ou la révélation», d'une recherche concernant «l'être divin, l'essence et la divinité du divin».

42. Voir la distinction opérée par M. Merleau-Ponty (*Notes de cours, op. cit.*, p. 70) entre une «phénoménologie du premier degré (corps et corporéité, *Einfühlung*)» et une phénoménologie «du second degré (réduction à l'immanence de l'esprit)». Si l'orientation minimaliste recoupe évidemment la phénoménologie du premier degré, elle ne peut s'étendre à la sphère idéelle qu'à la condition de conjurer — comme le suggère M. Merleau-Ponty — la «naïveté» d'une philosophie du Spectateur idéal.

43. La dernière phrase de l'épitaphe d'Ignace de Loyola est exactement celle-ci : «Non coerceri maximo, contineri minimo divinum est.»

44. Par M. Heidegger (voir l'ultime note du chap. 3).

45. Gilles Deleuze et Félix Guattari, *Qu'est-ce que la philosophie?*, Paris, Éd. de Minuit, 1991, p. 48.

46. Voir É. Alliez, *De l'impossibilité de la phénoménologie op. cit.*, p. 63.

47. Sartre, refusant que la phénoménologie soit une «doctrine-refuge», restera cependant attaché à la conception d'une conscience certes non solipsiste, mais «condition première et... source absolue d'existence» (voir *La transcendance de l'ego*, Paris, Vrin, 1966, p. 86-87). M. Merleau-Ponty, on l'a vu renouvelle plus profondément les possibles phénoménologiques. Notre réserve, du point de vue minimaliste, porte sur son maintien d'une unification ontologique (*cf.* la «déflagration de l'Être» dans *L'œil et l'esprit*, Paris, Gallimard, 1964 p. 65; «le fond de l'être»: *Le visible et l'invisible, op. cit.* p. 195; un «contact avec l'être», *Notes de cours, op. cit.*, p. 69 etc.).

48. E. Kant, *Critique de la raison pure*, trad. Alain Renaut Paris, Aubier, 1997, p. 517 (*A 570/B 598*).

INDEX DES NOMS*

*. Établi par Maxime Jourdan.

Table 323

APPENDICES

DU MÊME AUTEUR

UNE GÉNÉALOGIE DU SPIRITUALISME FRANÇAIS. Aux sources du bergsonisme: Ravaisson et la métaphysique, La Haye, Martinus Nijhoff, 1969. Deuxième édition sous le titre *Ravaisson et la métaphysique*, Paris, Vrin, 1997.

HEGEL ET LE DESTIN DE LA GRÈCE, Paris, Vrin, 1975, 2ᵉ éd., 2005.

LA MÉTAPHYSIQUE À LA LIMITE. Cinq études sur Heidegger (en collaboration avec Jean-François Mattéi), Paris, P.U.F., 1983 (traduction américaine: *Heidegger from Metaphysics to Thought*, State University of New York Press, 1995).

LA PUISSANCE DU RATIONNEL, Paris, Gallimard, 1985, collection «Bibliothèque des Idées» (traduction américaine: *Powers of the Rational. Science, Technology and the Future of Thought*, Bloomington and Indianapolis, Indiana University Press, 1994).

L'OMBRE DE CETTE PENSÉE. Heidegger et la question politique, Grenoble, Jérôme Millon, 1990 (traduction américaine sous le titre *The Shadow of That Thought*, Northwestern University Press, 1996; traduction portugaise: *A sombra deste pensamento, Heidegger e a questiio politica*, Lisbonne, Instituto Piaget, 1998).

LE TOURNANT THÉOLOGIQUE DE LA PHÉNOMÉNOLOGIE FRANÇAISE, Combas, Éd. de l'Éclat, 1990, coll. «Tiré à part» (traduction japonaise, Tokyo, Bunkashobo Hakubunsha, 1994; traduction américaine: *The Theological Turn of French Phenomenology*, in «Phenomenology and the "Theological Turn". The French Debate», New York, Fordham University Press, 2000).

À NOUVEAU LA PHILOSOPHIE, Paris, Albin Michel, 1991 (traduction américaine: *Rationalities, Historicities*, Atlantic Highlands (New Jersey), Humanities Press International, 1997).

CHRONOS. Pour l'intelligence du partage temporel, Paris, Grasset, 1997.

LA PHÉNOMÉNOLOGIE ÉCLATÉE, Paris, Éd. de l'Éclat, coll. «Tiré à part», 1998 (traduction américaine: *Phenomenology «wide open»*, New York, Fordham University Press, 2005)

HEIDEGGER EN FRANCE, Paris, Albin Michel, 2001 2 vol.: 1. Récit, 2. Entretiens; rééd. en livre de poche, Paris, Hachette, coll. «Pluriel», 2005, 2 vol.

L'HOMME VA-T-IL DÉPASSER L'HUMAIN?, Paris, Bayard, coll. «Le Temps d'une question», 2002 (traduction anglaise avec une introduction de Simon Critchley: *On the Human Condition*, Londres et New York, Routledge, 2005).

ARISTOTE AUX CHAMPS-ÉLYSÉES, La Versanne, Encre marine, 2003.

LES BONHEURS DE SOPHIE. Une initiation à la philosophie en 30 mini-leçons. la Versanne, Encre marine, 2003 (traduction anglaise avec une introduction de Simon Critchley *Philosophy in 30 days*, Londres, Granta Books, 2005; traduction néerlandaise: *Filosofie in dertig dagen*, Amsterdam, Uitgeverij Bert Bakker, 2005).

Éditions d'ouvrages collectifs

NOUVELLES LECTURES DE NIETZSCHE, Lausanne L'Âge d'Homme, 1985.

LES POUVOIRS DE LA SCIENCE. Un siècle de prise de conscience, Paris, Vrin, 1987.

«ÊTRE ET TEMPS» DE MARTIN HEIDEGGER. Questions de méthode et voies de recherche (en collaboration avec Jean-Pierre Cometti), Marseille, Sud, 1989.

L'INTENTIONNALITÉ EN QUESTION: ENTRE PHÉNOMÉNOLOGIE ET SCIENCES COGNITIVES, Paris Vrin, 1995.

DANS LA COLLECTION FOLIO / ESSAIS

Composition Interligne.
Impression CPI Bussière
à Saint-Amand (Cher), le 15 janvier 2009.
Dépôt légal : janvier 2009.
Numéro d'imprimeur : 090052/1.
ISBN 978-2-07-036317-9./Imprimé en France.